理财公司合规管理实务指引

中邮理财有限责任公司 / 主编

LICAI GONGSI

HEGUI GUANLI

SHIWU ZHIYIN

法律出版社　LAW PRESS·CHINA
北京

图书在版编目(CIP)数据

理财公司合规管理实务指引／中邮理财有限责任公司主编. -- 北京:法律出版社,2023
ISBN 978 - 7 - 5197 - 8295 - 5

Ⅰ.①理… Ⅱ.①中… Ⅲ.①金融公司 - 公司法 - 研究 - 中国 Ⅳ.①D922.291.914

中国国家版本馆 CIP 数据核字(2023)第 176171 号

理财公司合规管理实务指引 LICAI GONGSI HEGUI GUANLI SHIWU ZHIYIN	中邮理财有限责任公司 主编	策划编辑 薛 晗 田 浩 责任编辑 薛 晗 田 浩 装帧设计 臧晓飞

出版发行 法律出版社	开本 710 毫米×1000 毫米 1/16
编辑统筹 法商出版分社	印张 21.25 字数 310 千
责任校对 裴 黎	版本 2023 年 10 月第 1 版
责任印制 胡晓雅	印次 2023 年 10 月第 1 次印刷
经 销 新华书店	印刷 固安华明印业有限公司

地址:北京市丰台区莲花池西里 7 号(100073)
网址:www.lawpress.com.cn 销售电话:010 - 83938349
投稿邮箱:info@ lawpress.com.cn 客服电话:010 - 83938350
举报盗版邮箱:jbwq@ lawpress.com.cn 咨询电话:010 - 63939796
版权所有·侵权必究

书号:ISBN 978 - 7 - 5197 - 8295 - 5 定价:88.00 元

凡购买本社图书,如有印装错误,我社负责退换。电话:010 - 83938349

编委成员

蒋岩枫　程　慧　文　泉　陆　远
宝天琪　刘力维　惠　彬　赵双钰
郝　希　仓鹏程　车建华

导 读

吴姚东[*]

《关于规范金融机构资产管理业务的指导意见》在"破刚兑、降杠杆、去通道、压非标"等方面发挥了重大作用，推动了资管行业乃至整个金融领域的重大改革，大资管行业统一功能监管趋势开始形成。在《关于规范金融机构资产管理业务的指导意见》的推动下，理财行业积极推进转型，在完成过渡期存量理财业务整改和净值化转型任务的基础上，需要进一步探求如何助力民众增加财产性收入、如何提升金融市场风险防范能力、如何助益资本市场改革及服务实体经济等重大命题，从而对中国经济社会高质量发展有更大作为，使理财行业成为中国特色金融体系及多层次资本市场中服务实体经济的重要力量。

2022年开始，理财行业在净值化后遇到了前所未有的挑战，股市、债市的剧烈波动引发产品净值多次大幅波动以及破净，远远超出了投资者的预期并逐步演化为社会各界对理财行业的疑惑。在这个理财行业回归资管本源的重要时期，如何开展好理财行业与投资者之间信义关系的重塑并增强投资者对理财行业的信心，是监管机构和理财行业都在思考和解决的问题。理财行业在波动中前进，在曲折中成长是一个必然的过程，理财公司的规范运营与合规管理正是关键所在。加强理财公司治理机制建设，完善投资策略、产品、渠道的管理，提升投资者教育及保护能力等，都离不开合规理念的灌输、合规机制的完善以及合理管控措施的落地，这关系到整个理财行业良性生态的打造。因此，立足于时代的呼唤、监管的引导与行业的共识，为推动

---

[*] 吴姚东，中邮理财有限责任公司党委书记、董事长，中国银行业协会第四届理财业务专业委员会主任。

理财行业长足高质量发展，有必要体系化梳理理财行业的合规管理要求，解构监管理念与导向，从而推动理财公司加速步入更快、更好的合规发展之路。

因此，中邮理财有限责任公司成立编写组，借鉴国内外先进经验，探索资管行业合规管理的规律和通用性要求，系统梳理 70 多个法律及监管文件，力求在此基础上寻找理财公司合规工作的差异化管理路径，形成《理财公司合规管理实务指引》一书。本书编写组由蒋岩枫任组长，程慧任副组长，文泉、陆远、宝天琪、刘力维、惠彬、赵双钰、郝希、仓鹏程、车建华为编写组主要成员，我们皆有丰富的资管行业法律与合规管理经验。其中第一章境外资管行业的起源与发展由程慧编写，第二章国内资管行业发展历程及主要资管于行业法律体系分析由程慧、陆远和郝希编写，第三章理财行业"三维"法律体系的构建分析由程慧编写，第四章公司治理由仓鹏程编写，第五章理财公司产品的合规管理由车建华编写，第六章理财公司投资的合规管理由陆远编写，第七章投资者权益保护由惠彬编写，第八章信息披露由刘力维编写，第九章关联交易由宝天琪编写，第十章估值核算由赵双钰编写，第十一章数据管理与数据安全由郝希编写，第十二章反洗钱、反恐怖融资由程慧编写。

这本《理财公司合规管理实务指引》全面系统地描述了域内外资管行业的发展历程与监管制度设计，集合了自律组织、高校学者、金融业务专家与律师事务所等专业机构的智慧，详细地介绍了美国、日本、德国等发达经济体资产管理市场的特点与实践，在此基础上，该指引以理财公司法律合规体系之构建为纲，从理财公司合规管理的繁琐实务中抽丝剥茧，由浅入深，将理财公司合规治理体系裂变为公司治理、投资管理、产品管理、信息披露、关联交易、投资者保护等几大重点模块。特别的是，在本书中能够读出理财行业的鲜明特点，充分展现理财公司"大合规"的多面性，能为监管和各类市场参与主体提供一个基于合规治理、合规展业的独特视角，因此很有实践指导意义。

序　言

赵廉慧[*]

《关于规范金融机构资产管理业务的指导意见》规定，资产管理产品包括但不限于人民币或外币形式的银行非保本理财产品，资金信托，证券公司、证券公司子公司、基金管理公司、基金管理子公司、期货公司、期货公司子公司、保险资产管理机构、金融资产投资公司发行的资产管理产品等。该规定第一次明确，如此多主监管机构不同、主业不同的资管机构发行的资管产品是具有共性的。

这让我们思考：共性是什么呢？

最高人民法院在《全国法院民商事审判工作会议纪要》第88条指出，信托机构以外的其他金融机构开展的资产管理业务构成信托关系的，当事人之间的纠纷适用信托法及其他有关规定处理。这实际上确立了信托属性就是诸多资产管理业务的共性。

在金融领域，金融机构和客户之间有两种主要的关系：第一种是以存贷款业务为代表的债权债务关系。例如，银行和存贷款的客户之间是债权债务关系，存款人将资金存入银行，变成银行对储户的负债，银行再将资金放贷出去，变成银行对贷款人的债权。第二种是以资产管理业务为代表的受信管理（fiduciary management）业务。例如，投资者将资金交给信托公司等金融机构，信托公司变成资金的管理人，该资金不是信托公司对投资者的负债，信托公司按照法律和信托文件的约定对资金进行管理，管理的方式可以是债权、股权或者其他混合的方式，取得的投资回报全部归投资者，当然，投资

---

[*] 赵廉慧，中国银行业协会私人银行与财富管理业务专委会专家、中国政法大学信托法研究中心主任。

失败的风险也全部归投资者。信托公司等金融机构作为服务提供者只能取得信托报酬或者佣金。理财公司从事的资管业务也属于受信管理业务。

在现代社会，受信管理业务的重要性日渐凸显。在"2023资产管理年会"上，国家金融与发展实验室理事长、中国社会科学院学部委员李扬指出，发展资产管理是降低间接融资比重的机制，而下一步中国资管市场的发展取决于信托业的发展，要将资产管理业务的基础法律关系确定为信托关系。这是一个非常重要的洞见。发展中国资管市场，需要重视受信管理业务。

据统计，截至2022年年末，资管总体规模达到109.4万亿元。其中，银行理财（仅统计非保本理财）27.65万亿元，占比25.27%；信托资产规模21.14万亿元，占比19.32%；证券业资管（包括券商资管、公募基金、基金专户、基金子公司专户、私募、期货）总规模为60.61万亿元，占比55.40%。可以看出，理财产品构成资管产品当中的重要力量。

但是，囿于传统分业经营、分业监管的观念，过去人们很少从信托法律关系的角度去看理财产品。相应地，关于理财公司的监管、理财公司的内部控制和合规管理、理财产品的设计、理财纠纷的处理，对信托法原理的重视都是不够的。

为了改变这一局面，本书编写组"以《关于规范金融机构资产管理业务的指导意见》《商业银行理财业务监督管理办法》《商业银行理财子公司管理办法》《理财公司内部控制管理办法》等制度规则为根本遵循，融合了银行、基金、信托等资管行业合规管理的监管标准、通行逻辑与最佳实践，梳理形成理财公司合规管理的实务操作依据"。我注意到，本书在理财行业法律基础的梳理、理财产品和投资的合规管理、投资者保护、关联交易等多个重要章节中都非常重视信托法和信义法原理的运用。这本书的出版必将深化我们对理财产品的基本法律逻辑的理解。

值此著作出版之际，编写组邀我作序。我向广大从业者和对资管业务感兴趣的专业人士推荐此书，期待本书能够如编著者所说，大力"推动理银行理财公司行稳致远"。

前　言

《关于规范金融机构资产管理业务的指导意见》发布以来，资管行业快速转型，资管行业回归资产管理本质，按照"功能监管""统一监管"的思路，资产管理行业开启了从顶层设计到各细分资管领域的规则重构进程，作为《关于规范金融机构资产管理业务的指导意见》催生的理财公司应势而生。新格局下理财行业洁净起步、正本清源，逐步回归"受人之托、代人理财"的业务本源，走出了独具特色的普惠金融转型道路。2018年9月26日，原中国银行保险监督管理委员会（以下简称原银保监会）公布实施《商业银行理财业务监督管理办法》，作为《关于规范金融机构资产管理业务的指导意见》的配套实施细则，用于规范银行理财业务的运作管理。2018年12月2日，原银保监会颁布《商业银行理财子公司管理办法》，2019年7月20日，国务院金融稳定发展委员会办公室颁布《关于进一步扩大金融业对外开放的有关举措》，理财公司陆续走向前台。2022年8月，原银保监会发布施行《理财公司内部控制管理办法》，要求理财公司建立全面、制衡、匹配和审慎的内控管理机制和组织架构。2022年11月，原银保监会就《银行业监督管理法（修订草案征求意见稿）》公开征求意见，界定了包含理财公司在内的监管对象和范围，进一步完善监管机制。2022年12月，原银保监会发布《银行保险机构消费者权益保护管理办法》，明确银行保险机构承担保护消费者合法权益的主体责任与消费者诚实守信义务，进一步充实和完善监管部门审慎监管与行为监管并重的监管体系。2022年以来，商业银行个人养老金业务方兴未艾，《关于扩大养老理财产品试点范围的通知》《关于推动个人养老金发展的意见》《关于规范和促进商业养老金融业务发展的通知》《个人养老金实施办法》《商业银行和理财公司个人养老金业务管理暂行办法》相继发布，政府与银行监管机构全力支持个人养老金投资银行理财产品业务蓬勃发展，配套系统建设也逐步落地。

理财公司依靠承接母行理财产品、合资理财公司依托中外方股东优势，成为资管市场新势力，与公募基金、保险资管、券商资管等成熟资管机构共同竞争居民财富管理业务。整体来看，理财公司发展具有以下特点：

第一，理财公司陆续成立，数量较为平稳。进入 2022 年，理财公司继续保持稳健发展态势，机构数量平稳增长。截至 2022 年年底，共有 31 家理财公司获批筹建，其中 30 家获批开业[①]，银行及理财公司理财产品合计余额 27.65 万亿元，较年初下降 4.41%。其中，理财公司产品余额 22.24 万亿元[②]。未来，监管对于新设理财公司的态度或将趋于谨慎，中小银行或将很难拿到理财子公司牌照。

第二，理财产品整体规模仍居首位[③]。银行业理财登记托管中心统计的数据显示，2022 年，全国共有 260 家银行机构和 29 家理财公司累计新发理财产品 2.94 万只，同比增加 1.42 万只；累计募集资金 89.62 万亿元（含开放式理财产品在 2022 年开放周期内的累计申购金额）。截至 2022 年年底，全国共有 278 家银行机构和 29 家理财公司有存续的理财产品，共存续产品 3.47 万只，同比下降 4.41%；存续余额 27.65 万亿元，同比下降 4.66%，这一数据仅高于公募基金规模 1 万亿元（截至 2022 年年底，公募基金资产管理规模合计达 26.68 万亿元）。[④] 2022 年是《关于规范金融机构资产管理业务的指导意见》过渡期结束后实施的元年，商业银行理财业务面临着不小的压力：

一是产品转型压力和新产品市场接受度压力。综合来看，2022 年银行理财的产品募集数量与存续数量均出现一定程度的下降，这也是转型阵痛期的体现。

[①] 2022 年 10 月法巴农银理财获批筹建，成为全市场第 31 家获批筹建的银行理财公司。综观 2022 年全年，浦银理财、施罗德交银理财、上银理财、高盛工银理财、民生理财、恒丰理财、渤银理财、北银理财共 8 家银行理财公司正式开业。
[②] 参见银行业理财登记托管中心《中国银行业理财市场年度报告（2022 年）》。
[③] 以 2022 年年末的数据为准，2023 年整体规模数据落后于公募基金。
[④] 参见银行业理财登记托管中心《中国银行业理财市场年度报告（2022 年）》。

二是净值型产品比例大幅增加。随着老产品的持续压降和新产品的不断发行，产品结构净值化转型进程显著。截至2022年年底，净值型理财产品余额26.40万亿元，占比95.47%，较去年同期增加2.52个百分点；非净值型产品余额仅为1.25万亿元。[①] 银行理财全面净值化大幕已经拉开，理财市场面临全新变化，同时出现新的难题。例如，估值方法调整之后，使用摊余成本法面临严格限制，理财产品净值波动随之加大；现金管理类理财产品监管要求收紧，银行理财亟待寻找新的发力点。

三是理财产品更加多元化，产品体系更加完善。理财产品不再是"类存款"的代名词。国有及股份制银行及其理财子公司产品体系较为完整，主要有固收类产品、"固收+"产品、混合类产品、权益类产品。

四是投资者力量不断壮大，结构不断优化。《商业银行理财业务监督管理办法》发布以来，银行理财产品投资门槛大幅降低，产品种类不断丰富，投资者数量持续增长。截至2022年年底，持有理财产品的投资者数量为9671万个，较年初增长18.96%。其中，个人投资者新增1508.09万人；机构投资者新增33.28万个。截至2022年年底，个人理财投资者数量为9575.32万人，占比99.01%；机构投资者数量为95.95万个，仅占比0.99%。机构投资者增加给理财市场带来长期稳定资金，有利于理财资金更好地服务于实体经济。投资者理财需求不断增加，银行理财产品种类亦随之不断丰富，期限结构日趋多样，机构体系更加完善，覆盖投资者数量持续增长，努力为投资者实现更稳定的财产性收入。截至2022年年末，存续银行理财产品3.47万只，全年为投资者创造收益8800亿元。其中，银行机构累计为投资者创造收益3602亿元；理财公司累计为投资者创造收益5198亿元，同比增长1.45倍。2022年各月度，理财产品平均收益率为2.09%。[②]

进入大资管时代，理财公司与以公募基金等为代表的其他资管机构，既有合作，又存在相互竞争。相较于公募基金公司，理财公司有其自身的优势。一是理财公司的投资范围更广。理财公司不仅可以投资标准化投资标

[①] 参见银行业理财登记托管中心《中国银行业理财市场年度报告（2022年）》。
[②] 参见银行业理财登记托管中心《中国银行业理财市场年度报告（2022年）》。

的，也可以将非标纳入投资范围，更易实现真正意义上的绝对收益。二是理财公司拥有更为强大的客户基础。理财公司的客户基础是庞大的个人投资者，而理财公司以"固收+"产品为主导逐步延伸出的综合产品体系也非常符合个人投资的投资偏好，因此无论是客户基础还是产品体系，都决定了理财公司拥有强大的客户基础。三是理财公司是综合金融服务平台，可以满足高净值客户背后企业的融资需求，提供投融资一体化的全金融服务。

目前，理财公司处于"洁净起步"的关键时期，亟须构建与自身业务规模、特点和风险状况相适应的内控合规管理体系，为依法合规和稳健运行提供坚实保障，进而推动理财行业高质量发展。对比公募基金等资管机构，理财公司在治理结构、投研能力和监管体系方面目前尚存在不足。因此，理财公司作为具备独立法人资格的新型资管机构，有必要尽快构筑全面有效的合规管理体系，增强法治观念和合规意识，更好履行受托管理职责和信义义务，推动理财公司行稳致远。

本书以《关于规范金融机构资产管理业务的指导意见》《商业银行理财业务监督管理办法》《商业银行理财子公司管理办法》《理财公司内部控制管理办法》等监管要求为根本遵循，融合了银行、基金等资管行业合规管理的监管标准、通行逻辑与最佳实践，梳理形成理财公司合规管理的实务操作依据。因此，在理财公司规范运行、稳健发展之际，本书对提升理财公司合规管理水平，加强机构规范化经营具有重要意义。本书重在体现通用性和规范性，将散见在各个规范性文件的要求按照特定模块进行归集和整理，通过探寻立法者意图、资管法律理论与行业实践，形成具有逻辑性、体系性的研究成果。

本书共分为十二章：第一章、第二章梳理了境外和境内资管行业发展历程，及境内主要资管行业法律监管体系。第三章基于金融与法的视角以及理财行业法律合规面临的新挑战，提出和完善了以民商法、资管法、监管法为"经纬"，理财业务主体、理财资金、产品投资监管规则为"经纬"的理财行业"三横三纵"的法律合规体系。第四章从公司治理的意义出发阐述了理财公司设立、变更与终止、公司治理的主体与职责、从业人员管理等方面的要求。第五章和第六章分别介绍了理财公司产品与投资的合规管理要点。第七章以投资者权益保护为核心，阐释了投资者适当性管理、个人信息保护、客户投诉处理及其他权利。第八章介绍了信息披露的内容、要求等。第九章既立足监管规则又结合实践，详细介绍了关联交易与内部交易的管理方法。第十章在理财产品的净值化转型的大背景下介绍了理财产品会计核算、估值的基本要求。第十一章为金融科技时代数据管理与数据安全的相关要求。第十二章为反洗钱、反恐怖融资工作开展的体系化要求。

  本书的编写得到赵廉慧教授的专业指导，除课题组成员外，感谢中国银行业协会理财业务专业委员会对本书的大力支持，感谢上海市通力律师事务所对本书的宝贵指导，感谢蔡乙萍、白冬、陈胜、王清等行业专家对本书提出的修改建议。因涉及法律和监管规则较多，本书可能存在疏漏，请使用者提出宝贵意见。

目 录 CONTENTS

第一章　境外资管行业的起源与发展　001

一、资管行业的起源　// 001

二、资管行业的全球化、多元化发展　// 005

第二章　国内资管行业发展历程及主要资管子行业法律体系分析　009

一、国内资管行业发展历程　// 009

二、资管行业法律体系梳理与分析　// 011

第三章　理财行业"三维"法律体系模型的构建分析　044

一、理财行业基本法律研究的逻辑基础——金融与法的视角　// 045

二、理财行业法律合规管理工作面临的新挑战　// 045

三、构建理财行业"三维"法律体系分析模型　// 047

第四章　公司治理　053

第一节　理财公司设立、变更与终止　// 053

第二节　公司治理的主体与职责　// 058

一、理财公司股东　// 058

二、董事会、监事会、高级管理层　// 062

三、首席合规官　// 066

第三节　从业人员行为管理　// 067

一、从业人员资格认定 // 067

二、从业人员行为规范 // 068

第五章　理财公司产品的合规管理　　071

第一节　理财产品分类 // 071

一、按照募集方式不同划分 // 071

二、按照运作方式不同划分 // 072

三、按照投资性质不同划分 // 072

第二节　理财产品发行的合规管理 // 073

第三节　理财产品销售的合规管理 // 075

一、销售机构的基本合规管理 // 076

二、销售文件要求 // 083

三、销售人员及行为管理 // 088

四、代销的合规管理 // 093

第四节　理财产品风险准备金的计提和管理 // 099

第六章　理财公司投资的合规管理　　101

第一节　理财产品资产投资的合规管理 // 101

一、理财产品资产投资管理过程中的法律问题分析 // 101

二、理财产品资产投资的基本合规管理 // 111

三、理财投资近年处罚案例 // 126

第二节　自有资金投资的合规管理 // 129

第七章　投资者权益保护　　132

第一节　投资者权益保护的内控机制要求 // 132

第二节　投资者适当性管理 // 138

一、合理划分理财产品风险等级 // 138

二、合理划分投资者风险承受等级　//139
　　三、理财产品风险等级与投资者风险承受能力相匹配　//141
　　四、私募产品的合格投资者确认　//143
第三节　投资者个人信息保护　//144
第四节　客户服务及投诉处理　//147
第五节　投资者的其他权利　//155

第八章　信息披露　　　　　　　　　　　　　　　　　　　　161

第一节　信息披露的基本要求　//161
第二节　信息披露的基本内容　//162
　　一、披露要求　//162
　　二、公募理财产品披露内容　//178
　　三、私募理财产品披露内容　//181
　　四、理财产品业绩比较基准展示　//182
第三节　信息披露的基本渠道　//184

第九章　关联交易　　　　　　　　　　　　　　　　　　　　186

第一节　关联方管理　//187
　　一、认定标准　//187
　　二、信息报告相关监管要求　//193
第二节　关联交易管理　//193
　　一、认定标准　//194
　　二、主要类型及计算方法　//196
　　三、内部审批流程和信息披露程序　//197
　　四、禁止性规定　//200
第三节　内部交易　//202
　　一、认定标准　//202
　　二、监管原则　//203

第四节　产品间交易　// 203

第十章　估值核算　　206

第一节　总体要求　// 208
第二节　会计核算　// 211
第三节　估值管理　// 217
　一、估值基本方法　// 217
　二、金融工具常见估值方法　// 219
第四节　托管规定　// 221

第十一章　数据管理与数据安全　　224

第一节　金融数据治理能力建设的法律框架　// 224
第二节　数据管理的基本内容　// 226
第三节　数据安全的基本内容　// 231

第十二章　反洗钱、反恐怖融资　　243

第一节　反洗钱工作基本要求　// 244
第二节　客户身份识别和客户身份资料及交易记录保存　// 249
第三节　可疑交易管理　// 270
第四节　客户洗钱风险评估　// 287
第五节　业务洗钱风险评估　// 293
第六节　机构洗钱风险自评估　// 298
第七节　反洗钱系统管理需求　// 314
第八节　反洗钱报告要求　// 316

后　记　　322

第一章

境外资管行业的起源与发展

数十年以来全球资本市场的强劲发展，使资产管理行业收获了前所未有的增长。截至2021年年末，全球资管规模（AUM）[①]已达112.3万亿美元。从资管行业近二十年发展来看，2001年至2021年，AUM从31万亿美元增长至112.3万亿美元；2021年的规模增速高达12%，远高于2001年至2021年7%的平均增速。2021年净流入也创历史新高，达到2021年年初AUM的4.4%，为4.4万亿美元。从资管行业较为发达的区域来看，主要分布在以美国为代表的北美地区，以英国、德国、卢森堡为代表的欧洲地区，以澳大利亚为代表的澳洲，以日本、新加坡和我国香港特区为代表的亚太地区。其中，北美地区和亚太地区是全球AUM的主要增长驱动力，2021年北美和亚太地区的年AUM占全球AUM的27%，远高于欧洲发展规模。下面将通过论述美国、英国、德国、卢森堡、日本、澳大利亚、新加坡和我国香港特区等经济体的资管行业发展与创新过程来勾勒境外资管行业的整体发展历程。

一、资管行业的起源

国际资产管理行业最早起源于欧洲，在工业革命的推动下，私人财富快速增长，催生了大量的中产阶层，寻求多样化高收益的投资渠道成为他们的重要目标，这为资管行业的产生创造了有利条件。最初，资管行业面对的客

[①] 西方金融机构和监管部门一般用资产管理规模（Assets Under Management，AUM）来衡量资产管理行业的影响力。根据欧洲基金和资产管理协会，AUM包括可转让证券集合投资计划和另类投资、信托计划、私募股权计划等类型业务。

户主要是各国政府以及少数拥有较多财富的个人，更类似于"主权基金"或"私人银行"。将多数投资者的资金汇集起来进行投资的思想，据悉最早于1774年由荷兰商人凯特威士（Ketwich）付诸实践，其所创信托基金的名称即包含"团结就是力量"的含义。但是，将基金运作模式推广开来的是1868年在英国成立的"国外及殖民地政府信托"。

当时的英国作为最发达的资本主义国家，随着海上新航路的开辟、欧美贸易的繁荣带来的大量财富，在国家财富积累的同时产生了大批新兴的中产阶级。从1815年到1900年的大部分时间里，英国国债收益率下滑，诸多银行频繁破产，产生了对银行的信任危机。由于诸多投资者缺乏专业的投资知识和经验，遭遇投资诈骗事件，使许多投资者心存畏惧，此时专业资产管理公司开始应势而生。

"国外及殖民地政府信托"可以被认为是第一个专门为小额投资人实现投资目的而进行的集合投资产品。这可以算是世界上第一只契约型基金。1868年《泰晤士报》公开刊登招募说明书，向社会公众发售，投资于美国、俄国、埃及等国的17种政府债券。由英国政府批准的专职经理人负责管理和运作；为了确保投资的安全与增值，"海外及殖民地政府信托"委托律师同投资者签订了文字契约，通过信托契约合理安排了投资者和代理投资者之间的权利与义务，奠定了现代共同基金契约型法律关系的基础。在19世纪70年代和80年代，多家采用不同策略的投资公司的成立。这些投资公司通过国际化的投资，来追求更高的长期回报。1879年，英国颁布《股份有限公司法》。此后，便出现了以公司形式运作的基金。但因为已将各类基金习惯于称为"信托"，故公司型基金也被称为"信托"，只是为了有所区别，典型信托型基金被称为"单位信托"，公司型基金被称为"投资信托"。在1870~1930年的60年之间，大约有200多只公司型基金在英国成立。

1873年，苏格兰创立"苏格兰美国投资信托"（the Scottish American Investment Trust），专门办理美国的铁路投资，将投资信托成为一种专业型的资产管理行业。

20世纪20年代，美国资本市场处于牛市，受欧洲金融市场的启发，投资公司（Investment Company）在美国流行起来。投资信托的优越性吸引了许多投资者。当时的投资信托主要分两种：一种是当时欧洲最为流行的封闭式基金，另一种则是首次出现的开放式基金，也就是共同基金。

1924 年，哈佛大学 200 名教授出资 5 万美元在波士顿设立"马萨诸塞投资者信托"。之后，该基金开始公开募集，投资者可以按照基金净资产随时购买和赎回基金份额，成为全球投资基金史上第一只开放式基金，而且"马萨诸塞投资者信托"采取了公司型的组织形式，成为第一只公司型开放式基金。

1929 年的股灾促使人们重新审视投资市场和投资行为，1929 年至 1933 年，美国发生了"大萧条"，封闭式基金沉溺于高风险投资，甚至滥用投资者赋予其的投资职能，给基金持有者带来了巨大伤害。伴随着投资市场上大量的不道德行为，投资公司开始失去投资者的信任。此时，共同基金（mutual fund）的组织结构设计能限制基金管理人的投资决策权，减少或预防侵害投资者利益的行为，因此很快成为受投资者认可的投资组织模式。1931 年，英国第一只单位信托（unit trust）——"第一不列颠固定信托"（the First British Fixed Trust）成立。相较于投资公司，单位信托是法律意义上的信托，其总规模不固定，投资者可以随时买进卖出单位信托，单位信托的管理人也准备随时按反映其所持有的资产的现行价值的市场价格来买卖单位信托，该单位信托也属于"开放型基金"（open-end funds）。

从 1929 年到 1940 年，共同基金所管理的资产自 1.4 亿美元增长到 4.5 亿美元，在资产管理市场份额占比从 5% 升至 36%。第二次世界大战后，美国股票市场发展迅猛，以共同基金为主的资产管理行业也得到了快速的发展。为规范投资基金的设立与运作，1940 年美国颁布了专门针对投资基金的法律——《投资公司法》和《投资顾问法》，前者规范投资基金，后者规范基金管理机构和从业人员。这两部专门法律的颁布实施不仅使美国的投资基金业步入了法制化发展轨道，而且开启了全球投资基金规范发展的新时期。

而在欧盟，以《可转让证券集合投资计划指令》（Undertakings for Collective Investment in Transferable Securities Directive，UCITS）、《另类投资基金管理指令》（Alternative Investment Fund Manager's Directive，AiFMD）、《欧洲金融工具市场指令》（Markets in Financial Instruments Directive，MiFID）监

管指令为核心的欧盟统一资管业也蓬勃发展。欧盟对于资管行业积极推动金融市场一体化，其中就包括资管市场的统一化。通过 UCITS、AiFMD、MiFID 三个指令，规范产品运作和金融机构行为，加强投资者保护力度，持续升级监管制度。

UCITS 于 1985 年实施后并经历多次修订，于 2016 年在欧盟各国施行，制定目的是让投资者拥有透明、受监管的跨境投资机会。作为共同基金的监管框架，共同基金的销售和管理方式均受 UCITS 约束。南非、拉丁美洲和澳大利亚也将 UCITS 作为创建基金的框架。2002 年，在欧盟成员国之间进行讨论之后，通过了两项新的指令，即 2001/107/EC 号指令和 2001/108/EC 号指令。2011 年 7 月，2009/65/EC 号指令生效；2016 年 2014/91/EU 号指令生效，该指令实现基金托管人的义务和责任以及基金经理的薪酬要求于 AIFMD 的要求保持一致；2023 年 1 月 1 日，2021/2261/EC 号指令生效。

AiFMD 制定于 2011 年，2013 年欧盟进一步完善了实施细则。预计在今年（2023 年），欧盟 MiFID 框架将再次进行修改。该指令制定目的是在后金融危机时代通过严格的信息披露、利益冲突防范机制、托管人职责要求以实现投资者保护与消除另类投资基金可能为欧盟经济带来的系统性金融风险。

MIFID 制定于 2007 年，2014 年进行了第二次修订，并于 2018 正式在各成员国实施，该指令制定目的是规范金融机构行为，促成欧盟统一资管市场。[1]

就资管产品的丰富程度而言，自 20 世纪 80 年代至今，全球见证了长达 40 年的另类资产[2]管理"黄金年代"。此外，类型多样的 ETF 指数基金也逐步受投资市场欢迎，ETF 基金目前是全球基金公司在产品创新中最主要的产品。2021 年另类资管产品在全球 AUM 中的占比不足 20%，但在资产管理总收入中的占比却达到 40%。未来，ETF 和部分另类产品将引领市场增长，多家数据库的分析预测表明，到 2026 年，另类资产占全球资产管理收入或将高达 49%。

---

[1] 参见袁吉伟：《欧洲资产管理业的发展与启示》，载《当代金融家》2020 年第 4 期。
[2] 另类资产主要包括对冲基金、私募股权、房地产、基础设施、大宗商品、私募债权、流动性另类共同基金等。

二、资管行业的全球化、多元化发展

（一）德国全能银行模式下的资管行业格局与对冲基金机制的发展

2020 年德国资产管理行业 AUM 超 2.88 万亿欧元，是继英国、法国之后的欧洲第三大资产管理市场，占比 10.1%。德国资产管理行业的监管遵从了审慎、保守的策略，除了严格执行欧盟监管标准外，在主体准入、托管、清偿赎回等方面实施了额外的监管要求。

德国金融业一直实行混业经营，典型特征为金融机构以单一法人资格拥有多张经营执照且经营多种金融业务，银行既可从事存储放贷和票据贴现业务，也可以从事投资证券、金融租赁和非金融企业股权业务。此种混业经营模式被称为"全能银行"模式。

德国将对冲基金视为"具有额外风险的基金"，其于 2003 年颁布《投资法》和《投资税法》对对冲基金设立、投资限制等做出相应的监管。德国对冲基金的法律组织有两种：信托型对冲基金和公司型对冲基金。信托型对冲基金在德国法上不具有独立法人资格，需要由投资管理公司管理。公司型对冲基金组织形式需为投资股份有限公司。

德国将对冲基金分为单一对冲基金和基金的基金两种。德国对单一投资基金几乎不做任何限制，利用对冲基金的优势，通过多样化规避风险。仅有的集中度限制等存在于投资非上市公司股票的限制，即总额不得超过基金 30% 的净资产。与之不同的是基金的基金，德国允许基金的基金公募发行，由于面向社会公众投资人，其受到严格的限制。德国《基金法》于 2021 年生效，其规定国内的特殊基金（spezialfonds）被允许将其投资组合的 20% 投资于比特币等加密资产。

（二）卢森堡的资管行业——产品跨国销售，公司型基金类型多样

卢森堡是第一个实施欧盟 UCITS 指令的国家。1985 年，欧共体正式颁布实施了 UCITS，开始对欧共体成员国的共同基金业进行协调和管理。UCITS 资管（基金）产品被称为"统一产品"，它们可以在当时的欧洲经济区 18 个成员国间跨国销售。除此以外的基金被称为 non-UCITS 基金，包括封闭式基

金、不动产基金、机构基金等，它们受国内司法的管辖，禁止跨国销售。

卢森堡证券投资基金 UCITS 有两种形式：契约型或公司型。契约型基金，是基于基金契约而设立的公募基金。契约型基金没有法人主体资格，因此所有的 FCP 基金都需要委托一家基金管理公司承担基金管理职责，而这家基金管理公司必须在卢森堡。公司型基金包括开放式投资公司或者封闭式投资公司两大类型，具体的法律形式包括如下 6 种：公众有限公司、私人有限公司、股份有限合伙、有限合伙、特殊有限合伙以及合作型公众有限公司（SCOSA）。

除 UCITS 外，卢森堡的基金类别还包括：风险资本投资公司，是为私募股权和风险投资基金设计的受监管的、经济高效的投资结构。专业投资基金，是一种主要针对国际机构投资以及合格投资者的投资工具。保留型另类投资基金，融合了卢森堡受监管风险资本投资公司和专业投资基金的特征和结构灵活性，同时其基金发行前无须经卢森堡金融监管委员会批准。集合投资计划，不是特定的基金名称，而是 UCITS 之外不受特定法规约束的基金都将被视为集合投资计划。

（三）以信托制度为基础的日本资管业，多元组织形式的资管产品

日本作为东亚地区最早引入信托制度的国家，以信托法为基础，出台了关于信托行业、证券信托、信托机构管理的一系列法律法规，为日本资管行业的发展奠定了坚实的机制基础。

很长时间内，信托制度在日本主要存在于类存贷款业务之中，即融资功能更显著，缺乏资产管理的逻辑与操作。与贷款化的信托业务相对应的，则是信托机构的银行化，即兼营信托业务的信托银行在很长时间内主导甚至垄断了整个信托业。随着第二次世界大战后日本经济的高速发展，个人和机构财富逐渐积累，资产运用型信托业务开始兴起。日本在 20 世纪 90 年代出现的利率自由化、直接融资市场的发展、通货紧缩、企业长期借款需求下降、投资者风险偏好的转移等因素导致了贷款信托这一昔日的主流业务最终退场。专业信托公司与兼营信托的金融机构并存。

在证券投资基金和不动产投资基金领域，根据日本投资信托协会的统

计，截至 2020 年 12 月，实践中所有的证券投资基金（包括公募与私募）都采用的是《投资信托与投资法人法》规定的投资信托形式，而所有的不动产和基础设施投资基金（包括公募与私募）都采用的是《投资信托与投资法人法》规定的投资法人形式。私募股权投资基金和风险投资基金在实践中通常采取的组织形式是投资事业有限责任合伙，所以其治理结构不适用《投资信托与投资法人法》，而是适用《关于投资事业有限责任合伙契约的法律》。

除采取公司、投资信托、投资法人、信托等法律形式之外，投资基金亦可能采取《金融商品交易法》第二条第二款第（五）项所特别规定的"集合投资计划"这一形式。《金融商品交易法》引入"集合投资计划"这一兜底性的概念是为了应对实践中投资基金采取多元组织形式这一情形，以及消除通过采取民法上的合伙、隐名合伙等形式规避监管这一问题。集合投资计划可以采取包括民法上的合伙、商法上的隐名合伙、投资事业有限责任合伙、有限责任事业合伙、社团法人等多元组织形式，集合投资计划的份额被视为有价证券。

（四）澳大利亚资管行业以公司法为基础，超级年金投资范围广泛

澳大利亚资产管理规模位列全球第六，《公司法》是资管行业的基本法律。在澳大利亚实际操作中，投资基金通常会以单位信托的架构出现，这是澳大利亚投资法律体系下最为常见的、最成熟的一个投资工具。投资基金在澳大利亚也经常被称为"受管理的投资计划"，这是澳大利亚公司法下的一个特定概念。超级年金是澳大利亚资产管理行业的重要组成部分，相关的监管法律是 1993 年通过的《超级年金法案》。[①]澳大利亚超级年金的投资范围广泛，且权益类资产配比较高，充分地发挥了养老基金长期投资和权益投资的特点。

（五）新加坡可变资本公司法的创新

新加坡作为新兴经济体，于 20 世纪 90 年代初开始着手积极推动基金业发展。为了让新加坡成为亚洲的基金管理和基金设立中心，2018 年新加坡政

---

① 参见袁吉伟：《澳大利亚资产管理业的发展经验及启示》，载《国际金融》2020 年第 5 期。

府颁布《可变资本公司法》，并于 2020 年 1 月 14 日生效。"可变资本公司"框架是一种新的公司结构，可广泛用于投资基金，并为基金经理提供更大的运营灵活性和成本节约。该框架的推行，极大地激发了市场设立公司型投资基金的积极性，并吸引各类基金实体从海外注册到新加坡。根据新加坡金管局发布的《2021 年新加坡资产管理调查》，截至 2022 年 10 月 14 日，在《可变资本公司法》实施仅 2 年 9 个月之后，即有 420 家基金管理公司在新加坡设立了超过 660 家可变资本公司。根据瑞士资产管理协会于 2021 年 9 月发布的研究报告，就资产管理中心相对竞争力的年度排名而言，新加坡已经超越了苏黎世、纽约、日内瓦等，位居世界第一。

（六）我国香港特别行政区资管行业的快速发展，公募对冲基金的创新

香港作为国际金融中心在全球金融市场上拥有很多优势。香港信托业的发展集中地反映在单位信托基金这一业务品种上。单位信托是按照信托契约构建的一种集体投资形式，即由很多投资者将资产集中到一起，交由独立的投资经理进行专业管理。香港最常见的单位信托结构是双方信托契约，信托平台将投资者的资金集中在一起，然后投资到具有特定目标的资产，如新兴市场、美国、日本、欧洲市场的股票、债券和基金等。香港大部分零售基金和交易所买卖基金者都是采取单位信托形式。单位信托基金的发展验证了国际信托制度证券化的大趋势。

2002 年，香港证监会相继出台了《对冲基金指引》及《对冲基金汇报规定指引》，该两部法律文件作为《单位信托及互惠基金守则》的一部分，使香港成为继瑞士之后，第二个立法允许公开募集对冲基金的地区，显示香港对对冲基金监管的立法态度，结合私募基金和共同基金优缺点，创造性的结合两者优势，丰富了对冲基金形式，是金融创新的典范。此外，香港以有限合伙形式设立私募基金更为普遍。

第二章

国内资管行业发展历程及主要资管子行业法律体系分析

现代金融中介的理论基础是金融市场信息的不完整性假设,正如中央提出的,在市场作用和政府作用的问题上,要讲辩证法、两点论,"看不见的手"和"看得见的手"都要用好。因此,监管机构必须要充当"看得见的手"角色,使资管行业发展之路行稳致远。本章将主要介绍国内资管行业发展阶段、主要资管行业法律监管体系,以从"市场实践—监管动态"双向检视我国资管行业发展的逻辑与规律。

一、国内资管行业发展历程

金融资产管理行业的变化发展与监管制度的演变密切相关。我国金融机构资产管理业务始于20世纪80年代末90年代初,尽管起步较晚,但二十余年以来发展迅猛。《关于规范金融机构资产管理业务的指导意见》掀开了中国大资管行业的帷幕,形成各类机构广泛参与、各类资产管理业务交叉融合形成的混业经营局面,但由于监管体系不完善等原因,资管行业仍在规范化运作的路上持续探索。

我国资产管理行业的发展历程可以分为以下四大阶段:

(一)1986~1997年,资管业务的雏形

1986年,国务院下发《银行管理暂行条例》(失效),规定了中国人民银行承担中央银行和金融监管的职责,允许银行和其他金融机构(当时主要是信托投资公司)经营存贷款、票据贴现、信托、投资、金融租赁、代募证券

等多项金融业务。1992年，发生了因证券市场不完善而产生的重大群体性事件，即深圳"8·10"事件，其促使决策层加紧改革步伐，建立有效的证券监管体系，即国务院证券委员会和证监会成立，中国证券市场统一监管体制开始形成。但此阶段，信托公司可以开展吸储业务，银行可以兼营信托、证券、保险等业务，业务的混业经营并没有及时匹配上差异化的监管体系与机制，金融体系内的风险持续显现。1997年，亚洲金融危机爆发，国务院证券委员会发布《证券投资基金管理暂行办法》（失效），公募基金正式登场。亚洲金融危机倒逼金融监督管理体制的大变革，1997年召开的第一次全国金融工作会议明确，对金融业实行分业监管，成立了证监会、保监会，分别负责证券业和保险业的监管，中国人民银行专司对银行业、信托业的监管；另外对中国人民银行自身机构进行了改革。

（二）1998~2005年，分业格局下的资管业务布局成型

1997年中央委员会、国务院联合下发《中共中央、国务院关于深化金融改革，整顿金融秩序，防范金融风险的通知》（中发〔1997〕19号），明确要求改变混业经营状况，严格执行银行、信托、证券、保险分业经营、分业管理。1998年保监会成立，负责保险业的监管。2003年原银监会成立，负责银行业的监管及原中共中央金融工作委员会的相关职责。中国人民银行主要负责维护金融稳定。至此，"一行三会"分业监管格局形成。该格局下，各资管类金融机构纷纷探索和发展其业务范围内的资管业务。

（三）2006~2017年，以银行理财业务为基础，影子银行业务为主线，资管行业持续大规模发展

2005年，原银监会发布《商业银行个人理财业务管理暂行办法》（失效），商业银行理财业务逐步发展，由于中国的大资管行业是以银行为主导发展起来的，所以由此开启了以商业银行理财为首的大资管行业繁荣发展阶段。尤其是2008年金融危机后，表外融资需求激增，为了提振经济，政府出台八万亿经济刺激政策，刺激了房地产市场与基础设施建设。于是银行负责提供资金，信托、券商、基金公司负责开发产品并进行投资运作，其中很多都是依照银行的指定目标与方式来操作。此时期，信托、券商、基金公司改革

创新，在净资本、投资范围方面放松了监管。在这一时期，资管行业遍地开花，资产类型以投资非标为主。该时期的资管业务大繁荣一方面提振了经济发展，另一方面也出现了诸多违规问题甚至一度影响金融系统的稳定性，为防范金融体系的"灰犀牛"与"黑天鹅"事件，监管部门开始了以"三三四十"整治活动为标志的资管行业的大整顿。

（四）2018年至今，《关于规范金融机构资产管理业务的指导意见》出台，步入规范化的大资管时代

2018年，《关于规范金融机构资产管理业务的指导意见》发布，成为第一个站在统一功能监管的角度将资管分行业统一监管的文件，让资管行业回归"受人之托、代人理财"的本源。《关于规范金融机构资产管理业务的指导意见》执行了最严口径，旨在全面整治之前存在的业务发展不规范、多层嵌套、刚性兑付、非标资金池等问题，明确了打破刚性兑付、禁止资金池、消除多层嵌套、强制穿透管理和推动理财产品全面净值化管理的监管原则。至此，大资管行业正式步入统一功能监管下的机构监管新时代。此后，各类资管分行业基本制度和配套细则重新确立并不断规范与完善。

2023年5月18日，国家金融监督管理总局揭牌。至此，我国金融监管体系从"一行两会"迈入"一行一总局一会"新格局，即中国人民银行、国家金融监督管理总局和中国证监会。作为我国新一轮金融监管领域机构改革迈出的重要一步，组建国家金融监督管理总局是党和国家机构改革方案中备受关注的内容。国家金融监督管理总局在原中国银保监会基础上组建，统一负责除证券业之外的金融业监管，强化机构监管、行为监管、功能监管、穿透式监管、持续监管，中国人民银行对金融控股公司等金融集团的日常监管职责、有关金融消费者保护职责，证监会的投资者保护职责划入国家金融监督管理总局。组建国家金融监督管理总局，优化和调整金融监管领域的机构职责对于加强和完善现代金融监管解决金融领域长期存在的突出矛盾和问题具有十分重要的意义。

二、资管行业法律体系梳理与分析

本部分对资产管理规模占比排名前列，且体系较为复杂的包括银行理

财、公募基金、信托与保险资产管理行业规范体系进行梳理分析,从时间维度来一览各资管子行业的监管重点和监管发展历程。

(一)银行理财法律体系

关于银行理财法律体系见表2.1。

表2.1 银行理财法律体系

序号	分类	文件名称	颁布时间
1	基本规定	《中国银行业监督管理委员会关于完善银行理财业务组织管理体系有关事项的通知》(失效)	2014年7月
2		《商业银行理财业务监督管理办法》	2018年9月
3		《商业银行理财子公司管理办法》	2018年12月
4		《商业银行理财子公司净资本管理办法(试行)》	2019年11月
5		《银行保险机构关联交易管理办法》	2022年1月
6		《中国证券登记结算有限责任公司特殊机构及产品证券账户业务指南》	2022年6月
7		《理财公司内部控制管理办法》	2022年8月
8		《银行保险机构消费者权益保护管理办法》	2022年12月
9	产品及业务运作类管理要求	《商业银行个人理财业务管理暂行办法》(失效)	2005年11月
10		《关于商业银行开展代客境外理财业务有关问题的通知》	2006年6月
11		《商业银行开办代客境外理财业务管理暂行办法》	2006年4月
12		《关于调整商业银行个人理财业务管理有关规定的通知》(失效)	2007年12月
13		《关于进一步规范银信合作有关事项的通知》	2010年8月
14		《关于规范银信理财合作业务转表范围及方式的通知》	2010年8月
15		《关于规范银信理财合作业务有关事项的通知》	2010年8月
16		《关于进一步规范银信理财合作业务的通知》	2011年1月

续表

序号	分类	文件名称	颁布时间
17	产品及业务运作类管理要求	《关于规范商业银行理财业务投资运作有关问题的通知》（失效）	2013年3月
18		《中国人民银行金融市场司关于商业银行理财产品进入银行间债券市场有关事项的通知》	2014年1月
19		《关于明确高资产净值客户理财产品登记要求的通知》	2015年2月
20		《中国人民银行、香港金融管理局、澳门金融管理局关于在粤港澳大湾区开展"跨境理财通"业务试点的联合公告》	2020年6月
21		《中国银保监会、中国人民银行关于规范现金管理类理财产品管理有关事项的通知》	2021年5月
22	风险管理	《商业银行个人理财业务管理暂行办法》（失效）	2005年9月
23		《关于商业银行开展个人理财业务风险提示的通知》（失效）	2006年6月
24		《关于进一步规范商业银行个人理财业务有关问题的通知》（失效）	2008年4月
25		《关于进一步加强商业银行代客境外理财业务风险管理的通知》	2008年10月
26		《关于进一步加强商业银行理财业务风险管理有关问题的通知》（失效）	2011年9月
27		《理财公司理财产品流动性风险管理办法》	2021年12月
28	销售	《商业银行理财产品销售管理办法》（失效）	2011年8月
29		《关于规范商业银行代理销售业务的通知》	2016年5月
30		《理财公司理财产品销售管理暂行办法》	2021年5月
31	估值核算、会计处理	《关于进一步贯彻落实新金融工具相关会计准则的通知》	2020年12月
32		《资产管理产品相关会计处理规定》	2022年6月
33		《关于开展养老理财产品试点的通知》	2021年8月

续表

序号	分类	文件名称	颁布时间
34	个人养老金	《关于扩大养老理财产品试点范围的通知》	2022年2月
35		《关于推动个人养老金发展的意见》	2022年4月
36		《关于规范和促进商业养老金融业务发展的通知》	2022年5月
37		《个人养老金实施办法》	2022年11月
38		《商业银行和理财公司个人养老金业务管理暂行办法》	2022年11月
39		《个人养老金理财产品行业信息平台管理实施办法（试行）》	2023年1月
40	其他规定	《银行业个人理财业务突发事件应急预案》	2009年12月
41		《银行业金融机构从业人员行为管理指引》	2018年3月

我国理财业务开展已近二十年，结合资管市场演变与监管，可将理财行业的发展历程分为如下几个阶段：

1. 2003~2005年，起步阶段

2001年年底中国正式加入WTO，做出了全面开放金融行业的承诺。市场竞争日益激烈，银行、保险、基金、信托、外汇等行业纷纷加大业务创新力度来提高综合竞争力，但由于行业配套规范的缺失，出现了保险、证券等发展的混乱局面。自2004年中国光大银行第一支外币理财产品的发行，银行理财产品由于收益率高于储蓄但风险较低而逐渐成为居民储蓄的替代选择，产品数量和资金规模迅速扩大，国有银行开始全面开展理财业务。此时，国内银行理财产品市场以外资银行产品、结构化产品、外币理财产品等为主，种类趋于多样化，设计创新有了明显突破。这一阶段理财产品的违规操作、恶性竞争不断出现。直到2005年原银监会出台了《商业银行个人理财业务管理办法暂行规定》等制度，才结束了银行理财业务无法可依、无章可循的局面。

2. 2005~2008年，探索发展阶段

原银监会于2005年出台的《商业银行个人理财业务管理办法暂行规定》

和《商业银行个人理财业务风险管理管理指引》，标志着监管部门第一次规范商业银行理财业务，从此理财业务有法可依。上述暂行办法以及风险管理指引要求商业银行开展个人理财业务应建立健全个人理财业务管理体系和对应的风险管理体系。

在此阶段，各商业银行积极探索与发展理财业务，不断加大理财产品的创新和产品发行力度，理财业务在银行行业内开始得到普及。这期间，股市大好行情，中国资本市场的爆发式增长及 2006 年 6 月第六次 IPO 重启都催生并直接助推了理财业务快速增长。这一时期理财产品类型单一，投资者基于单一逐利目的下的盲从，导致一旦出现回报好的理财产品资金往往迅速聚集，底层资产中包括股票、基金短期迅速上涨实际是一种被资金"挟持"下的上涨，市场本身缺乏稳定性。这一时期多数银行的服务水平尚处于低端，不仅缺乏专业的理财产品设计人才也缺乏专业的高端客户服务人员，使其在合理引导投资者理性投资方面力不从心，客观上也加剧了市场的虚假繁荣。针对个人理财业务开办过程中，客户投诉引发的商业银行声誉风险和法律风险不断加大，原银监会于 2006 年 6 月颁布了《关于商业银行开展个人理财业务风险提示的通知》，就各商业银行开展业务面临的各种风险进行了提示并提出了相关要求。

为规范银行理财业务开办境外理财业务，2006 年 4 月，中国人民银行、原银监会、国家外汇管理局颁布了《商业银行开办代客境外理财业务管理暂行办法》。2006 年 6 月，原银监会颁布了《关于商业银行开展代客境外理财业务有关问题的通知》（银监办发〔2006〕164 号），就商业银行开展代客境外业务的具体审批、投资、托管等具体问题进行了细化。2007 年 12 月 24 日，浦发银行公告其理财产品"汇理财"2006 年第 9 期 F2 计划到期收益率为零，首开国内商业银行理财产品"零收益"先河，让国内投资者第一次意识到理财产品的风险特性。

随着全球金融危机蔓延波及国内理财业务市场。上证指数从 2007 年 10 月的 6124 点，到 2008 年的最低点 1664 点，最多时市值缩水达到 22 万亿元，银行理财投资者在这个阶段的投资损失惨重。原银监会在该阶段先后颁布了《关于调整商业银行代客境外理财业务境外投资范围的通知》《关于进一步调整商业银行代客境外理财业务境外投资有关规定的通知》，上述规定就境外投资的范围进行了更加详细的明确。就代客境外理财过程中的风险管理问题，原银监会颁布了《关于进一步加强商业银行代客境外理财业务风险管理的通知》。

3. 2008~2013年，扩大规模及规范化阶段的法律

在利率市场化稳步推进的背景下，商业银行开始更加重视发展理财业务，并意识到理财业务是商业银行转型的方向之一。大力发展理财业务已成为各商业银行的共识。根据《国务院关于第四批取消和调整行政审批项目的决定》，2007年原银监会颁布的《关于调整商业银行个人理财业务管理有关规定的通知》规定保证收益性质的理财产品由审批制变更为事后报告制，从此银行理财由起初的净值型迈向了保本型时代，理财业务驶入了快车道。储蓄、基金及一些风险低、期限短的银行理财产品是投资者的主要选择。自2009年起，人民币理财产品成为主流产品。国有银行凭借其网点资源、客户资源、综合实力优势逐渐占据国内理财市场主导地位。投资管理日益受到重视，新股产品和权益类产品规模萎缩，全面的银行理财产品体系逐渐形成，且参与的金融机构众多。银行顺应客户需求推出期限较短、收益稳定、资金门槛不高的固定收益类产品，主投资产以货币、债券、同业存款和债权类资产为主。而投向权益类资产的理财产品规模较小，且大多为高净值客户和私人银行客户理财产品。

针对银行理财快速发展过程中出现的设计管理机制不健全、客户评估流于形式，风险揭示不到位，信息披露不充分，理财人员误导和投诉处理机制不完善等问题，2008年原银监会颁布了《关于进一步规范商业银行个人理财业务有关问题的通知》。为进一步加强对商业银行个人理财业务的监督管理，2009年原银监会颁布了《关于进一步规范商业银行个人理财业务报告有关问题的通知》，将事后报告变更为事前的报告。为规范银行个人理财业务的投资，原银监会颁布了《关于进一步规范商业银行个人理财业务投资管理有关问题的通知》（失效）等一系列规定。上述规定对规范和引导理财业务的发展，起到了重要的作用。

随着理财业务的快速发展，银行、信托、证券合作的各种规避监管的业

务模式层出不穷，理财业务风险不断累积，2009年至2013年监管部门对银行理财业务的监管力度不断加强。为规范银信合作业务的风险，原银监会先后出台《关于进一步规范银信合作有关事项的通知》（2009年）、《关于规范银信理财合作业务有关事项的通知》（2010年）、《关于进一步规范银信理财合作业务的通知》（2011年）、《关于规范银信理财合作业务转表范围及方式的通知》（2011年），上述规定要求银信合作中信托公司不能沦为银行的通道，不能将信托财产投资于银行自身的信贷资产或票据资产，对银信合作中信托公司业务类业务余额进行管控，要求银信合作业务表外资产转入表内。2011年原银监会为进一步规范理财业务发展过程中的风险，颁布《关于进一步加强商业银行理财业务风险管理有关问题的通知》（失效），同年印发的《商业银行理财产品销售管理办法》（失效）对规范银行理财业务的销售发挥了重要作用。

2013年原银监会下发了《关于规范商业银行理财业务投资运作有关问题的通知》（失效，也称8号文），该通知对理财资金的投向、风险拨备提出明确要求，对规范理财业务投资运作，防范化解商业银行理财业务风险方面提出了相应的原则和标准；要求理财产品必须单独管理、建账和核算，并对理财资金投资于非标债权的规模提出了明确的限制。

4. 2014年至今，独立业态阶段

2014年原银监会发布《关于完善银行理财业务组织管理体系有关事项的通知》（也称35号文），对商业银行事业部制改革的规划和时间进度提出了明确的要求，标志着银行理财业务的管理将向"类基金化"模式发展，多家商业银行计划筹备理财子公司。与此同时，利率市场化改革的深化、银行不良率的上升也严重侵蚀着传统理财业务飞速发展的根基，资产端与负债端收益率之差也在不断收窄，推动存款替代型的理财业务向独立的净值化理财业务全面转型便成为行业凝聚的共识，净值型理财产品也进入高速增长期，2015年增长率超过140%，大幅超过同期保本类理财业务整体增长率。

为推动资管行业的整体转型，2018年4月"一行两会一局"颁布了资管行业第一部统一的监管规定《关于规范金融机构资产管理业务的指导意见》，同年7月中国人民银行颁布了《关于进一步明确规范金融机构资产管理业务的指导意见有关事项的通知》，更好地指导金融机构贯彻执行《关于规范金融机构资产管理业务的指导意见》。在《关于规范金融机构资产管理业务的指导意见》的指导和要求下，理财业务开始转型，进入了老产品压降和新产品净值化管理的时代。原银保监会先后颁布了《商业银行理财业务监督管理办法》《商业银行理财子公司管理办法》。《商业银行理财业务监督管理办法》以及《商业银行理财子公司管理办法》明确要求商业银行应当通过具有独立法人地位的子公司开展理财业务。

为帮助理财子公司树立审慎经营的理念，坚持业务发展与自身经营能力相匹配，原银保监会颁布了《商业银行理财子公司净资本管理办法（试行）》，要求商业银行就理财业务的管理以及展业计提风险资本和净资本。为保护投资者利益，规范理财业务的销售，原银保监会颁布了《理财公司理财产品销售管理暂行办法》。为防范现金类理财产品管理过程中的风险积累，原银保监会颁布了《中国银保监会、中国人民银行关于规范现金管理类理财产品管理有关事项的通知》。为防范流动性风险，原银保监会颁布了《理财公司理财产品流动性风险管理办法》。为加强投资者保护，原银保监会颁布了《银行保险机构消费者权益保护管理办法》，为了加强理财公司内部控制管理，原银保监会颁布了《理财公司内部控制管理办法》。

除上述规定之外，为丰富第三支柱养老金融产品的供给，原银保监会先后发布了《关于开展养老理财产品试点的通知》《关于扩大养老理财产品试点范围的通知》《商业银行和理财公司个人养老金业务管理暂行办法》等，允许机构发行和管理养老理财产品。为方便大湾区居民进行多元化的跨境投资，促进大湾区金融深度融合，中国人民银行协同香港金融管理局、澳门金融管理局颁布《中国人民银行、香港金融管理局、澳门金融管理局关于在粤港澳大湾区开展"跨境理财通"业务试点的联合公告》，理财产品成为"北向通"重要的投资品种。理财行业的立法根据新阶段行业面临的新问题在持续完善。

综观中国理财业务发展脉络，无论哪个发展阶段、哪种运营模式，理财业务都与股票、基金、信托等资管业态以及其他金融领域和宏观政策发生紧密的联动，且都有相应的法律制度出台予以调整、管理和补充，从而使其顺应历史发展趋势,良性的促进金融以及经济的发展。

(二)公募基金法律体系

关于公募基金法律体系见表 2.2。

表 2.2 公募基金法律体系

序号	分类	文件名称	颁布时间
1	一般性法律、法规及规范性文件	《外资参股基金管理公司设立规则》(失效)	2002 年 6 月
2		《证券投资基金管理公司管理办法》(2004 年、2012 年、2020 年版失效)	2004 年 9 月
3		《证券投资基金管理公司治理准则(试行)》	2006 年 6 月
4		《中华人民共和国证券投资基金法(2015 年修订)》(2003 年、2012 年版已经修订)	2015 年 4 月
5		《基金管理公司子公司管理规定》	2016 年 11 月
6		《证券公司和证券投资基金管理公司境外设立、收购、参股经营机构管理办法(2021 年修正)》(替代 2018 年版)	2021 年 5 月
7		《公开募集证券投资基金管理人监督管理办法》	2022 年 5 月
8		《关于实施〈公开募集证券投资基金管理人监督管理办法〉有关问题的规定》	2022 年 5 月
9		《关于实施〈公开募集证券投资基金管理人监督管理办法〉有关问题的规定》	2022 年 5 月
10		《个人养老金投资公开募集证券投资基金业务管理暂行规定》	2022 年 11 月
11		《重要货币市场基金监管暂行规定》	2023 年 2 月
12	内控管理	《证券投资基金管理公司内部控制指导意见》	2002 年 12 月
13		《证券投资基金销售机构内部控制指导意见》	2007 年 10 月
14		《证券公司投资银行类业务内部控制指引》	2018 年 3 月
15		《证券投资基金管理公司公平交易制度指导意见》(失效)	2008 年 3 月

续表

序号	分类	文件名称	颁布时间
16	内控管理	《证券投资基金管理公司公平交易制度指导意见（2011年修订）》	2011年8月
17		《基金管理公司开展投资、研究活动防控内幕交易指导意见》	2012年11月
18		《中国基金业协会关于发布〈基金管理公司从事特定客户资产管理业务子公司内控核查要点〉的通知》	2015年12月
19		《证券基金经营机构债券投资交易业务内控指引》	2018年12月
20	合规管理	《证券公司和证券投资基金管理公司合规管理办法》（部分修改）	2017年6月
21		《证券公司和证券投资基金管理公司合规管理办法（2020年修正）》	2020年3月
22	风险管理	《基金管理公司提取风险准备有关事项的补充规定》	2007年1月
23		《公开募集证券投资基金风险准备金监督管理暂行办法》	2013年9月
24		《基金管理公司风险管理指引》	2014年6月
25		《中国证券投资基金业协会关于发布〈公募基金管理公司压力测试指引（试行）〉的通知》	2016年11月
26		《公开募集开放式证券投资基金流动性风险管理规定》	2017年8月
27		《公开募集证券投资基金侧袋机制指引（试行）》	2020年7月
28	人员管理	《基金管理公司投资管理人员管理指导意见（2009年修订）》（2006年版失效）	2009年3月
29		《关于基金从业人员投资证券投资基金有关事项的规定》	2012年6月
30		《基金从业人员证券投资管理指引（试行）》	2013年12月
31		《证券期货经营机构及其工作人员廉洁从业规定》（部分修订）	2018年6月
32		《基金行业人员离任审计及审查报告内容准则》	2020年3月

续表

序号	分类	文件名称	颁布时间
33	人员管理	《证券经营机构及其工作人员廉洁从业实施细则》	2020年3月
34		《证券基金经营机构董事、监事、高级管理人员及从业人员监督管理办法》	2022年2月
35		《证券期货经营机构及其工作人员廉洁从业规定（2022年修正）》	2022年8月
36	基金托管	《证券投资基金托管资格管理办法》（失效）	2004年11月
37		《证券投资基金托管业务管理办法》（2013年和2020年修正已失效）	2020年3月
38		《证券投资基金托管业务管理办法（2020年）》	2020年7月
39		关于发布《托管银行监督基金运作情况报告的内容与格式指引（试行）》的通知	2020年4月
40	基金销售	《证券投资基金销售业务信息管理平台管理规定》	2007年3月
41		《证券投资基金销售适用性指导意见》	2007年10月
42		《基金销售机构现场检查工作及相关事项公告》	2008年7月
43		《证券投资基金销售结算资金管理暂行规定》	2011年9月
44		《开放式证券投资基金销售费用管理规定（2013年修订）》	2013年6月
45		《保险机构销售证券投资基金管理暂行规定》	2013年6月
46		《公开募集证券投资基金销售公平竞争行为规范》	2014年8月
47		《香港互认基金管理暂行规定》	2015年5月
48		《内地与香港证券投资基金跨境发行销售资金管理操作指引》	2015年11月
49		《公开募集证券投资基金宣传推介材料管理暂行规定》	2020年8月
50		《公开募集证券投资基金销售机构监督管理办法》	2020年8月
51		《个人养老金投资公开募集证券投资基金业务管理暂行规定》	2022年11月

续表

序号	分类	文件名称	颁布时间
52	基金投资运作	《关于加强证券投资基金监管有关问题的通知》（部分失效）	1998年8月
53		《关于证券投资基金投资资产支持证券有关事项的通知》	2006年5月
54		《关于基金投资非公开发行股票等流通受限证券有关问题的通知》	2006年7月
55		《关于完善证券投资基金交易席位制度有关问题的通知》	2007年2月
56		《黄金交易型开放式证券投资基金暂行规定》	2013年1月
57		《短期理财基金产品业务运作规范》	2013年5月
58		《上海证券交易所开放式基金业务管理办法》	2014年1月
59		《公开募集证券投资基金运作管理办法》	2014年7月
60		《公募募集证券投资基金运作指引第1号——商品期货交易型开放式基金指引》	2014年12月
61		《基金参与融资融券及转融通证券出借业务指引》	2015年4月
62		《货币市场基金监督管理办法》	2015年12月
63		《公开募集证券投资基金运作指引第2号——基金中基金指引》	2016年9月
64		《证券基金经营机构参与内地与香港股票市场交易互联互通指引》	2016年10月
65		《养老目标证券投资基金指引（试行）》	2018年2月
66		《关于进一步规范货币市场基金互联网销售、赎回相关服务的指导意见》	2018年5月
67		《证券公司大集合资产管理业务适用〈关于规范金融机构资产管理业务的指导意见〉操作指引》	2018年11月
68		《公开募集证券投资基金投资信用衍生品指引》	2019年1月

续表

序号	分类	文件名称	颁布时间
69	基金投资运作	《公开募集证券投资基金参与转融通证券出借业务指引（试行）》	2019年6月
70		《证券期货经营机构管理人中管理人（MOM）产品指引（试行）》	2019年12月
71		《公开募集基础设施证券投资基金指引（试行）》	2020年8月
72		《公开募集证券投资基金运作指引第3号——指数基金指引》	2021年1月
73		《关于避险策略基金的指导意见》	2021年6月
74		《证券投资基金参与股指期货交易指引》	2022年8月
75		《公开募集证券投资基金参与国债期货交易指引（2022年修正）》	2022年8月
76		《证券期货经营机构私募资产管理业务管理办法》	2023年1月
77		《证券期货经营机构私募资产管理计划运作管理规定》	2023年1月
78	估值核算	《关于基金管理公司及证券投资基金执行〈企业会计准则〉的通知》	2006年11月
79		《关于基金管理公司执行〈企业会计准则〉有关新旧衔接事宜的通知》	2007年1月
80		《证券投资基金会计核算业务指引》	2012年12月
81		《关于证券投资基金估值业务的指导意见》	2017年9月
82	基金评价	《证券投资基金评价业务管理暂行办法（2020年修正）》（经2009年版修订）	2020年10月
83	税收政策	《关于证券投资基金税收政策的通知》	2004年4月
84		《关于证券期货基金经营机构做好营业税改征增值税试点工作的意见》	2016年4月
85		《关于资管产品增值税政策有关问题的补充通知》	2017年1月
86		《关于资管产品增值税有关问题的通知》	2017年6月

续表

序号	分类	文件名称	颁布时间
87		《公开募集证券投资基金信息披露管理办法》（已修改）	2003年9月
88		证券投资基金信息披露编报规则第1号《主要财务标的计算与披露》	2003年9月
89		证券投资基金信息披露编报规则第2号《基金净值表现的编制及披露》	2003年9月
90		证券投资基金信息披露编报规则第3号《会计报表附注的编制及披露》	2003年9月
91		证券投资基金信息披露编报规则第4号《基金投资组合报告注的编制及披露》	2003年9月
92		证券投资基金信息披露编报规则第5号《货币市场基金信息披露特别规定（2020年修正）》	2020年10月
93	信息披露	证券投资基金信息披露内容与格式准则第1号《上市交易公告书的内容与格式（2020年修正）》	2020年10月
94		证券投资基金信息披露内容与格式准则第2号《年度报告的内容与格式（2020年修正）》（由2004年版修订形成）	2020年10月
95		证券投资基金信息披露内容与格式准则第3号《半年度报告的内容与格式（2020年修正）》（由2004年版修订形成）	2020年10月
96		证券投资基金信息披露内容与格式准则第4号《季度报告的内容与格式（2020年修正）》（由2004年版修订形成）	2020年10月
97		证券投资基金信息披露内容与格式准则第5号《招募说明书的内容与格式（2020年修正）》（由2004年版修订形成）	2020年10月
98		证券投资基金信息披露内容与格式准则第6号《基金合同的内容与格式（2020年修正）》（由2004年版修订形成）	2020年10月

续表

序号	分类	文件名称	颁布时间
99	信息披露	《托管银行监督基金运作情况报告的内容与格式指引（试行）》	2006年4月
100		《基金行业人员离任审计及审查报告内容准则（2020年修正）》	2020年3月
101		《公开募集证券投资基金信息披露管理办法（2020年修正）》	2020年3月
102		公开募集证券投资基金信息披露模板XBRL模板第5号《基金产品资料概要（2020年修正）》	2020年10月
103		《基金管理公司年度报告内容与格式准则（2021年修正）》	2021年1月
104		《关于公布金融行业推荐性标准〈公开募集证券投资基金信息披露电子化规范〉的公告》	2023年1月
105	投资者保护	《证券投资者保护基金申请使用管理办法（试行）》	2006年3月
106		《证券公司缴纳证券投资者保护基金实施办法（试行）》	2007年3月
107		《关于证券公司缴纳证券投资者保护基金有关事项的补充规定》	2009年9月
108		《关于进一步完善证券公司缴纳证券投资者保护基金有关事项的补充规定》	2013年4月
109		《证券投资者保护基金管理办法（2016年修订）》	2016年4月
110		《证券投资者保护基金实施流动性支持管理规定》	2019年12月
111	纠纷解决	《中国证券投资基金业协会投资基金纠纷调解规则（试行）》（部分失效）	2014年9月
112		《中国证券投资基金业协会投资基金纠纷调解规则》	2021年12月

我国公募基金行业的法律体系共经历了如下五个阶段：

1. 1997~2003年，起步阶段

1997年，证监会颁布《证券投资基金管理暂行办法》（失效）。在1997~1999年，证监会先后颁布了《证券投资基金管理暂行办法》实施准则1~6号；2002年证监会颁布了《证券投资基金管理公司内部控制指导意见》。

2. 2004~2005年,《证券投资基金法》以及配套制度初步形成

2003年《证券投资基金法》颁布之后,证监会先后发布了《证券投资基金行业高级管理人员任职管理办法》(失效)等,形成了公募基金行业的"一法六规"("一法"指《证券投资基金法》,"六规"指《证券投资基金管理公司管理办法》《公开募集证券投资基金运作管理办法》《证券投资基金托管业务管理办法》《证券投资基金信息披露管理办法》《证券投资基金行业高级管理人员任职管理办法》《证券投资基金销售管理办法》)。

3. 2005~2010年,完善阶段的规范

一是投资范围方面,2006年2月23日,证监会基金部发布《关于基金管理公司向特定对象提供投资咨询服务有关问题的通知》(失效);2008年1月1日实施《基金管理公司特定客户资产管理业务试点办法》(失效);2008年4月8日,证监会发布《关于证券投资基金管理公司在香港设立机构的规定》(失效)。二是在投资范围上,2007年证监会发布《合格境内机构投资者境外证券投资管理试行办法》及相关细则。三是内控治理方面,2006年证监会颁布《证券投资基金管理公司治理准则》;2006年5月颁布了《证券投资基金管理公司督察长管理规定》(失效)。四是规范机构监管,证监会于2005年发布《关于基金管理公司运用固有资金进行基金投资有关事项的通知》;2006年发布《关于基金管理公司提取风险准备金有关问题的通知》(失效);2007年进一步发布《基金管理公司提取风险准备金有关事项的补充规定》。五是投研合规管理方面,证监会于2006年10月27日发布《基金管理公司投资管理人员管理指导意见》,并在2009年进行修订。六是基金销售行为规范方面,证监会先后发布了《证券投资基金销售业务信息管理平台管理规定》《证券投资基金销售机构内部控制指导意见》《关于证券投资基金宣传推介材料监管事项的补充规定》(失效)、《开放式证券投资基金销售费用管理规定》等。

4. 2010~2015年,进一步完善阶段

2012年9月,证监会修订《基金管理公司特定客户资产管理业务试点办法》。2013年,全国人大常委会修订《证券投资基金法》。

5. 2015年至今,加强监管以及防范风险阶段

2015年开始,监管对基金业的监管力度明显加强,监管政策的发布实施也加快步伐。一是在基金公司管理和治理方面,证监会2016年发布《基金管

理公司子公司管理规定》，2017年发布《证券公司和证券投资基金管理公司合规管理办法》，2022年发布《公开募集证券投资基金管理人监督管理办法》。二是在人员管理方面，中国证监会发布《证券基金经营机构董事、监事、高级管理人员及从业人员监督管理办法》《基金经理兼任私募资产管理计划投资经理工作指引（试行）》。三是基金投资运作方面，2015年证监会发布《货币市场基金监督管理办法》，2016年证监会发布《证券期货经营机构私募资产管理业务运作管理暂行规定》，2017年证监会发布《公开募集开放式证券投资基金流动性风险管理规定》，2020年8月发布《公开募集基础设施证券投资基金指引（试行）》，2023年1月重磅发布《证券期货经营机构私募资产管理业务管理办法》《证券期货经营机构私募资产管理计划运作管理规定》。四是基金销售方面，证监会于2016年12月发布了《证券期货投资者适当性管理办法》，2019年通过《关于做好公开募集证券投资基金投资顾问业务试点工作的通知》，2020年8月《公开募集证券投资基金宣传推介材料管理暂行规定》《公开募集证券投资基金销售机构监督管理办法》《关于实施〈公开募集证券投资基金销售机构监督管理办法〉的规定》发布。五是在信息技术方面，证监会于2018年12月19日发布《证券基金经营机构信息技术管理办法》。六是在信息披露方面，证监会先后发布《公开募集证券投资基金信息披露管理办法（2020年修正）》、《关于实施〈公开募集证券投资基金信息披露管理办法〉有关问题的规定》及《公开募集证券投资基金信息披露XBRL模板第5号〈基金产品资料概要〉》等。

（三）信托法律体系

关于信托法律体系见表2.3。

表2.3 信托法律体系

序号	分类	文件名称	颁布时间
1	一般性法律、法规及规范性文件	《信托法》	2001年4月
2		《关于严禁信托投资公司信托业务承诺保底的通知》（失效）	2004年11月
3		《关于信托投资公司集合资金信托业务信息披露有关问题的通知》（失效）	2004年12月

续表

序号	分类	文件名称	颁布时间
4	一般性法律、法规及规范性文件	《关于进一步加强信托投资公司内部控制管理有关问题的通知》（失效）	2004年12月
5		《关于加强信托投资公司风险监管防范交易对手风险的通知》（失效）	2004年12月
6		《关于信托投资公司开展集合资金信托业务创新试点有关问题的通知》（失效）	2006年8月
7		《信托公司管理办法》	2007年1月
8		《信托公司集合资金信托计划管理办法》（已被修改）	2007年1月
9		《中国银行业监督管理委员会关于实施〈信托公司管理办法〉和〈信托公司集合资金信托计划管理办法〉有关问题的通知》	2007年1月
10		《中国银监会关于实施〈信托公司管理办法〉和〈信托公司集合资金信托计划管理办法〉有关具体事项的通知》	2007年2月
11		《信托公司治理指引》	2007年1月
12		《信托公司集合资金信托计划管理办法（2009年修订）》	2009年2月
13		《中国银监会关于支持信托公司创新发展有关问题的通知》（部分失效）	2009年3月
14		《信托公司净资本管理办法》	2010年8月
15		《关于印发信托公司净资本计算标准有关事项的通知》	2011年1月
16		《关于进一步扩大信贷资产证券化试点有关事项的通知》	2012年5月
17		《关于信托公司风险监管的指导意见》	2014年4月
18		《全国社会保障基金信托贷款投资管理暂行办法》（已修改）	2014年6月
19		《全国社会保障基金信托贷款投资管理暂行办法（2016年修订）》	2016年9月

续表

序号	分类	文件名称	颁布时间
20	一般性法律、法规及规范性文件	《关于做好信托业保障基金筹集和管理等有关具体事项的通知》	2015年2月
21		《中国银监会信托公司行政许可事项实施办法》(失效)	2015年6月
22		《中国信托业协会关于发布〈信托公司行业评级指引（试行）〉及配套文件的公告》	2015年1月
23		《关于进一步加强信托公司风险监管工作的意见》	2016年3月
24		《慈善信托管理办法》	2017年7月
25		《信托登记管理办法》	2017年8月
26		《中国信托登记有限责任公司信托登记管理细则》	2018年8月
27		《信托公司受托责任尽职指引》	2018年9月
28		《关于加强规范资产管理业务过渡期内信托监管工作的通知》	2018年8月
29		《中国银保监会信托部关于不法分子冒用信托公司名义进行线上诈骗风险提示的函》	2019年2月
30		《关于保险资金投资集合资金信托有关事项的通知》	2019年6月
31		《中国信托登记有限责任公司信托受益权账户管理细则》	2019年7月
32		《信托公司股权管理暂行办法》	2020年1月
33		《关于推进信托公司与专业机构合作处置风险资产的通知》	2021年5月
34		《中国银保监会办公厅关于清理规范信托公司非金融子公司业务的通知》	2021年7月
35		《中国信托登记有限责任公司信托估值及相关服务指南（试行）》	2021年8月
36		《中国银保监会关于保险资金投资有关金融产品的通知》	2022年4月

续表

序号	分类	文件名称	颁布时间
37	一般性法律、法规及规范性文件	《中国银保监会关于规范信托公司信托业务分类的通知》	2023 年 3 月
38		《信托投资公司信息披露管理暂行办法》及《银保监会关于废止和修改部分规范性文件的通知》对该办法的修改	2005 年 1 月
39		《关于做好 2005 年度信托投资公司信息披露工作有关问题的通知》	2006 年 1 月
40		《关于修订信托公司年报披露格式规范信息披露有关问题的通知》	2009 年 12 月
41		《中国人民银行关于信托投资公司人民币银行结算账户开立和使用有关事项的通知》	2003 年 11 月
42	信息披露 账户开立	《中国银行业监督管理委员会、中国证券监督管理委员会关于信托投资公司开设信托专用证券账户和信托专用资金账户有关问题的通知》	2004 年 9 月
43		《信托公司在全国银行间债券市场开立信托专用债券账户有关事项的公告》（失效）	2008 年 12 月
44		《中国证券登记结算有限责任公司关于信托产品开户与结算有关问题的通知》（失效）	2012 年 8 月
45		《中国证券登记结算有限责任公司特殊机构及产品证券账户业务指南》（该指南在 2015 年 1 月首次公布后历经多次修改，最新版本为《中国结算关于修订〈中国证券登记结算有限责任公司特殊机构及产品证券账户业务指南〉的通知》）	2023 年 1 月
46		《信托业务会计核算办法》（失效）	2005 年 1 月
47		《关于信托业务会计核算执行〈企业会计准则〉有关问题的通知》	2009 年 12 月
48		《关于银行业金融机构同业代付业务会计处理的复函》	2012 年 5 月
49		《信托公司证券投资信托业务操作指引》	2009 年 1 月

续表

序号	分类	文件名称	颁布时间
50	会计核算	《关于信托公司信托产品专用证券账户有关事项风险提示的通知》	2009年8月
51		《信托公司参与股指期货交易业务指引》	2011年6月
52		《关于加强私募投资基金等产品账户管理有关事项的通知》	2018年1月
53	证券期货市场	《关于加强信托投资公司证券业务监管的通知》（失效）	2004年11月
54		《中国银行业监督管理委员会办公厅关于规范信托投资公司办理业务中与房地产抵押估价管理有关问题的通知》	2006年3月
55		《关于加强信托公司房地产、证券业务监管有关问题的通知》	2008年10月
56		《关于信托公司开展项目融资业务涉及项目资本金有关问题的通知》	2009年9月
57		《中国银监会办公厅关于信托公司房地产信托业务风险提示的通知》	2010年11月
58	房地产信托	《中国银监会非银部关于规范非银行金融机构中长期贷款还款方式的通知》	2010年12月
59		《关于加强土地储备与融资管理的通知》	2012年11月
60		《关于规范土地储备和资金管理等相关问题的通知》	2016年2月
61		《关于加强固定资产投资项目资本金管理的通知》	2019年11月
62		《关于建立银行业金融机构房地产贷款集中度管理制度的通知》	2020年12月
63		《关于做好当前金融支持房地产市场平稳健康发展工作的通知》	2022年11月
64		《银行与信托公司业务合作指引》	2008年12月
65		《关于规范信贷资产转让及信贷资产类理财业务有关事项的通知》（失效）	2009年12月

续表

序号	分类	文件名称	颁布时间
66	房地产信托	《中国银监会关于进一步规范银信合作有关事项的通知》	2009 年 12 月
67		《关于进一步规范银行业金融机构信贷资产转让业务的通知》	2010 年 12 月
68	银信合作	《关于地方政府融资平台贷款清查工作的通知》	2010 年 8 月
69		《关于进一步规范银行理财合作业务的通知》	2011 年 1 月
70		《关于做好信托公司净资本监管、银信合作业务转表及信托产品营销等有关事项的通知》	2011 年 6 月
71		《关于信托公司票据信托业务等有关事项的通知》	2012 年 2 月
72		《关于规范银信类业务的通知》	2017 年 11 月
73		《关于信托公司信政合作业务风险提示的通知》	2009 年 4 月
74		《关于加强融资平台贷款风险管理的指导意见》	2010 年 12 月
75		《关于加强 2013 年地方政府融资平台贷款风险监管的指导意见》	2013 年 4 月
76		《国务院关于创新重点领域投融资机制鼓励社会投资的指导意见》	2014 年 11 月
77		《关于坚决制止地方以政府购买服务名义违法违规融资的通知》	2017 年 5 月
78		《关于进一步规范地方政府举债融资行为的通知》	2017 年 4 月
79	银政合作	《国家发展改革委办公厅、财政部办公厅关于进一步增强企业债券服务实体经济能力严格防范地方债务风险的通知》	2018 年 2 月
80		《关于规范金融企业对地方政府和国有企业投融资行为有关问题的通知》	2018 年 3 月
81		《关于保持基础设施领域补短板力度的指导意见》	2018 年 10 月
82		《银行保险机构进一步做好地方政府隐性债务风险防范化解工作的指导意见》	2021 年 8 月

续表

序号	分类	文件名称	颁布时间
83	银政合作	《信托公司受托境外理财业务管理暂行办法》	2007年3月
84		《信托公司私人股权投资信托业务操作指引》	2008年6月
85		《关于规范金融资产管理公司投资信托和理财产品的通知》	2011年9月
86		《关于金融资产管理公司开展信托增信及其远期收购等业务风险提示的通知》	2012年1月
87	受托其他金融机构管理	《关于非银行金融机构全面推行资产质量五级分类管理的通知》（失效）	2004年2月
88		《中国银监会关于支持信托公司创新发展有关问题的通知》（部分失效）	2009年3月
89		《国家税务总局关于项目运营方利用信托资金融资过程中增值税进项税额抵扣问题的公告》	2010年10月

自 2001 年《信托法》颁布，信托业在二十余年的发展中，在不同时期呈现各不相同的行业演变和市场逻辑规律。2018 年《关于规范金融机构资产管理业务的指导意见》的发布推动信托行业开始新一轮整顿转型。中国信托业监管制度共经历三个发展阶段：

1. 2001~2007 年，初步发展阶段

以 2001 年《信托法》的颁布为标志，中国信托业务进入规范发展时期。2002 年中国人民银行发布《信托公司管理办法》《信托投资公司资金信托管理暂行办法》（中国人民银行令〔2007〕第 7 号）。至此，信托行业的"一法两规"正式形成。

2003 年后，新成立的原银监会接过信托业的监管职能。针对信托业在发展过程中出现的财产管理能力单一、信托主业薄弱等问题，2007 年原银监会又颁布了新的"两规"，即《信托公司管理办法》（中国银行业监督管理委员会令 2007 年第 2 号）、《信托公司集合资金信托计划管理办法》（中国银行业监督管理委员会令 2009 年第 1 号），进一步明确了信托公司的定位和方向。信托行业的法律法规不断完善，信托业务的发展逐步走上正轨。"新两规"对

信托经营范围和业务定位重新界定，清退一批资质不达标信托公司，使行业有序展业。

2. 2008~2017 年，信托业的高速发展阶段

这一阶段，信托业务高速发展。伴随高速发展的节奏，监管规定也不断完善。2010 年原银监会发布《信托公司净资本管理办法》（中国银行业监督管理委员会令 2010 年第 5 号）、《信托公司净资本计算标准有关事项的通知》（银监发〔2011〕11 号），信托业以净资本为核心的风险控制指标体系建立起来。

2014 年中国信托业保障基金成立，原中国银监会、财政部颁发《信托业保障基金管理办法》（银监发〔2014〕50 号）。该办法就信托业保障基金的筹集、管理和使用进行了规定，对于信托行业市场化风险处置机制的建立，保障信托业风险的化解，促进信托行业的健康发展起到了重要的作用。

2016 年中国信托登记有限责任公司成立，原银保监会于 2017 年发布了《中国银监会关于印发信托登记管理办法的通知》（银监发〔2017〕47 号），通知规定中国信托登记有限责任公司对信托机构的信托产品及受益权信息，原银保监会规定的其他信息及其变动情况进行登记。中国信托登记有限责任公司于 2018 年发布《中国信托登记有限责任公司信托登记管理细则》，就登记的具体细项要求进行了规定。中国信托登记有限责任公司于 2019 年发布《中国信托登记有限责任公司信托受益权账户管理细则》（信登通〔2019〕20 号）。上述登记制度为信托受益权的确权以及流转奠定了基础。

另外，在这一阶段，针对地产融资、股票投资的发展、银信合作风险中出现的问题，监管先后针对性地出台一系列文件。

3. 2018 年至今，转型阶段

业务方面，针对业务发展中信托公司实际沦为资金方通道的现实，以及"去通道、去嵌套"的要求，原银保监会根据《关于规范金融机构资产管理业务的指导意见》出台了《信托公司资金信托管理暂行办法（征求意见稿）》，各地银行监管机构对辖内信托公司进行窗口指导，压降融资类业务规模以及通道规模的要求，信托行业管理规模不断下降。在机构准入以及股权投资方面，原银保监会颁布《中国银保监会信托公司行政许可事项实施办法》（中

国银行监督管理委员会令 2020 年第 12 号），就信托公司的设立条件以及程序进行规定。针对股权管理方面，原银保监会发布《信托公司股权管理暂行办法》（中国银行保险监督管理委员会令 2020 年第 4 号）。针对未经审批设立非金融子公司的情况，原银保监会出台《中国银保监会办公厅关于清理规范信托公司非金融子公司业务的通知》（银保监发〔2021〕85 号）。2023 年 3 月，《中国银保监会关于规范信托公司信托业务分类的通知》发布，通知强调信托公司受托人定位，根据各类信托服务的实质，以信托目的、信托成立方式、信托财产管理内容为分类维度，将信托业务分为资产服务信托、资产管理信托、公益慈善信托三大类，并在每一大类业务下细分信托业务子项，规范每项业务的定义、边界、服务内容和禁止事项等。各类信托业务将向着回归本源的方向规范发展。

（四）保险资管法律体系

关于保险资管法律体系见表 2.4。

表 2.4　保险资管法律体系

序号	分类	文件名称	颁布 / 修订时间
1	一般性规定	《保险资金委托投资管理暂行办法》（失效）	2012 年 7 月
2		《中华人民共和国保险法（2015 年修正）》	2015 年 4 月
3		《关于保险资产管理公司设立专项产品有关事项的通知》	2018 年 10 月
4		《保险资金运用管理办法》	2018 年 1 月
5		《保险资产管理产品管理暂行办法》及答记者问	2020 年 5 月
6	保险资管公司	《保险资产管理公司管理暂行规定》（已修改）	2004 年 6 月
7		《关于保险资产管理公司年度财务报告有关问题的通知》	2008 年 4 月
8		《关于印发保险资产管理公司统计制度的通知》	2010 年 10 月
9		《关于调整〈保险资产管理公司管理暂行办法〉有关规定的通知》	2011 年 4 月

续表

序号	分类	文件名称	颁布/修订时间
10	保险资管公司	《关于保险资产管理公司有关事项的通知》（失效）	2012年10月
11		《保险公司管理规定（2015年修订）》	2015年10月
12		《关于印发〈保险公司章程指引〉的通知》（已修改）	2017年4月
13		《保险公司合规管理办法》	2016年12月
14		《保险资产管理公司监管评级暂行办法》	2021年1月
15		《保险资产管理公司管理规定》	2022年7月
16		《银行保险监管统计管理办法》	2023年2月
17	投资管理	《关于规范保险公司公布资金运用收益信息行为的通知》	2002年12月
18		《关于保险资金运用监管有关事项的通知》	2012年5月
19		《关于印发〈保险资金委托投资管理暂行办法〉的通知》（失效）	2012年7月
20		《关于保险资金投资股权和不动产有关问题的通知》（部分失效）	2012年7月
21		《关于保险资金投资有关金融产品的通知》（失效）	2012年10月
22		《关于印发〈保险资金参与股指期货交易规定〉的通知》（失效）	2012年10月
23		《保险资金参与金融衍生产品交易暂行办法》（失效）	2012年10月
24		《基础设施债权投资计划管理暂行规定》（失效）	2012年10月
25		《关于加强和改进保险机构投资管理能力建设有关事项的通知》（失效）	2013年1月
26		《关于保险资产管理公司开展资产管理产品业务试点有关问题的通知》（失效）	2013年2月
27		《关于加强和改进保险资金运用比例监管的通知》（部分失效）	2014年1月
28		《关于保险资金投资创业投资基金有关事项的通知》（已被修改）	2014年12月

续表

序号	分类	文件名称	颁布/修订时间
29	投资管理	《资产支持计划业务管理暂行办法》（已修改）	2015年8月
30		《关于设立保险私募基金有关事项的通知》（已修改）	2015年9月
31		《关于加强组合类保险资产管理产品业务监管的通知》（失效）	2016年6月
32		《关于进一步加强保险资金股票投资监管有关事项的通知》	2017年1月
33		《关于债权投资计划投资重大工程有关事项的通知》（失效）	2017年5月
34		《关于保险资金设立股权投资计划有关事项的通知》（失效）	2017年12月
35		《关于保险资金投资集合资金信托有关事项的通知》	2019年6月
36		《关于保险资金投资银行资本补充债券有关事项的通知》	2020年5月
37		《关于保险资金投资债转股投资计划有关事项的通知》（失效）	2020年9月
38		《中国银保监会办公厅关于印发〈组合类保险资产管理产品实施细则〉等三个文件的通知》，含《组合类保险资产管理产品实施细则》、《债权投资计划实施细则》和《股权投资计划实施细则》	2020年9月
39		《关于保险资金参与证券出借业务有关事项的通知》	2021年11月
40		《关于修改保险资金运用领域部分规范性文件的通知》	2021年12月
41		《保险资金委托投资管理办法》	2022年5月
42		《关于保险资金投资有关金融产品的通知》	2022年4月
43	开户结算	中国证券登记结算有限责任公司《关于保险资产管理公司资产管理产品开户与结算有关问题的通知》（失效）	2012年8月

续表

序号	分类	文件名称	颁布/修订时间
44	开户结算	中国证券登记结算有限责任公司《关于修订〈中国证券登记结算有限责任公司证券账户管理规则〉的通知》	2014年8月
45		中保保险资产登记交易系统有限公司《关于集中登记系统升级上线有关事项的通知》	2018年12月
46		中保保险资产登记交易系统有限公司《账户管理业务指引（试行）》	2020年4月
47	登记/注册	《关于债权投资计划注册有关事项的通知》（失效）	2013年1月
48		《关于保险资产管理产品注册申报材料有关事项的通知》	2014年7月
49		《关于简化债权投资计划产品注册材料的通知》	2015年3月
50		《关于调整保险资产管理产品注册相关事项的通知》	2015年7月
51		《关于中保保险资产登记交易系统上线运行工作安排的通知》	2018年3月
52		中保保险资产登记交易系统有限公司《关于保险资产管理产品登记办法（试行）》	2018年3月
53		中保保险资产登记交易系统有限公司《债权投资计划、股权投资计划、资产支持计划发行业务指引（试行）》	2018年6月
54		中保保险资产登记交易系统有限公司《保险资产管理产品登记办法（试行）》	2018年6月
55		中保保险资产登记交易系统有限公司《关于保险资产管理公司设立专项产品登记有关事项的通知》	2018年10月
56		中国保险资产登记交易系统有限公司《关于保险资产管理公司设立专项产品登记有关事项的通知》	2018年10月
57		《关于股权投资计划和保险私募基金注册有关事项的通知》	2019年1月
58		《关于资产支持计划注册有关事项的通知》	2019年6月

续表

序号	分类	文件名称	颁布/修订时间
59	登记/注册	中保保险资产登记交易系统有限公司《资产支持计划注册办法（试行）》	2019年7月
60		中保保险资产登记交易系统有限公司《债权投资计划、股权投资计划、资产支持计划登记业务指引（试行）》	2021年3月
61		《关于资产支持计划和保险私募基金登记有关事项的通知》	2021年9月
62	托管	《保险公司股票资产托管指引（试行）》（已修改）	2004年11月
63		中国保险监督管理委员会、中国银行业监督管理委员会《关于规范保险资产托管业务的通知》	2014年10月
64	信息报告和披露	《保险公司信息披露管理办法》（在2010年《保险公司信息披露管理办法》基础上修订）	2018年4月
65		中保保险资产登记交易系统有限公司《保险资产管理产品信息披露业务指引（试行）》	2018年6月
66		中保保险资产登记交易系统有限公司《关于保险资产管理公司设立专项产品信息报告有关事项的通知》	2018年11月
67		中保保险资产登记交易系统有限公司《关于进一步加强和规范信息披露业务有关事项的通知》	2020年6月
68		《关于精简保险资产管理公司监管报告事项的通知》	2021年12月
69	估值	《人力资源和社会保障部社会保险基金监督司关于发布扩大投资范围后新增投资产品估值核算指导意见（试行）的通知》	2014年10月
70		《保险资产管理产品估值指引（试行）》	2020年7月
71	养老产品	《个人税收递延型商业养老保险业务管理暂行办法》	2018年5月
72		《个人税收递延型商业养老保险资金运用管理暂行办法》	2018年6月
73		《关于保险公司开展个人养老金业务有关事项的通知》	2022年11月

续表

序号	分类	文件名称	颁布/修订时间
74	信用评级	《中国保险监督管理委员会关于试行〈保险资产风险五级分类指引〉的通知》	2014年10月
75		《关于调整保险资金投资债券信用评级要求等有关事项的通知》	2021年11月
76	关联交易	《关于印发保险公司关联交易管理办法的通知》（失效）	2019年8月
77		《银行保险机构关联交易管理办法》	2022年3月
78		《关于加强保险机构资金运用关联交易监管工作的通知》	2022年5月
79	投资者适当性	《保险资产管理产品投资者适当性自律管理办法（试行）》	2021年12月
80	金融犯罪	《关于预防银行业保险业从业人员金融违法犯罪的指导意见》	2020年2月
81		《银行保险机构涉刑案件管理办法（试行）》	2020年5月
82	反洗钱与反恐怖融资	《关于进一步做好银行业保险业反洗钱和反恐怖融资工作的通知》	2019年12月
83	风险管理	《保险资产管理重大突发事件应急管理指引》（失效）	2007年5月
84		《关于保险资产管理产品风险责任人有关事项的通知》	2015年2月
85		《关于进一步加强保险业风险防控工作的通知》	2017年4月
86		《关于加强保险资金运用管理支持防范化解地方债务风险的指导意见》	2018年1月
87		《中国银保监会办公厅关于保险资金参与信用风险缓释工具和信用保护工具业务的通知》	2019年5月
88		《关于印发银行保险机构信息科技外包风险监管办法的通知》	2021年12月
89	实体经济	《中国保监会关于保险业支持实体经济发展的指导意见》	2017年5月

保险资管行业与保险资金的运用具有深度共生关系，保险资管行业的法律可以分为三大发展阶段。

1. 2003~2012 年，起步阶段

在 1995 年《保险法》颁布之后，保险资金开始向规范化和专业化发展，2004 年《保险资产管理公司管理暂行规定》实施，2005 年 12 月，国务院正式批准保险资金可以间接投资基础设施项目。2006 年 3 月，原保监会发布了《保险资金间接投资基础设施项目试点管理办法》，并于 2007 年至 2009 年陆续发布《保险资金间接投资基础设施债权投资计划管理指引（试行）》《基础设施债权投资计划产品设立指引》《关于保险资金投资基础设施债权投资计划的通知》等规则指引，鼓励保险资金与实体经济相结合，为国家重点项目提供资金支持。后续 2011 年公布的《关于调整〈保险资产管理公司管理暂行规定〉有关规定的通知》、2012 年公布的《关于保险资产管理公司有关事项的通知》奠定了前期保险资管公司集中化、专业化、市场化的基础，此期间保险资金的投资范围不断扩大。

2. 2013~2018 年，持续规范与体系保障阶段

随着 2012 年"13 项新政"[①]的密集出台，保险资金投资渠道大幅拓宽，可投资金融产品的范围不断扩大，也进一步推动了保险资管公司由投资人向管理人的角色转变。在这一阶段，产品监管规则逐步完善，产品业务快速发展，市场规模不断扩大，树立了良好的市场形象和产品声誉。在产品创设方面，2013 年 2 月，原保监会发布《关于保险资产管理公司开展资产管理产品业务试点有关问题的通知》，允许保险资产管理公司发行"一对多"定向产品和集合产品，随后于 2016 年通过《关于加强组合类保险资产管理产品业务监管的通知》进一步规范组合类保险资产管理产品业务，丰富保险资产管理

---

① 即 13 项征求意见稿，《保险资产配置管理暂行办法（征求意见稿）》《保险资产管理产品暂行办法（征求意见稿）》《关于拓宽保险资产管理范围的通知（征求意见稿）》《保险资金委托投资管理暂行办法（征求意见稿）》《保险资产托管管理暂行办法（征求意见稿）》《保险资金投资债券暂行办法（征求意见稿）》《关于调整基础设施债权投资计划有关规定的通知（征求意见稿）》《关于保险资金投资股权和不动产有关问题的通知（征求意见稿）》《保险资金境外投资管理暂行办法（征求意见稿）》《保险机构融资融券管理暂行办法（征求意见稿）》《保险资金参与金融衍生品交易暂行办法（征求意见稿）》《保险资金参与股指期货交易监管规定（征求意见稿）》《关于加强保险资金公平交易防范利益输送的通知（征求意见稿）》。

产品类型，推动成为资管机构重要的产品载体。在规则完善方面，依托《保险法》《信托法》等上位法，原保监会 2012 年开始陆续发布了《基础设施债权投资计划管理暂行规定》、《关于保险资金投资股权和不动产有关问题的通知》、《保险资金间接投资基础设施项目管理办法》及《关于保险资金设立股权投资计划有关事项的通知》等，建立健全涵盖产品设立发行、投资管理、信息披露、风险控制等不同维度的产品规则体系。同时，中国保险资产管理业协会从产品注册及自律角度出发，发布产品注册规则、查验标准等，扩展产品管理的广度与深度，对推动保险资产管理市场化、提升主动资产管理能力、扩大市场影响力发挥了重要作用。在能力建设方面，建立能力牌照监管标准，将投资管理能力作为保险资管机构开展资管业务的前提和基础，分为基础设施投资计划产品创新能力、不动产投资计划产品创新能力、股权投资能力等能力类型。保险资管机构取得相应的管理能力和资质，才能开展具体的资产管理业务，以充分利用其在大类资产配置、组合投资管理实践、保险产业链延展等领域长期积累的能力与经验。

3. 2018 年至今，优化顶层设计阶段

2018 年 4 月，随着《关于规范金融机构资产管理业务的指导意见》的正式发布，标志着资管行业正式迎来统一监管的新时代，也推动了资管行业格局的重构。在全面对标《关于规范金融机构资产管理业务的指导意见》的基础上，原银保监会于 2020 年 3 月发布《保险资产管理产品管理暂行办法》，明确保险资管产品定位为私募产品，着眼于原则定位、基础制度和总体要求，对保险资管产品的共性做出原则性规范。考虑到不同保险资管产品在产品形态、交易结构、资金投向等方面的差异，有序推进债权计划、股权计划及组合类资管产品的三个配套管理措施的制定和发布。保险资管"1+3"产品办法（包括上述《保险资产管理产品管理暂行办法》及债权计划、股权计划及组合类资管产品三项配套文件）全面衔接贯彻《关于规范金融机构资产管理业务的指导意见》的实质与内涵，以"提纲挈领"的方式进一步完善了保险资管产品管理体系，通过建立健全债权投资计划、股权投资计划及组合类资管产品等业务操作规范，细化监管标准，补齐监管短板，形成各类保险资管产品统一的制度安排，并与其他金融机构资管业务的监管规则和标准保

持一致。为推动保险资产管理产品的净值化管理体系建设，中国保险资产管理业协会制定了《保险资产管理产品估值指引（试行）》，于 2020 年 4 月正式发布，该指引对保险资产管理产品的估值原则与要求、估值操作、工作机制、控制与管理等进行了规范，通过建立行业统一的估值管理、技术指标和质量评价等规范性自律体系，推动保险资管产品的公允价值计量与净值化管理。2022 年 9 月，原银保监会结合监管实践和《关于规范金融机构资产管理业务的指导意见》要求发布《保险资产管理公司管理规定》，对影响保险资产管理公司发展的重点领域和薄弱环节都进行完善，引导保险资管公司实现高质量的规范化运作。逐步构成了符合保险资管公司自身特色的体系更完备、内容更具前瞻性的顶层制度框架。

第三章

理财行业"三维"法律体系模型的构建分析

随着经济与金融行业的不断变化与发展，法律与金融之间始终有机融合又不断演化嬗变。作为一种金融技术[①]的法律制度，尤其是金融法律制度，其自身的发展完善，意味着金融技术的发展完善。而金融技术的发展完善，会提升金融风险防范能力和水平。防范化解金融风险是金融工作的根本性任务，也是国家金融治理过程中关注的首要问题。2017年召开的全国金融工作会议指出，防止发生系统性金融风险是金融工作的永恒主题。要把主动防范化解系统性金融风险放在更加重要的位置，科学防范，早识别、早预警、早发现、早处置，着力防范化解重点领域风险，着力完善金融安全防线和风险应急处置机制。金融法治是防范化解金融风险的主要工具，也是全面依法治国、加快建设中国特色社会主义法治体系和社会主义法治国家的重要组成部分，更是体现人民利益、维护人民权益的立足点。

《关于规范金融机构资产管理业务的指导意见》发布以来，促使资管行业快速转型，资管行业回归资产管理本质，按照"功能监管""统一监管"的思路，资产管理行业开启了从顶层设计到各细分资管领域的规则重构进程。作为《关于规范金融机构资产管理业务的指导意见》催生的商业银行理财子公司便应时而生，新格局下理财行业正本清源，逐步回归"受人之托、代客理财"的业务本源，理财业务监管制度体系持续完善。2018年以来，《商业

[①] 著名金融史学家威廉·戈兹曼曾在其《千年金融史》中指出，雅典的法律体制可被认为是一种金融技术。

银行理财业务监督管理办法》《商业银行理财子公司管理办法》《商业银行理财子公司净资本管理办法》《理财产品流动性风险管理办法》《理财公司内部控制管理办法》等理财行业监管办法连续出台，推动理财行业迅速平稳转型。但各类监管规定持续迭代的同时，理财行业的合规转型与高质量发展也对理财行业从业人员尤其是合规法律人员提出了更高的法学理论和法律知识体系的要求，这便需要从法与金融监管以及理财行业监管的底层逻辑和整体架构来进行把握。

一、理财行业基本法律研究的逻辑基础——金融与法的视角

理财业务联动着从融资到受托投资管理的各类金融活动，笔者通过金融与法律结合互动的视角进行相应探究，还原建立在《民法典》等民商事法律基础之上的理财行业法律关系架构，理顺法律规制制定背后的底层逻辑。理财行业属于金融资产管理的子行业，其基础仍然是市场中的平等交易型法律关系，但是平等主体间的契约合意与宏观调控和金融规制之间既存在一致性，又有不可避免的冲突，该冲突也体现了作为金融法重要组成部分的理财行业法律体系的私法与公法的双重属性。一方面保护投资者是金融监管法和民商法共同的基本价值观，两者是一致的；另一方面投资者个体利益与金融监管代表的公共利益要求之间又存在冲突和博弈，有时从个体投资者角度看似有利于投资者的民商法安排，但从审慎监管、防范系统性风险的金融监管法律角度考量，又是应当予以禁止和防范的。比如国内外监管控制风险的技术与法律上均对资金期限错配、刚性兑付等风险予以防范和规制。因此，对理财行业法律体系的理解应以其法律体系的双重性为基础。

二、理财行业法律合规管理工作面临的新挑战

在大资管体系重构的背景下，在理财行业整改转型与高质量发展的要求下，理财公司以及理财公司从业人员在法律合规工作面临着更高的挑战，主要如下：

一是金融形势变化纷繁，对理财行业法律合规风险的把控既需要把握金融市场规律，也需要探究法律与金融监管的底层逻辑。2022年的股市危机、

债市危机、破净潮、赎回潮等造成的理财行业的流动性危机是令人震撼的，体现了我们对金融市场、理财行业运行规律认知的不足，以及行业风险防控手段和相应配套监管机制的缺陷。中国的资管行业是以银行为中心建立的，作为金融市场重要组成部分的理财行业，处于资管行业链条的核心环节，且随着业务形式的快速变化，资管行业和理财行业的发展形势与监管导向也在快速转变。因此，需要从大资管体系和资产管理行业的生态链中来整体把握理财行业的行业特性及法律监管要求。

对于理财公司及从业人员而言，既要有完整的资管理论、法学理论、金融知识、法律知识体系的基本认知，又需要实时更新资管行业、理财行业的法律体系（包括监管体系）的知识储备。因为不能机械化地理解法律或监管要求，而应放在时代的背景下立体式考量。尤其是，理财行业自诞生以来，监管要求多以通知或提示的形式发布，政策性时效性较强，这更需要我们具有敏锐的感知力、分析力和判断力来定位监管导向及要求。

二是理财行业法律体系与监管体系尚不完善，需要对国际及其他资管子行业进行实践分析和对比研究。理财行业虽然产生已久，但长期异化为银行储蓄的替代品。其法律体系或监管体系的构建不完善、依托的基本法律关系尚处于模糊状态，决定了理财产品整体投资交易过程中参与主体权利义务责任界限并不完全清晰。由于客户属性、理财行业依托母行而生的天然属性又使理财行业具有不同于基金的特色，应理性看待理财行业要"基金化"的观点。很明确的一点是，监管为理财行业预留了一定的差异化设计，这为全行业寻求一条行业的差异化发展道路提供了基本的导向。

三是理财行业步入长效治理阶段。截至2022年年末已经有3家理财子公司收到了原银保监会处罚决定文书，处罚金额共计1130万元。反洗钱检查方面，资管行业都经历过严格的反洗钱大检查，凡有反洗钱检查必有罚单，理财子公司经过近几年转型和规范化发展，可能将开启对理财行业的反洗钱大检查。2022年3月，原银保监会公布查处银行机构监管标准化数据质量领域违法违规案件，针对数据漏报错报、交叉校核存在偏差等数据质量违规问题，以及数据质量违规背后的治理不完善、机制不健全等问题严肃查处。此外，原银保监会指导中国银行业协会正在制定自律规则检查标准，拟于2023

年、2024 年完成所有理财子公司的自律检查。高压的监管形势对我们的合规管理工作提出了更高的标准，也对每一个理财行业从业人员的合规理念、合规意识和合规素质提出更高的要求。

三、构建理财行业"三维"法律体系分析模型

根据哥伦比亚大学法学院 Katharina Pistor 教授提出"金融的法律理论"（Legal Theory of Finance）以及北京大学法学院刘燕教授提出的金融交易法律分析模型[①]，结合我国大资管时代下的统一监管趋势，我们设计建构了理财行业以"三横三纵"为基础的"三维"法律分析模型，其中历史时间的维度我们在前文梳理资管行业和理财行业的监管发展历程中已经比较清晰，另外"横"和"纵"的维度将在本部分予以详细阐释。

所谓"三横"，指法律规制的三个层次，自下而上分别为民商法、资管行业法、监管法，其中监管法又包括两个层面：一是微观审慎监管法，具体包括针对资管机构个体行为和资管业务组织、运作以及特定交易环节的金融监管法；二是宏观审慎监管法，即基于系统性风险防范目的的宏观审慎监管规则。所谓"三纵"，是指针对理财业务链的三个环节，分别为理财业务/机构的组织规则（业务主体），以及理财产品份额的发售（资金端）、理财产品的对外投资（资产端）的特别规制。三个纵向环节将民商法、资管行业法与监管法串联起来，且随着不同时期金融与法制环境的变化而动态变化，理财业务受到该立体法律体系和架构的共同影响与规制，这也是我们从事理财行业基本法律合规管理工作的纲，或者说是标准。

（一）"三横"

1. 民商法。民商法是市场化机制下平等主体之间权利义务的分配规则，理财行业隶属于金融市场，其平等主体之间的交易也不例外，这一层级又可分为民法和商法，其中民法可包括合同法、担保法、侵权责任法等。商法包括公司法、合伙企业法、银行法、证券法、基金法、信托法、保险法等。

---

① 参见刘燕：《大资管"上位法"之究问》，载《清华金融评论》2018 年第 4 期。

但对于理财行业而言，学界曾经争论其依据的法律基础尚不明确，主要指的是商法层面的基础法律关系尚不明确，2005年的原银监会有关负责人就发布《商业银行个人理财业务管理暂行办法》答记者问时明确阐述个人理财业务是以委托代理关系开展的，其实质仍然是停留在民法层面的关系，尚未进一步聚焦到商法层面来讨论确定理财行业的基础法律关系问题，即理财产品仅仅是契约型理财产品而已。2018年原银保监会就《商业银行理财子公司管理办法》答记者问时提出商业银行和银行理财子公司发行的理财产品依据信托法律关系设立，但一直未有明确的法律或监管文件正式明确该基础法律关系。这也导致"理财"这一概念在商法领域尤其是大资管环境内仍然模糊不清。

首先，尚未明确信托法作为理财行业的上位法。"受人之托、代人理财"是对受信人状态的描述而非对信托法律关系的专业界定，因此，以信托法作为理财行业上位法的依据不足，且会影响理财公司以及理财产品的独立性。这也是以委托代理关系为基础的契约型资管产品与以信托关系为基础的资管产品的本质区别，诸多金融市场基础设施未对理财产品开放也正是理财产品基础法律关系不明确导致的结果。比如部分登记托管机构不允许为理财产品甚至是理财公司单独登记或开户，导致与其他机构或产品管理上发生混同，进而对投资者造成非公平对待，以及其他因风险未完全隔离而引发的相关风险。此外，部分理财公司因此被迫借助通道开展投资，加大了理财产品的交易成本，侵蚀了投资者利益。

其次，基金法作为理财行业的上位法也不甚"合法"。目前主流观点认为理财行业乃至整个资管行业应当向基金业转型，但我国的基金法只规范证券投资基金，且其依据也是按信托法设立并适用信托法律关系，本书认为资管产品完全基金化将忽略资管产品的差异性并会影响未来整个资管市场的多元化和创新发展。

最后，未明确理财行业基础法律关系的实质归属为证券法。证券法认为集合投资计划的"份额"应纳入"证券"管理，虽然2019年修订后的《证券法》将资产管理产品纳入管理范畴，规定"资产支持证券、资产管理产品发行、交易的管理办法，由国务院依照本法的原则规定"，但仍然处于原则性的规定，且只停留在发行与交易的管理方面，未明确基础法律关系的实质归属为证券法。

因此各界对理财业务基础法律关系的本质是不是委托代理、信托或者其他类型的法律关系并没有达成一致意见。当然，理财行业寻求单一上位法的做法或许是徒劳的。在金融领域，往往涉及多个基础法律部门，我们在制定一个金融监管规则的时候往往会引用多个法律作为其制定依据。在理财行业，主要涉及的基础法律可能包括信托法、基金法、证券法、合同法、公司法等，其最主要的法律关系——理财公司和投资者之间是一种信义关系，而信托法是信义法中最具代表性的法律，可以说是最重要的法律基础。理财产品将来若被进一步明确为证券，那么证券法在调整理财产品的发行、转让等方面也将起到更加重要的作用。

所以，与其费力论证理财行业某个特定单一的上位法，不如如实揭示理财行业的基础法律关系和双方的根本权利义务。信义义务便是受托人必须遵守和履行的基本义务，信义义务的特点是规则具有抽象性，需要在各种具体场景中加以具体化，这也是对商事法律关系的基础仍然源于民事法律关系的外显性归纳，因为民法上的委托代理关系是信托关系、公司法上董事对股东的代理关系的基础。在基本信义义务基础之上，监管机构需要在较高位阶的法律层面明确理财基础法律关系为信义法律关系。同时，监管机构或行业协会需要在相关规范性文件中对特定业务场景和特定组织形式下的"忠实义务""勤勉义务""避免利益冲突"等提出具体要求，充实中国法律语境下资管行业"信义义务"的具体组织形式及行为范式。[1]

2. 资管行业法。目前《关于规范金融机构资产管理业务的指导意见》属于资管行业的统一规范性文件，它既是防范化解金融风险的一项重要举措，也是资管行业乃至整个金融领域的一项重大改革举措。新规实施以来，一方面，监管体系不断完善，前期若干行业乱象得到根本治理，为防范化解重大金融风险取得阶段性成效奠定了基础；另一方面，资管行业发展先破后立，逐步迈向新阶段，《关于规范金融机构资产管理业务的指导意见》配套细则从

---

[1] 参见刘燕：《大资管"上位法"之究问》，载《清华金融评论》2018 年第 4 期。

行业端、资产端和负债端多个层面，落地具体的规范要求。从产品募集看，明确各类资管产品的公募及私募产品属性统一准入门槛；从投资管理看，明确非标投资、集中度等相关要求，在监管行业传统资源禀赋的基础上兼顾监管公平；从监管规范看，明确穿透监管、封闭期限、信息披露、违规处置等相关要求。随着国家金融监督管理总局的正式挂牌，正式的或者说名正言顺的法律层面的大资管行业法律必将出台。

3. 监管法。在民法和商事法律都不能有效规范理财业务时，为了提升监管效能，相关监管法律、规则或要求才会出台，这也体现了法律的谦抑性。主要情形包括两大类，即微观审慎监管规则和宏观审慎监管规则：

（1）微观审慎监管规则。微观审慎监管规则的目的在于控制理财公司或理财行业的风险，保护投资者利益，其侧重于对理财公司的个体行为和风险偏好的监管，关注理财公司的合规与风险暴露情况，避免使投资者遭受不应有的损失。微观审慎监管规则通常体现为：理财业务相关交易中双方当事人地位表面平等，但一方由于信息不对称等原因明显处于交易中的弱势地位，比如理财产品投资者对于理财产品和底层资产获取的信息比较有限，容易受信息不对称的损害，在此情况下监管规则的重要作用是保护处于弱势地位的投资者。

（2）宏观审慎监管规则。宏观审慎监管规则是为维护理财行业体系整体的稳定，防止或减少理财行业对金融体系的负外部性而采取的一种自上而下的监管要求。其侧重在对理财公司的整体行为以及理财公司与其他金融机构之间相互影响力的监管上，同时关注宏观经济的不稳定因素。宏观审慎监管更关注具有系统重要性金融机构（如银行和金融集团）的行为，金融市场整体趋势及其与宏观经济的相互影响；而理财公司全部是从银行分离出来，很多都是银行的全资子公司，是否有必要将其中部分机构纳入系统重要性金融机构的问题是一个值得关注的问题。宏观审慎监管规则通常体现为：理财业务相关交易中双方当事人地位实质平等、该交易对双方均有益但会损害社会公共利益，如刚性兑付、结构多层嵌套，在此情况下监管的作用是防范系统性风险以及维护行业公平竞争。

（二）"三纵"

1. 微观层面：理财产品的组织形态，主要是理财产品的基础法律关系

理财业务是指理财公司接受投资者委托，按照与投资者事先约定的投资策略、风险承担和收益分配方式，对受托的投资者财产进行投资和管理的金融服务。理财产品是指理财公司按照约定条件和实际投资收益情况向投资者支付收益、不保证本金支付和收益水平的非保本理财产品。理财产品的组织形态具有以下典型特征：

（1）管理人方面："管理人"包含了进行决策的管理人、保管财产的托管人以及投资顾问等。每个管理人在理财业务中的角色和定位除依据明确的监管要求来确定外，还可以在民商法以及监管要求基础上进行更加全面细致的确定。

（2）投资者方面：存在信息披露、投资者权益保护、收益分配的优先顺位问题。组织架构复杂是集合类理财产品最大的特点，无论公募理财产品还是私募理财产品大多属于集合类理财产品[①]，投资者众多，参与主体多元，需要在理财产品合同中予以约定，并在理财公司内部配套机制上进行相应的安排。

（3）投资资产方面：虽然理财公司受母行传统信贷文化影响较深，主要投资固定收益的债券类资产，但权益类资产和衍生品类资产属于理财公司大类资产配置的资产选择方向，因此除《证券法》《民法典》《合伙企业法》等民商法外，还应关注基于流动性风险和信用风险控制角度的理财产品投资集中度的相关监管要求。

2. 中观层面：交易组织方式，即如何构建理财产品与服务提供商之间的关系

不同交易组织形式具有不同的管理和运行机制，也决定了监管规则的不同角度。由于历史原因，目前我国的理财产品采用的实质是契约型组织形式，但在与理财公司的公司组织结合运行下，便形成了"多重代理关系"，使得理财公司的治理成为公司法等商法之外监管层面必须要关注的问题。因

---

① 实践中，有单一机构客户定制的私募理财产品。

此，微观审慎监管和宏观审慎监管成为必然。

从理财产品销售、投资交易角度看，服务商种类多，服务商在理财业务中扮演的角色比较多元，其权利义务的差异性较大。在投资者与金融产品服务商之间的关系方面，主要涉及与代销机构建立的"受托销售"的关系；在具体投资资产与金融服务商之间的关系方面，主要涉及与投资合作机构建立的"受托投资"的关系。在这些关系当中，既涉及基本合同法律关系的约束，又涉及具体事项的监管规则的规范。在此类民商法与监管法交叉的领域或环节具体适用法律时需要仔细分析立法意图、被规范活动和权责关系。比如2019年《证券法》依法认定各类资管产品的证券性质后，理财产品的发行、交易除了要遵守理财行业的监管规则外，同样要遵守《证券法》的基本原则，其中的投资者适当性义务、证券虚假陈述侵权责任等需要认真识别与分析。

3.宏观层面：行业，即基于理财行业的市场定位及功能定位形成的与其他资管子行业的互动关系的规则

理财行业属于资管行业，是直接融资体系的主要力量之一，作为独立的主体或客体连接了银行、证券、保险资管、信托等行业，理财行业的定位和差异化发展优势是当前大家关注的主要问题之一，选择什么法律框架来管理理财行业，既有差异化商业逻辑的考虑，也有宏观管理体系的平衡。

随着理财行业高质量转型的推进，理财业务开展过程中法律合规工作发挥的作用将越来越关键，基于上述理财行业合规基本模型，合规人员可以准确把握经济金融形势，在立法意图与基本法律原理的基础上研究学习法律规范，并对其内部机理进行探究，以掌握核心监管理念与监管导向。

（三）时间维度

事物是动态发展和变化的，由本书前两大部分即境外资管行业的起源与发展和国内资管行业发展历程可知资管行业和理财行业的法律体系也不例外，随着社会环境、经济与金融形式的变化，法律机制和体系也在持续地变动，因此总会伴随着旧法律的废止与新法律的生效，其对应的调节的各种法律关系、权责分配也相应地发生变化。法律条款或法律文件的影响也不尽相同，因此，需要我们从业者从基本法律理念到公司管理机制、具体监管要求的执行落实层面来统筹分析与安排。

第四章

公 司 治 理

作为存续规模占各类资管产品前列的理财行业，推进完善符合资产管理行业特点的公司治理成为首要的现实任务。理财公司作为金融机构具有外部性强、信息不对称等特征。只有规范完善的公司治理结构，才能使之形成有效自我约束，进而树立良好市场形象，获得社会公众信任，实现其健康可持续发展。此外，理财公司属于股东投资设立的金融机构，按照公司法的理念，董事会及其以下的权力都源于股东，所以公司各层级履职及监督的根本目的即是维护股东的利益。但是在理财公司作为契约型理财产品的受托人后，一般情形下理财公司的高管层（也可能是董事会层面）负责公司的基本业务运行管理，代表公司接受投资者或投资者权益代表的委托，全面管理理财产品。这便会导致理财公司内部出现诸多利益冲突，如大股东与小股东之间的利益冲突、股东与投资者之间的利益冲突。该情形下，公司治理的根本宗旨在于落实管理人的信义义务（fiduciary duty）[1]，这是理财公司的生存之本。因此，完善的公司治理能保障各利益相关方的合法权益得到有效保障。

第一节 理财公司设立、变更与终止

商业银行设立理财子公司开展资管业务，有利于强化银行理财业务风险隔离，推动银行理财回归资管业务本源，打破刚性兑付，实现"卖者有责"基础上的"买者自负"。也有利于优化组织管理体系，建立符合资管业务特点

---

[1] 参见刘燕：《资产管理的"名"与"实"》，载《金融法苑》2018年总第97期。

的风控制度和激励机制，促进理财业务规范转型。此安排更是防范系统性金融风险的重要顶层设计安排，既可以降低金融机构之间的风险传递扩散，又有利于理财公司作为相对独立的主体实行规范化现代公司制度体系建设。（见表4.1）

表4.1 理财公司设立、变更与终止的合规要点

序号	合规事项	具体要求	文件名称
1		第五条 设立银行理财子公司，应当采取有限责任公司或者股份有限公司形式。银行理财子公司名称一般为"字号+理财+组织形式"。未经国务院银行业监督管理机构批准，任何单位不得在其名称中使用"理财有限责任公司"或"理财股份有限公司"字样。	《商业银行理财子公司管理办法》
2	理财公司设立条件	第六条 银行理财子公司应当具备下列条件： （一）具有符合《中华人民共和国公司法》和国务院银行业监督管理机构规章规定的章程； （二）具有符合规定条件的股东； （三）具有符合本办法规定的最低注册资本； （四）具有符合任职资格条件的董事、高级管理人员，并具备充足的从事研究、投资、估值、风险管理等理财业务岗位的合格从业人员； （五）建立有效的公司治理、内部控制和风险管理体系，具备支持理财产品单独管理、单独建账和单独核算等业务管理的信息系统，具备保障信息系统有效安全运行的技术与措施； （六）具有与业务经营相适应的营业场所、安全防范措施和其他设施； （七）国务院银行业监督管理机构规章规定的其他审慎性条件。	《商业银行理财子公司管理办法》
3		第十一条 银行理财子公司的注册资本应当为一次性实缴货币资本，最低金额为10亿元人民币或等值自由兑换货币。 国务院银行业监督管理机构根据审慎监管的要求，可以调整银行理财子公司最低注册资本要求，但不得少于前款规定的金额。	《商业银行理财子公司管理办法》

续表

序号	合规事项	具体要求	文件名称
4	参股、控股理财公司数量限制	第十二条 同一投资人及其关联方、一致行动人参股银行理财子公司的数量不得超过2家，或者控股银行理财子公司的数量不得超过1家。	《商业银行理财子公司管理办法》
5	设立程序	第十三条 银行理财子公司机构设立须经筹建和开业两个阶段。 第十四条 筹建银行理财子公司，应当由作为控股股东的商业银行向国务院银行业监督管理机构提交申请，由国务院银行业监督管理机构按程序受理、审查并决定。国务院银行业监督管理机构应当自收到完整申请材料之日起4个月内作出批准或不批准的书面决定。 第十五条 银行理财子公司的筹建期为批准决定之日起6个月。未能按期完成筹建的，应当在筹建期限届满前1个月向国务院银行业监督管理机构提交筹建延期报告。筹建延期不得超过一次，延长期限不得超过3个月。 申请人应当在前款规定的期限届满前提交开业申请，逾期未提交的，筹建批准文件失效，由决定机关注销筹建许可。 第十六条 银行理财子公司开业，应当由作为控股股东的商业银行向银行业监督管理机构提交申请，由银行业监督管理机构受理、审查并决定。银行业监督管理机构自受理之日起2个月内作出核准或不予核准的书面决定。 第十七条 银行理财子公司应当在收到开业核准文件并领取金融许可证后，办理工商登记，领取营业执照。 银行理财子公司应当自领取营业执照之日起6个月内开业。不能按期开业的，应当在开业期限届满前1个月向国务院银行业监督管理机构提交开业延期报告。开业延期不得超过一次，延长期限不得超过3个月。	《商业银行理财子公司管理办法》

续表

序号	合规事项	具体要求	文件名称
5	设立程序	未在前款规定期限内开业的，开业核准文件失效，由决定机关注销开业许可，发证机关收回金融许可证，并予以公告。	《商业银行理财子公司管理办法》
6	变更事项	第二十条　银行理财子公司有下列变更事项之一的，应当报经国务院银行业监督管理机构批准： （一）变更公司名称； （二）变更注册资本； （三）变更股权或调整股权结构； （四）调整业务范围； （五）变更公司住所或营业场所； （六）修改公司章程； （七）变更组织形式； （八）合并或分立； （九）国务院银行业监督管理机构规章规定的其他变更事项。 银行理财子公司股权变更后持股5%以上的股东应当经股东资格审核。银行理财子公司变更持股1%以上、5%以下股东的，应当在10个工作日内向银行业监督管理机构报告。变更股权后的股东应当符合本办法规定的股东资质条件。	《商业银行理财子公司管理办法》
7	解散情形	第二十一条　银行理财子公司有下列情况之一的，经国务院银行业监督管理机构批准后可以解散： （一）公司章程规定的营业期限届满或者公司章程规定的其他解散事由出现； （二）股东会议决议解散； （三）因公司合并或者分立需要解散； （四）依法被吊销营业执照、责令关闭或者被撤销； （五）其他法定事由。	《商业银行理财子公司管理办法》

续表

序号	合规事项	具体要求	文件名称
7	解散情形	第二十二条　银行理财子公司因解散、依法被撤销或被宣告破产而终止的，其清算事宜按照国家有关法律法规办理。银行理财子公司不得将理财产品财产归入其自有资产，因依法解散、被依法撤销或者被依法宣告破产等原因进行清算的，理财产品财产不属于其清算财产。	《商业银行理财子公司管理办法》
8	变更、终止程序	第二十三条　银行理财子公司的机构变更和终止、调整业务范围及增加业务品种等行政许可事项由国务院银行业监督管理机构受理、审查并决定，相关许可条件和程序应符合《中国银监会非银行金融机构行政许可事项实施办法》(即《中国银保监会非银行金融机构行政许可事项实施办法》，该法根据2018年8月17日《中国银保监会关于废止和修改部分规章的决定》修正)相关规定，国务院银行业监督管理机构另有规定的除外。	《商业银行理财子公司管理办法》
9	分支机构设立条件及程序	第十九条　银行理财子公司应当严格控制分支机构的设立。根据需要设立分支机构的，应当具备以下条件： （一）具有有效的公司治理、内部控制和风险管理体系，具备支持理财产品单独管理、单独建账和单独核算等业务管理的信息系统，具备保障信息系统有效安全运行的技术与措施； （二）理财业务经营规范稳健，最近2年内无重大违法违规行为； （三）具备拨付营运资金的能力； （四）国务院银行业监督管理机构规章规定的其他审慎性条件。 银行理财子公司设立分支机构，由银行业监督管理机构受理、审查并决定，相关程序应当符合《中国银监会非银行金融机构行政许可事项实施办法》相关规定，国务院银行业监督管理机构另有规定的除外。	《商业银行理财子公司管理办法》

· 057 ·

第二节　公司治理的主体与职责

一、理财公司股东

理财公司应当由在我国境内注册的商业银行作为控股股东发起设立，股权结构上可以由商业银行全资设立，也可以与境内外金融机构、境内非金融企业共同出资设立。在大股东行为监管方面，除落实《商业银行理财子公司管理办法》的相关要求之外，理财子公司的设立还应参照适用《银行保险机构公司治理准则》和《银行保险机构大股东行为监管办法（试行）》的相关规定。特别是，母行（作为发起人、控股股东）被要求通过公司治理程序正当行使股东权利，以维护理财子公司的独立运作，除法律法规另有规定外，严禁通过某些方式对理财子公司的运作进行不当干预或限制。

（一）股东资质要求

关于股东资质的要求见表 4.2。

表 4.2　理财公司股东的合规要点

序号	合规事项	具体要求	文件名称
1	控股股东条件	第七条　银行理财子公司应当由在中华人民共和国境内注册成立的商业银行作为控股股东发起设立。作为控股股东的商业银行应当符合以下条件： （一）具有良好的公司治理结构、内部控制机制和健全的风险管理体系； （二）主要审慎监管指标符合监管要求； （三）财务状况良好，最近3个会计年度连续盈利； （四）监管评级良好，最近2年内无重大违法违规行为，已采取有效整改措施并经国务院银行业监督管理机构认可的除外； （五）银行理财业务经营规范稳健；	《商业银行理财子公司管理办法》

续表

序号	合规事项	具体要求	文件名称
1	控股股东条件	（六）设立理财业务专营部门，对理财业务实行集中统一经营管理；理财业务专营部门连续运营3年以上，具有前中后台相互分离、职责明确、有效制衡的组织架构； （七）具有明确的银行理财子公司发展战略和业务规划； （八）入股资金为自有资金，不得以债务资金和委托资金等非自有资金入股； （九）在银行理财子公司章程中承诺5年内不转让所持有的股权，不将所持有的股权进行质押或设立信托，经国务院银行业监督管理机构批准的除外； （十）国务院银行业监督管理机构规章规定的其他审慎性条件。	《商业银行理财子公司管理办法》
2		3. 允许境外资产管理机构与中资银行或保险公司的子公司合资设立由外方控股的理财公司。	《关于进一步扩大金融业对外开放的有关举措》
3	金融机构作为股东条件	第八条　境内外金融机构作为银行理财子公司股东的，应当具备以下条件： （一）具有良好的公司治理结构； （二）具有良好的社会声誉、诚信记录和纳税记录； （三）经营管理良好，最近2年内无重大违法违规经营记录； （四）财务状况良好，最近2个会计年度连续盈利； （五）入股资金为自有资金，不得以债务资金和委托资金等非自有资金入股； （六）在银行理财子公司章程中承诺5年内不转让所持有的股权，不将所持有的股权进行质押或设立信托，经国务院银行业监督管理机构批准的除外；	《商业银行理财子公司管理办法》

续表

序号	合规事项	具体要求	文件名称
3	金融机构作为股东条件	（七）符合所在地有关法律法规和相关监管规定要求；境外金融机构作为股东的，其所在国家或地区金融监管当局已经与国务院金融监督管理部门建立良好的监督管理合作机制； （八）国务院银行业监督管理机构规章规定的其他审慎性条件。	《商业银行理财子公司管理办法》
4	非金融机构作为股东条件	第九条　境内非金融企业作为银行理财子公司股东的，应当具备以下条件： （一）具有良好的公司治理结构； （二）具有良好的社会声誉、诚信记录和纳税记录； （三）经营管理良好，最近2年内无重大违法违规经营记录； （四）财务状况良好，最近2个会计年度连续盈利； （五）入股资金为自有资金，不得以债务资金和委托资金等非自有资金入股； （六）在银行理财子公司章程中承诺5年内不转让所持有的股权，不将所持有的股权进行质押或设立信托，经国务院银行业监督管理机构批准的除外； （七）最近1年年末总资产不低于50亿元人民币，最近1年年末净资产不得低于总资产的30%，权益性投资余额原则上不超过其净资产的50%（含本次投资资金，合并会计报表口径）； （八）国务院银行业监督管理机构规章规定的其他审慎性条件。	《商业银行理财子公司管理办法》
5	不得成为股东的情形	第十条　有以下情形之一的企业不得作为银行理财子公司的股东： （一）公司治理结构与机制存在明显缺陷； （二）关联企业众多、股权关系复杂且不透明、关联交易频繁且异常；	《商业银行理财子公司管理办法》

续表

序号	合规事项	具体要求	文件名称
5	不得成为股东的情形	（三）核心主业不突出且其经营范围涉及行业过多； （四）现金流量波动受经济景气影响较大； （五）资产负债率、财务杠杆率明显高于行业平均水平； （六）代他人持有银行理财子公司股权； （七）其他可能对银行理财子公司产生重大不利影响的情况。	《商业银行理财子公司管理办法》

（二）理财公司与股东之间的行为要求

关于理财公司与股东之间的行为要求见表4.3。

表4.3 理财公司与股东关系的合规要点

序号	合规事项	具体要求	文件名称
1	理财产品投资主要股东的限制	第二十八条　银行理财子公司理财产品不得直接投资于信贷资产，不得直接或间接投资于主要股东的信贷资产及其受（收）益权，不得直接或间接投资于主要股东发行的次级档资产支持证券，面向非机构投资者发行的理财产品不得直接或间接投资于不良资产受（收）益权……	《商业银行理财子公司管理办法》
2	理财公司与主要股东之间的风险隔离机制	第四十一条　银行理财子公司与其主要股东之间，同一股东控股、参股或实际控制的其他机构之间，以及国务院银行业监督管理机构认定需要实施风险隔离的其他机构之间，应当建立有效的风险隔离机制，通过隔离资金、业务、管理、人员、系统、营业场所和信息等措施，防范风险传染、内幕交易、利益冲突和利益输送，防止利用未公开信息交易。风险隔离机制应当至少包括以下内容： （一）确保机构名称、产品和服务名称、对外营业场所、品牌标识、营销宣传等有效区分，避免投资者混淆，防范声誉风险；	《商业银行理财子公司管理办法》

续表

序号	合规事项	具体要求	文件名称
2	理财公司与主要股东之间的风险隔离机制	（二）对银行理财子公司的董事会成员和监事会成员的交叉任职进行有效管理，防范利益冲突； （三）严格隔离投资运作等关键敏感信息传递，不得提供存在潜在利益冲突的投资、研究、客户敏感信息等资料。	《商业银行理财子公司管理办法》

二、董事会、监事会、高级管理层

对于理财公司而言，加强董事、监事和高管人员履职行为规范，提升董事会独立性和专业性属于公司治理的重点，因此，监管机构陆续出台了多项完善理财公司（包括银行业金融机构）公司治理的监管规定，逐步提升理财公司的公司治理水平。

（一）董事会、监事会、高级管理层职责要求

关于董事会、监事会、高级管理层职责的要求见表4.4。

表4.4　董事会、监事会、高级管理层职责的合规要点

序号	合规事项	具体要求	文件名称
1	总体要求	第三十六条　银行理财子公司应当建立组织健全、职责清晰、有效制衡、激励约束合理的公司治理结构，明确股东（大）会、董事会、监事会、高级管理层、业务部门、风险管理部门和内部审计部门风险管理职责分工，建立相互衔接、协调运转的管理机制。	《商业银行理财子公司管理办法》
2		第七条　理财公司董事会对内部控制的有效性承担最终责任，监事会（或者不设监事会的理财公司监事，下同）履行监督职责，高级管理层负责具体执行……	《理财公司内部控制管理办法》
3	董事会	第三十七条　银行理财子公司董事会对理财业务的合规管理和风险管控有效性承担最终责任。董事会应当充分了解理财业务及其所面临的各类风险，	《商业银行理财子公司管理办法》

续表

序号	合规事项	具体要求	文件名称
3	董事会	根据本公司经营目标、投资管理能力、风险管理水平等因素，审核批准理财业务的总体战略和重要业务管理制度并监督实施。董事会应当监督高级管理层履行理财业务管理职责，评价理财业务管理的全面性、有效性和高级管理层的履职情况。 董事会可以授权其下设的专门委员会履行以上部分职能。	《商业银行理财子公司管理办法》
4		第四十六条 ……银行理财子公司应当按照国务院银行业监督管理机构关于内部审计的相关规定，至少每年对理财业务进行一次内部审计，并将审计报告报送董事会。董事会应当针对内部审计发现的问题，督促高级管理层及时采取整改措施。内部审计部门应当跟踪检查整改措施的实施情况，并及时向董事会提交有关报告……	《商业银行理财子公司管理办法》
5		三、现金管理类产品投资于相关金融工具的，应当符合以下要求：…… （五）商业银行、理财公司现金管理类产品拟投资于主体信用评级低于AA＋的商业银行的银行存款与同业存单的，应当经本机构董事会审议批准，相关交易应当事先告知托管机构，并作为重大事项履行信息披露程序……	《关于规范现金管理类理财产品管理有关事项的通知》
6		第十六条 理财产品销售机构董事会负责审核批准理财产品销售重要策略、制度和程序；高级管理层负责根据董事会批准的理财产品销售策略、制度和程序，对理财产品销售业务风险进行管理，制定并监督执行有关投资者权益保护与内部控制制度，向董事会定期报告理财产品销售总体情况、重大事项及潜在风险，确保风险管理的有效性。	《理财公司理财产品销售管理暂行办法》

续表

序号	合规事项	具体要求	文件名称
7	董事会	第十三条 理财公司应当建立理财产品设计管理制度，发行理财产品前应当严格履行内部审批程序。涉及发行创新产品、对现有产品进行重大改动、拓展新的业务领域以及其他可能增加风险的产品或业务，应当获得董事会或者董事会授权的专门委员会批准。	《理财公司内部控制管理办法》
8	高级管理层	第三十八条 银行理财子公司高级管理层应当充分了解理财业务及其所面临的各类风险，根据本公司经营目标、投资管理能力、风险管理水平等因素，制定、定期评估并实施理财业务的总体战略和业务管理制度，确保具备从事理财业务及其风险管理所需要的专业人员、业务处理系统、会计核算系统和管理信息系统等人力、物力资源。	《商业银行理财子公司管理办法》
9	监事会	第三十九条 银行理财子公司监事会应当对董事会和高级管理层的履职情况进行监督评价并督促整改。监事长（监事会主席）应当由专职人员担任。	《商业银行理财子公司管理办法》

（二）董事、监事、高级管理人员的任职要求

关于董事、监事、高级管理人员的任职要求见表4.5。

表4.5 董事、监事、高级管理人员的任职要求的合规要点

序号	合规事项	具体要求	文件名称
1	禁止性要求	第七条 ……理财公司董事长、监事长和高级管理人员原则上不得由理财公司股东、实际控制人及其关联方的人员兼任。	《理财公司内部控制管理办法》
2	董事和高级管理人员任职资格核准	第十八条 银行理财子公司董事和高级管理人员实行任职资格核准制度，由银行业监督管理机构参照《中国银监会非银行金融机构行政许可事项实施办法》规定的行政许可范围、条件和程序对银行理财子公司董事和高级管理人员任职资格进行审核，国务院银行业监督管理机构另有规定的除外。	《商业银行理财子公司管理办法》

续表

序号	合规事项	具体要求	文件名称
3	董事会成员和监事会成员的交叉任职管理	第四十一条 银行理财子公司与其主要股东之间，同一股东控股、参股或实际控制的其他机构之间，以及国务院银行业监督管理机构认定需要实施风险隔离的其他机构之间，应当建立有效的风险隔离机制，通过隔离资金、业务、管理、人员、系统、营业场所和信息等措施，防范风险传染、内幕交易、利益冲突和利益输送，防止利用未公开信息交易。风险隔离机制应当至少包括以下内容：…… （二）对银行理财子公司的董事会成员和监事会成员的交叉任职进行有效管理，防范利益冲突……	《商业银行理财子公司管理办法》

（三）董事、监事、高级管理人员行为要求

关于董事、监事、高级管理人员行为要求见表4.6。

表4.6 董事、监事、高级管理人员行为要求的合规要点

序号	合规事项	具体要求	文件名称
1	利益冲突报告及证券投资限制	第四十七条 ……银行理财子公司的董事、监事、高级管理人员和其他理财业务人员，其本人、配偶、利害关系人进行证券投资，应当事先向银行理财子公司申报，并不得与投资者发生利益冲突。银行理财子公司应当建立上述人员进行证券投资的申报、登记、审查、处置等管理制度，并报银行业监督管理机构备案……	《商业银行理财子公司管理办法》
2		第二十五条 ……理财公司应当要求全体人员及时报告可能产生利益冲突的情况，并对全体人员及其配偶、利害关系人建立证券投资申报、登记、审查、管理、处置制度。理财公司投资人员和交易人员不得直接持有、买卖境内外股票，实施股权激励计划或者员工持股计划的除外；不得从事与本机构有利益冲突的职业或者活动，未经本机构批准不得在其他经济组织兼职；不得违规为其他机构或者个人提供投资顾问、受托管理等服务，不得利用职务便利为自己或者他人牟取不正当利益。	《理财公司内部控制管理办法》

续表

序号	合规事项	具体要求	文件名称
3	禁止性行为	第四十七条 ……银行理财子公司的董事、监事、高级管理人员和其他理财业务人员不得有下列行为： （一）将自有财产或者他人财产混同于理财产品财产从事投资活动； （二）不公平地对待所管理的不同理财产品财产； （三）利用理财产品财产或者职务之便为理财产品投资者以外的人牟取利益； （四）向理财产品投资者违规承诺收益或者承担损失； （五）侵占、挪用理财产品财产； （六）泄露因职务便利获取的未公开信息，利用该信息从事或者明示、暗示他人从事相关的交易活动； （七）玩忽职守，不按照规定履行职责； （八）法律、行政法规和国务院银行业监督管理机构规定禁止的其他行为。	《商业银行理财子公司管理办法》

三、首席合规官

理财公司应在高级管理层设立首席合规官。负责监督检查内部控制建设和执行情况，并可直接向董事会和监管部门报告，更好发挥其监督制衡作用。（见表 4.7）

表 4.7 理财公司设置首席合规官的合规要点

序号	合规事项	具体要求	文件名称
1	首席合规官的设立、职责、产生	第八条 理财公司应当在高级管理层设立首席合规官。首席合规官直接向董事会负责，对本机构内部控制建设和执行情况进行审查、监督和检查，并可以直接向董事会和银保监会及其派出机构报告。首席合规官应当对理财公司内部控制相关制度、重大决策、产品、业务等进行审查，并出具书	《理财公司内部控制管理办法》

续表

序号	合规事项	具体要求	文件名称
1	首席合规官的设立、职责、产生	面审查意见。首席合规官不得兼任和从事直接影响其独立性的职务和活动。 首席合规官应当由理财公司董事会聘任、考核和解聘。首席合规官应当参照银保监会关于非银行金融机构行政许可事项的相关规定获得任职资格。 理财公司应当保障首席合规官开展工作所需的知情权和调查权等，确保首席合规官能够充分履职。	《理财公司内部控制管理办法》
2	内部控制职能部门	第九条　理财公司董事会应当指定专门部门作为内部控制职能部门，牵头内部控制体系的统筹规划、组织落实、检查评估和督促整改。 内部控制职能部门原则上由首席合规官分管。分管内部控制职能部门的高级管理人员，不得同时分管与内部控制存在利益冲突的部门。 理财公司应当在人员数量和资质、薪酬和其他激励政策、信息系统访问权限、信息系统建设以及内部信息渠道等方面，给予内部控制职能部门足够的支持。	《理财公司内部控制管理办法》

第三节　从业人员行为管理

一、从业人员资格认定

理财公司应建立健全从业人员的资格认定制度，加强对员工任职、员工日常行为的管理与监督。从业人员应勤勉谨慎、尽职尽责、诚实公正地对待理财业务投资者，遵守投资者利益优先的原则，不得从事损害理财产品财产和理财产品份额持有人利益的行为，不得从事任何与履行工作职责有利益冲突的活动。（见表4.8）

表 4.8　理财公司从业人员资格认定的合规要点

序号	具体要求	文件名称
1	第四十七条　银行理财子公司应当建立健全从业人员的资格认定、培训、考核评价和问责制度，确保理财业务人员具备必要的专业知识、行业经验和管理能力，充分了解相关法律法规、监管规定以及理财产品的法律关系、交易结构、主要风险及风险管控方式，遵守行为准则和职业道德标准……	《商业银行理财子公司管理办法》
2	第十八条　银行理财子公司董事和高级管理人员实行任职资格核准制度，由银行业监督管理机构参照《中国银监会非银行金融机构行政许可事项实施办法》规定的行政许可范围、条件和程序对银行理财子公司董事和高级管理人员任职资格进行审核，国务院银行业监督管理机构另有规定的除外。	《商业银行理财子公司管理办法》

二、从业人员行为规范

《商业银行理财子公司管理办法》明确了理财公司董事、监事、高级管理人员和其他理财业务人员的禁止行为，并针对上述人员规定了证券投资申报的原则性要求。《理财公司内部控制管理办法》明确了投资交易人员行为管理、不得进行内幕交易及市场操纵等规定，同时将员工个人证券投资申报备案拓展至公司全体员工。具体行为规范要求如表 4.9 所示。

表 4.9　理财公司从业人员行为规范的合规要点

序号	合规事项	具体要求	文件名称
1	禁止行为	第四十七条　……银行理财子公司的董事、监事、高级管理人员和其他理财业务人员，其本人、配偶、利害关系人进行证券投资，应当事先向银行理财子公司申报，并不得与投资者发生利益冲突。银行理财子公司应当建立上述人员进行证券投资的申报、登记、审查、处置等管理制度，并报银行业监督管理机构备案。 银行理财子公司的董事、监事、高级管理人员和其他理财业务人员不得有下列行为：	《商业银行理财子公司管理办法》

续表

序号	合规事项	具体要求	文件名称
1	禁止行为	（一）将自有财产或者他人财产混同于理财产品财产从事投资活动； （二）不公平地对待所管理的不同理财产品财产； （三）利用理财产品财产或者职务之便为理财产品投资者以外的人牟取利益； （四）向理财产品投资者违规承诺收益或者承担损失； （五）侵占、挪用理财产品财产； （六）泄露因职务便利获取的未公开信息，利用该信息从事或者明示、暗示他人从事相关的交易活动； （七）玩忽职守，不按照规定履行职责； （八）法律、行政法规和国务院银行业监督管理机构规定禁止的其他行为。	《商业银行理财子公司管理办法》
2		第二十三条　理财公司应当建立内幕信息管理制度，严格设定最小知悉范围。理财公司及其人员不得利用内幕信息开展投资交易或者建议他人开展投资交易，牟取不正当利益。内幕信息的范围，依照法律、行政法规的规定确定。	《理财公司内部控制管理办法》
3		第二十四条　理财公司及其人员不得利用资金、持仓或者信息等优势地位，单独或者通过合谋操纵、影响或者意图影响投资标的交易价格和交易量，损害他人合法权益。	
4		第二十五条　理财公司应当建立利益冲突防控制度，不得向任何机构或者个人进行利益输送，不得从事损害投资者利益的活动。 　　理财公司应当要求全体人员及时报告可能产生利益冲突的情况，并对全体人员及其配偶、利害关系人建立证券投资申报、登记、审查、管理、处置制度。 　　理财公司投资人员和交易人员不得直接持有、买卖境内外股票，实施股权激励计划或者员工持股计划的除外；不得从事与本机构有利益冲突的职业	

续表

序号	合规事项	具体要求	文件名称
4	禁止行为	或者活动，未经本机构批准不得在其他经济组织兼职；不得违规为其他机构或者个人提供投资顾问、受托管理等服务，不得利用职务便利为自己或者他人牟取不正当利益。	《理财公司内部控制管理办法》
5	人员管理	第二十一条　理财公司开展投资交易活动，应当至少采取以下内部控制措施： （一）建立交易监测系统、预警系统和反馈系统； （二）实行集中交易制度和投资指令审核制度，投资人员不得直接向交易人员下达投资指令或者直接进行交易； （三）实行公平交易制度，不得在理财业务与自营业务、理财顾问和咨询服务等业务之间，理财产品之间，投资者之间或者与其他主体之间进行利益输送； （四）实行交易记录制度，及时记录和定期核对交易信息，确保真实、准确、完整和可回溯，交易记录保存期限不得少于 20 年； （五）建立投资人员、交易人员名单； （六）建立投资人员信息公示制度，在本机构官方网站或者行业统一渠道公示投资人员任职信息，并在任职情况发生变化之日起 2 个工作日内完成公示。	《理财公司内部控制管理办法》
6		第三十一条　理财公司交易场所和设施安全管理应当至少符合以下要求： （一）确保交易场所相对独立，配备门禁系统和监控设备，无关人员未经授权不得进入； （二）投资人员、交易人员只能使用本机构统一管理的通讯工具开展投资交易，并应当监测留痕； （三）交易人员的手机及其他通讯工具在交易时间集中存放保管，严禁在交易时间和交易场所违规使用手机或其他通信工具。	

第五章

理财公司产品的合规管理

理财产品是指商业银行或理财公司（以下统称管理人）按照约定条件和实际投资收益情况向投资者支付收益、不保证本金支付和收益水平的非保本理财产品。管理人发行理财产品应当符合《关于规范金融机构资产管理业务的指导意见》《商业银行理财业务监督管理办法》《商业银行理财子公司管理办法》《理财公司内部控制管理办法》等监管规定，不能存在预期收益，不能以任何形式进行刚性兑付，在"卖者尽责"的条件下，由委托人自担投资风险并获得投资收益。

第一节 理财产品分类

按照募集方式、运作方式以及投资性质等不同维度进行区分，理财产可以分为如下类型。

一、按照募集方式不同划分

根据募集方式的不同，理财产品分为公募理财产品和私募理财产品。

公募理财产品是指管理人面向不特定社会公众公开发行的理财产品。其中，公开发行的认定标准为符合下列条件之一：向不特定对象发行；向特定对象超过200人进行发行；以及发行、行政法规规定的其他发行行为。

私募理财产品是指管理人面向不超过200名的合格投资者非公开发行的理财产品。

此处的合格投资者是指具备相应风险识别能力和风险承受能力，投资于单只理财产品不低于一定金额且符合下列条件的自然人、法人或者依法成立的其他组织：具有2年以上投资经历，且满足家庭金融净资产不低于300万元人民币，或者家庭金融资产不低于500万元人民币，或者近3年本人年均收入不低于40万元人民币；最近1年末净资产不低于1000万元人民币的法人单位；金融管理部门视为合格投资者的其他情形。

二、按照运作方式不同划分

按照运作方式的不同，理财产品分为开放式理财产品和封闭式理财产品。

开放式理财产品是指，自产品成立日至终止日期间，理财产品份额总额不固定，投资者可以按照协议约定，在开放日和相应场所进行认购或者赎回的理财产品。这种产品资金的流动性相比封闭式产品要灵活一些。

封闭式理财产品是指，有确定到期日，且自产品成立日至终止日期间，投资者不得进行认购或者赎回的理财产品。一旦购买此种理财产品，原则上投资者就只能在产品的到期日才能够进行清算分配。

三、按照投资性质不同划分

按照投资性质的不同，理财产品分为固定收益类理财产品、权益类理财产品、商品及金融衍生品类理财产品和混合类理财产品。

固定收益类理财产品投资于存款、债券等债权类资产的比例不低于80%。

权益类理财产品投资于权益类资产的比例不低于80%。

商品及金融衍生品类理财产品投资于商品及金融衍生品的比例不低于80%。

混合类理财产品投资于债权类资产、权益类资产、商品及金融衍生品类资产且任一资产的投资比例未达到前三类理财产品标准。

第二节　理财产品发行的合规管理

商业银行应当建立理财产品的内部审批政策和程序，在发行新产品之前充分识别和评估各类风险。理财产品由负责风险管理、法律合规、财务会计管理和消费者保护等相关职能部门进行审核，并获得董事会、董事会授权的专门委员会、高级管理层或者相关部门的批准。（见表5.1）

表 5.1　理财产品发行合规要点

序号	合规事项	具体要求	文件名称
1	产品类型	第八条　商业银行应当根据募集方式的不同，将理财产品分为公募理财产品和私募理财产品…… 第九条　商业银行应当根据投资性质的不同，将理财产品分为固定收益类理财产品、权益类理财产品、商品及金融衍生品类理财产品和混合类理财产品…… 第十条　商业银行应当根据运作方式的不同，将理财产品分为封闭式理财产品和开放式理财产品……	《商业银行理财业务监督管理办法》
2	产品名称	第一条　……（十二）理财产品名称应当恰当反映产品属性，不得使用带有诱惑性、误导性和承诺性的称谓以及易引发争议的模糊性语言。理财产品名称中含有拟投资资产名称的，拟投资该资产的比例须达到该理财产品规模的80%以上。	《商业银行理财业务监督管理办法》的附件：《商业银行理财产品销售管理要求》
3	风险评级	第二十七条　商业银行应当采用科学合理的方法，根据理财产品的投资组合、同类产品过往业绩和风险水平等因素，对拟销售的理财产品进行风险评级。 理财产品风险评级结果应当以风险等级体现，由低到高至少包括一级至五级，并可以根据实际情况进一步细分。 第二十八条　商业银行应当对非机构投资者的风险承受能力进行评估，确定投资者风险承受能力等级，由低到高至少包括一级至五级，并可以根据实际情况进一步细分。	《商业银行理财业务监督管理办法》

续表

序号	合规事项	具体要求	文件名称
3	风险评级	商业银行不得在风险承受能力评估过程中误导投资者或者代为操作，确保风险承受能力评估结果的真实性和有效性。 第二十九条　商业银行只能向投资者销售风险等级等于或低于其风险承受能力等级的理财产品，并在销售文件中明确提示产品适合销售的投资者范围，在销售系统中设置销售限制措施。 商业银行不得通过对理财产品进行拆分等方式，向风险承受能力等级低于理财产品风险等级的投资者销售理财产品。 其他资产管理产品投资于商业银行理财产品的，商业银行应当按照穿透原则，有效识别资产管理产品的最终投资者。	《商业银行理财业务监督管理办法》
4	估值管理	十八、金融机构对资产管理产品应当实行净值化管理，净值生成应当符合企业会计准则规定，及时反映基础金融资产的收益和风险，由托管机构进行核算并定期提供报告，由外部审计机构进行审计确认，被审计金融机构应当披露审计结果并同时报送金融管理部门。 金融资产坚持公允价值计量原则，鼓励使用市值计量。符合以下条件之一的，可按照企业会计准则以摊余成本进行计量： （一）资产管理产品为封闭式产品，且所投金融资产以收取合同现金流量为目的并持有到期。 （二）资产管理产品为封闭式产品，且所投金融资产暂不具备活跃交易市场，或者在活跃市场中没有报价、也不能采用估值技术可靠计量公允价值。 金融机构以摊余成本计量金融资产净值，应当采用适当的风险控制手段，对金融资产净值的公允性进行评估。当以摊余成本计量已不能真实公允反映金融资产净值时，托管机构应当督促金融机构调整会计核算和估值方法。金融机构前期以摊余成本计量的金融资产的加权平均价格与资产管理产品实际兑付时金融资产的价值的	《关于规范金融机构资产管理业务的指导意见》

续表

序号	合规事项	具体要求	文件名称
4	估值管理	偏离度不得达到 5% 或以上，如果偏离 5% 或以上的产品数超过所发行产品总数的 5%，金融机构不得再发行以摊余成本计量金融资产的资产管理产品。	《关于规范金融机构资产管理业务的指导意见》
5	申赎要求	第四十七条　商业银行应当加强对开放式公募理财产品认购环节的管理，合理控制理财产品投资者集中度，审慎确认大额认购申请，并在理财产品销售文件中对拒绝或暂停接受投资者认购申请的情形进行约定……在确保投资者得到公平对待的前提下，商业银行可以按照法律、行政法规和理财产品销售文件约定，综合运用设置赎回上限、延期办理巨额赎回申请、暂停接受赎回申请、收取短期赎回费等方式，作为压力情景下开放式公募理财产品流动性风险管理的辅助措施……	《商业银行理财业务监督管理办法》
6	登记管理	第十二条　商业银行总行应当按照以下要求，在全国银行业理财信息登记系统对理财产品进行集中登记： （一）商业银行发行公募理财产品的，应当在理财产品销售前 10 日，在全国银行业理财信息登记系统进行登记； （二）商业银行发行私募理财产品的，应当在理财产品销售前 2 日，在全国银行业理财信息登记系统进行登记； （三）在理财产品募集和存续期间，按照有关规定持续登记理财产品的募集情况、认购赎回情况、投资者信息、投资资产、资产交易明细、资产估值、负债情况等信息； （四）在理财产品终止后 5 日内完成终止登记……	《商业银行理财业务监督管理办法》

第三节　理财产品销售的合规管理

理财产品销售，是指理财产品销售机构面向投资者开展的如下活动的全部或者部分业务活动：（1）以展示、介绍比较单只或者多只理财产品部分或者全部特征信息并直接或者间接提供认购、申购、赎回服务等方式宣传推介理财产品；（2）提供单只或者多只理财产品的投资建议；（3）为投资者办理理财产品认购、申购和赎回；（4）监管机构认定的其他业务活动。

目前，规制理财产品销售的监管规定主要包括《关于规范金融机构资产管理业务的指导意见》（银发〔2018〕106号）、《商业银行理财业务监督管理办法》（中国银行保险监督管理委员会令2018年第6号）、《商业银行理财子公司管理办法》（中国银行保险监督管理委员会令2018年第7号）、《理财公司理财产品销售管理暂行办法》、《中国银监会关于规范商业银行代理销售业务的通知》（银监发〔2016〕24号）、《银行业金融机构销售专区录音录像管理暂行规定》（银监办发〔2017〕110号）、《广告法》（中华人民共和国主席令第81号）、《中国人民银行、中国银行保险监督管理委员会、中国证券监督管理委员会、国家外汇管理局关于进一步规范金融营销宣传行为的通知》（银发〔2019〕316号）、《反不正当竞争法》（中华人民共和国主席令第29号）。上述规定外，理财产品销售机构在销售理财产品时还应遵守法律法规关于反洗钱、反恐怖融资、非居民金融账户涉税信息尽职调查等相关要求，遵守投资者权益保护等相关规定。因上述内容已在本手册其他章节论述，在此不再赘述。

理财产品销售的合规包括对销售机构的基本合规管理要求、销售文件的合规要求、销售人员及销售行为的合规要求、代销的合规管理四个方面。本章节将按照上述逻辑就理财产品的销售合规进行详细论述。

一、销售机构的基本合规管理

无论是理财公司销售本公司理财产品，还是理财公司或者吸收存款的银行业金融机构对理财产品进行代理销售，均应满足如表5.2所示。

表5.2 理财产品销售合规要点

序号	合规事项		具体要求	文件名称
1	内控与风险管理	治理层架构	第十六条　董事会负责审核批准理财产品销售重要策略、制度和程序；高级管理层负责根据董事会批准的理财产品销售策略、制度和程序，对理财产品销售业务风险进行管理，制定并监督执行有关投资者权益保护与内部控制制度，向董事会定期报告理财产品销售总体情况、重大事项及潜在风险，确保风险管理的有效性。	《理财公司理财产品销售管理暂行办法》

续表

序号	合规事项		具体要求	文件名称
1	内控与风险管理	内控机制	第七条 理财产品销售机构从事理财产品销售业务活动,应当持续具备下列条件: (一)财务状况良好,运作规范稳定; (二)具备与独立开展理财产品销售业务活动相适应的自有渠道(含营业网点或电子渠道)、信息系统等设施和销售流程自主管控能力;具备安全、高效的办理理财产品认(申)购和赎回等业务的技术设施和销售系统;代理销售机构与理财公司实施信息系统联网,能够满足数据传输需要; (三)具备安全可靠的理财产品销售数据保障能力、管理机制和配套设施,能够持续满足理财产品销售和交易行为记录、保存、回溯检查的需要;能够持续满足在全国银行业理财信息登记系统登记以及银保监会及其派出机构实施非现场监管、现场检查等的数据需要; (四)具备完善的防火墙、入侵检测、数据加密以及灾难恢复等信息安全管理体系和设施; (五)具备完善的理财产品销售投资者适当性管理、投资者权益保护、销售人员执业操守、应急处理等制度,以及满足理财产品销售管理需要的组织体系、操作流程和监测机制; (六)具备完善的理财产品销售结算资金管理制度; (七)具备完善的反洗钱、反恐怖融资及非居民金融账户涉税信息尽职调查内部控制制度; (八)主要监管指标符合金融监督管理部门的规定; (九)银保监会规定的其他条件。	《理财公司理财产品销售管理暂行办法》
			第十五条 理财产品销售机构应当具备并有效执行理财产品销售业务制度,制定与本机构发展战略相适应的产品准入、风险管理与内部控制、投资者适当性管理、业务操作、资金清算、客户服务、	《理财公司理财产品销售管理暂行办法》

续表

序号	合规事项		具体要求	文件名称
1	内控与风险管理	内控机制	信息披露、合作机构管理、人员及行为管理、投诉和应急处理、保密管理等制度，及时评估和完善相关制度，确保制度有效性。	《理财公司理财产品销售管理暂行办法》
			第三条第（十）项　商业银行应当建立异常销售的监控、记录、报告和处理制度，重点关注理财产品销售业务中的不当销售和误导销售行为，至少应当包括以下异常情况：1. 投资者频繁开立、撤销理财账户；2. 投资者风险承受能力与理财产品风险不匹配；3. 商业银行超过约定时间进行资金划付；4. 其他应当关注的异常情况。	《商业银行理财业务监督管理办法》之附件：《商业银行理财产品销售管理要求》
			第三条第（十一）项　商业银行应当建立和完善理财产品销售质量控制制度……	《商业银行理财业务监督管理办法》之附件：《商业银行理财产品销售管理要求》
			第二十三条　理财产品销售机构应当建立健全档案管理制度，妥善保管投资者理财产品销售相关资料，保管年限不得低于20年。	《理财公司理财产品销售管理暂行办法》
			第四十二条　理财产品销售机构应当建立健全理财产品销售人员的上岗资格、持续培训、信息公示与查询核实等制度，确保理财产品销售人员具备必要的专业知识、行业经验和管理能力，熟悉相关法律、行政法规、监管规定，充分了解理财产品的法律关系、交易结构、主要风险及风险管控方式，遵守行为准则和职业道德标准。 理财产品销售机构应当承担本机构理财产品销售人员管理的主体责任，加强对本机构理财产品销售人员行为的持续监督和排查，严格防范私自销售。	《理财公司理财产品销售管理暂行办法》

续表

序号	合规事项		具体要求	文件名称
1	内控与风险管理	合规性审查	第十七条 理财产品销售机构应当指定专门部门和人员负责对理财产品销售业务活动的合法合规性进行审查、监督和检查，并确保该部门和人员独立、有效履行职责。该部门人员不得兼任经营管理等与岗位职责存在利益冲突的职务。 该部门应当对理财产品销售准入、产品合规及风险评估的标准和流程等销售业务内部制度以及新销售产品、新业务方案等进行合规审查，并出具合规审查意见。 该部门发现本机构存在与理财产品销售相关的重大风险或违法违规行为，应当提出处理意见，并督促整改。理财产品销售机构应当就重大风险或违法违规行为及时向银保监会或其派出机构报告，并视情况告知相关合作机构。	《理财公司理财产品销售管理暂行办法》
		尽职调查以及风险评估	第十八条 理财产品销售机构应当对拟向特定对象销售的理财产品实施专门的尽职调查和风险评估，充分了解拟销售产品的投资方向、策略、风险以及投资者适当性要求等，出具专项合规意见并留存备查。	《理财公司理财产品销售管理暂行办法》
		销售授权管理	第三十四条 商业银行应当建立理财产品销售授权管理体系，制定统一的标准化销售服务规程，建立清晰的报告路线，明确分支机构业务权限，并采取定期核对、现场核查、风险评估等方式加强对分支机构销售活动的管理。	《商业银行理财业务监督管理办法》
		分支机构统一管理	第十九条 理财产品销售机构应当对分支机构从事理财产品销售业务活动实行统一管理，不得通过与他人合资、合作经营管理分支机构，或将分支机构承包或者委托给他人等方式开展理财产品销售业务。	《理财公司理财产品销售管理暂行办法》

续表

序号	合规事项		具体要求	文件名称
1	内控与风险管理	销售业务评估	第二十条 理财产品销售机构应当建立健全业务范围管控制度，审慎评估理财产品销售业务与其依法开展或拟开展的其他业务之间可能存在的利益冲突，建立严格的利益冲突防范机制并确保有效实施。	《理财公司理财产品销售管理暂行办法》
		离任审计	第二十四条 理财产品销售机构及其分支机构的理财产品销售部门负责人以及承担本办法第十七条规定职责的部门负责人离任的，应当进行审计。	《理财公司理财产品销售管理暂行办法》
2	系统管理		第二十一条 理财产品销售机构应当加强信息科技风险管理，建立网络安全监测和应急响应体系，保障网络和信息系统安全可靠、可持续服务。理财产品销售机构应当采取可靠的技术措施，确保客户信息安全。 理财产品销售机构应当充分利用科技手段，加强对伪冒网站、伪冒产品等监测，有效防范各类欺诈风险。 理财公司委托代理销售机构销售理财产品的，代理销售机构和理财公司应当建立联防联控的反欺诈体系，共同承担反欺诈的责任。	《理财公司理财产品销售管理暂行办法》
3	数据记录保障		第二十二条 理财产品销售机构应当完整记录和保存销售业务活动信息，确保记录信息全面、准确和不可篡改，并持续满足银保监会及其派出机构依法实施信息采集、核查、取证等监管行为的要求。记录信息应当至少包括投资者身份证明资料、宣传销售文本、产品风险及其他关键信息提示、交易记录与确认信息等。	《理财公司理财产品销售管理暂行办法》
4	网点销售要求		第二十六条 理财产品销售机构通过营业网点向非机构投资者销售理财产品的，应当按照银保监会的相关规定实施理财产品销售专区管理，面向投资者严格有效区分理财产品与其他金融产品。理财产品销售机构应当在销售专区内对每只理财产品销售过程进行录音录像，销售专区应当具有明显标识。	《理财公司理财产品销售管理暂行办法》

续表

序号	合规事项	具体要求	文件名称
4	网点销售要求	除非与非机构投资者当面书面约定，评级为四级以上理财产品销售，应当在营业网点进行。 理财产品销售机构通过电子渠道向非机构投资者销售理财产品的，应当积极采取有效措施和技术手段完整客观记录营销推介、产品风险和关键信息提示、投资者确认和反馈等重点销售环节，确保能够满足回溯检查和核查取证的需要。理财产品销售机构进行上述记录行为的，应当征得投资者同意，否则不得向其销售理财产品。	《理财公司理财产品销售管理暂行办法》
5	投资者信息保护	第四十八条　理财产品销售机构应当要求投资者真实提供信息，自主作出认（申）购和赎回等决定，独立对销售文件进行签字确认，自主承担投资风险。投资者拒绝提供或者未按照要求提供信息的，理财产品销售机构应当告知投资者相应的后果及责任，并可拒绝向其提供销售服务。	《理财公司理财产品销售管理暂行办法》
5	投资者信息保护	第五十条　理财产品销售机构收集、使用个人信息，应当按照法律法规规定，遵循正当、必要的原则，保证信息采集、处理及使用的安全性和合法性。未经客户专门授权，不得将客户个人信息及相关理财产品销售信息提供其他第三方机构和个人，法律、行政法规和银保监会另有规定的除外。	《理财公司理财产品销售管理暂行办法》
6	理财产品的认购以及申赎	第三十四条　理财产品销售协议生效后，理财产品销售机构应当按照法律、行政法规、监管规定和理财产品投资协议、销售协议的约定，办理理财产品的认（申）购、赎回，不得擅自拒绝接受投资者的认（申）购、赎回申请。理财公司暂停或者开放认（申）购、赎回等业务的，应当按照相关规定和投资协议、销售协议约定说明具体原因和依据。	《理财公司理财产品销售管理暂行办法》
6	理财产品的认购以及申赎	第三十五条　投资者认（申）购理财产品必须全额交付认（申）购款项，银保监会另有规定的除外；投资者按规定提交认（申）购申请并全额交付款项的，认（申）购申请成立；认（申）购申请是否生效以理财公司发出的确认信息为准。	《理财公司理财产品销售管理暂行办法》

续表

序号	合规事项	具体要求	文件名称
6	理财产品的认购以及申赎	第三十六条　理财产品销售机构应当通过投资者指定的银行账户办理理财产品认（申）购和赎回的款项收付，制作、留存款项收付的有效凭证。 　　理财公司委托代理销售机构销售理财产品的，代理销售机构应当至少每日向理财公司提供销售明细和相关有效凭证信息。	《理财公司理财产品销售管理暂行办法》
		第三十七条　理财产品销售机构应当按照法律法规规定、理财产品销售协议约定归集、划转理财产品销售结算资金，确保理财产品销售结算资金安全、及时划付，并将赎回、分红及认（申）购不成功的相应款项划入投资者认（申）购时使用的银行账户…… 　　提供理财产品销售结算资金划转结算等服务的机构应当建立与理财公司的对账机制，复核、审查理财产品销售结算资金的交易情况。	《理财公司理财产品销售管理暂行办法》
7	收费要求	第三十八条　理财产品销售机构应当按照法律法规、监管规定、理财产品投资协议书、理财产品说明书、理财产品销售（代理销售）协议书等的约定收取销售费用，并如实核算、记账；未经载明，不得对不同投资者适用不同费率。 　　理财公司根据相关法律和国家政策规定，需要对已约定的收费项目、条件、标准和方式进行调整时，应当按照有关规定进行信息披露后方可调整；投资者不接受的，应当允许投资者按照销售协议的约定提前赎回理财产品。	《理财公司理财产品销售管理暂行办法》
8	起投金额	第三十条　……商业银行发行私募理财产品的，合格投资者投资于单只固定收益类理财产品的金额不得低于30万元人民币，投资于单只混合类理财产品的金额不得低于40万元人民币，投资于单只权益类理财产品、单只商品及金融衍生品类理财产品的金额不得低于100万元人民币。	《商业银行理财业务监督管理办法》

续表

序号	合规事项	具体要求	文件名称
9	投资冷静期	三、理财产品销售管理 （九）商业银行应当在私募理财产品的销售文件中约定不少于二十四小时的投资冷静期，并载明投资者在投资冷静期内的权利。在投资冷静期内，如果投资者改变决定，商业银行应当遵从投资者意愿，解除已签订的销售文件，并及时退还投资者的全部投资款项。投资冷静期自销售文件签字确认后起算。	《商业银行理财产品销售管理要求》

二、销售文件要求

理财产品销售文本应当全面、如实、客观地反映理财产品的重要特性，充分披露理财产品类型、投资组合、估值方法、托管安排、风险和收费等重要信息，所使用的语言表述必须真实、准确和清晰。（见表5.3）

表 5.3 理财产品销售文件合规要点

序号	合规事项	具体要求	文件名称
1	销售文本材料要求	第二十六条 ……商业银行理财产品宣传销售文本应当全面、如实、客观地反映理财产品的重要特性，充分披露理财产品类型、投资组合、估值方法、托管安排、风险和收费等重要信息，所使用的语言表述必须真实、准确和清晰。 商业银行发行理财产品，不得宣传理财产品预期收益率，在理财产品宣传销售文本中只能登载该理财产品或者本行同类理财产品的过往平均业绩和最好、最差业绩，并以醒目文字提醒投资者"理财产品过往业绩不代表其未来表现，不等于理财产品实际收益，投资须谨慎"。	《商业银行理财业务监督管理办法》
		第三十三条 ……与其他机构共享投资者信息的，应当在理财产品销售文本中予以明确，征得投资者书面授权或者同意，并要求其履行投资者信息保密义务。	《商业银行理财业务监督管理办法》

续表

序号	合规事项	具体要求	文件名称
1	销售文本材料要求	第一条 销售文件应当载明理财产品的托管机构、合作机构的基本信息和主要职责等。 销售文件应当载明理财产品的认购和赎回安排、估值原则、估值方法、份额认购、赎回价格的计算方式，拟投资的市场和资产的风险评估。 理财产品销售文件应当载明收取销售费、托管费、投资管理费等相关收费项目、收费条件、收费标准和收费方式。销售文件未载明的收费项目，不得向投资者收取。	《商业银行理财产品销售管理要求》
		第三条 私募理财产品的销售文件应约定不少于二十四小时的投资冷静期，并载明投资者在投资冷静期内的权利。在投资冷静期内，如果投资者改变决定，商业银行应当遵从投资者意愿，解除已签订的销售文件，并及时退还投资者的全部投资款项。投资冷静期自销售文件签字确认后起算。	《商业银行理财产品销售管理要求》
		第十四条 （一）在理财产品销售文件中披露开放式理财产品认购、赎回安排，主要拟投资市场、资产的流动性风险评估等信息。 （二）针对理财产品特点确定拟运用的流动性风险应对措施，并在理财产品销售文件中与投资者事先约定相关措施的使用情形、处理方法、程序及对投资者的潜在影响等，确保相关措施在必要时能够及时、有效运用。	《理财公司理财产品流动性风险管理办法》
		第十七条 单只理财产品同时存在以下情形的，应当采用封闭或定期开放运作方式，且定期开放周期不得低于90天，该理财产品销售文件还应当做出充分披露和显著标识：（一）计划投资不存在活跃交易市场，并且需要采用估值技术确定公允价值的资产；（二）计划投资上述资产的比例达到理财产品净资产的50%以上……	《理财公司理财产品流动性风险管理办法》

续表

序号	合规事项	具体要求	文件名称
1	销售文本材料要求	第二十条　单只理财产品允许单一投资者持有份额超过总份额50%的，应当采用封闭或定期开放运作方式，定期开放周期不得低于90天（现金管理类理财产品除外）。该理财产品销售文件应当作出充分披露和显著标识，不得向个人投资者公开发售。 　　对于其他理财产品，非因理财公司主观因素导致突破前款规定比例限制的，在单一投资者持有比例降至50%以下之前，理财公司不得再接受该投资者对该理财产品的认购申请。	《理财公司理财产品流动性风险管理办法》
		第六条　在确保现金管理类产品资产净值能够公允地反映投资组合价值的前提下，可采用摊余成本法对持有的投资组合进行会计核算，但应当在销售文件中披露该核算方法及其可能对产品净值波动带来的影响；估值核算方法在特殊情形下不能公允反映现金管理类产品价值的，可以采用其他估值方法，该特殊情形及采用的估值方法应当在销售文件中约定。	《关于规范现金管理类理财产品管理有关事项的通知》
		第六条　……现金管理类产品采用摊余成本法进行核算的，应当采用影子定价的风险控制手段，对摊余成本法计算的资产净值的公允性进行评估……	《关于规范现金管理类理财产品管理有关事项的通知》
		第七条　……为公平对待不同类别产品投资者的合法权益，商业银行、理财公司应当在现金管理类产品的销售文件中约定，单个产品投资者在单个开放日申请赎回份额超过该产品总份额10%的，商业银行、理财公司可以采取延期办理部分赎回申请或者延缓支付赎回款项的措施。	《关于规范现金管理类理财产品管理有关事项的通知》
		第六条　理财产品销售文件中应明确约定与投资者联络和信息披露的方式、渠道和频率，以及信息披露过程中各方的责任，确保投资者及时获取信息。	《关于规范现金管理类理财产品管理有关事项的通知》

续表

序号	合规事项	具体要求	文件名称
1	销售文本材料要求	第三十条 ……理财公司应当在宣传销售文本等材料和理财产品登记信息中标明该产品通过代理销售机构渠道销售的，理财产品评级应当以代理销售机构最终披露的评级结果为准。	《理财公司理财产品销售管理暂行办法》
		第四十一条 理财产品销售机构销售关联方管理的面向特定对象销售的理财产品，应当建立健全关联方产品销售管理制度，在风险揭示书的醒目位置向投资者披露关联方及关联关系，揭示关联关系可能产生的不利影响和投资风险，并由投资者签字确认。	《理财公司理财产品销售管理暂行办法》
		第十九条 理财产品销售文件应当包含投资者权益须知的专页，投资者权益须知应当至少包括以下内容：（1）投资者办理理财产品的流程；（2）投资者风险承受能力评估流程、评级具体含义以及适合购买的理财产品等相关内容；（3）理财公司向投资者进行信息披露的方式、渠道和频率等；（4）投资者向理财公司投诉的方式和程序；（5）理财公司联络方式及其他需要向投资者说明的内容。	《商业银行理财产品销售管理办法》（失效）
		第四十九条 理财产品销售文件应当包含风险揭示书的专页，风险揭示书应当使用通俗易懂的语言，并至少包含以下内容：（1）在醒目位置提示投资者，理财非存款、产品有风险、投资须谨慎；（2）提示投资者，如影响您风险承受能力的因素发生变化，请及时完成风险承受能力评估；（3）提示投资者注意投资风险，仔细阅读理财产品销售文件，了解理财产品的具体情况；（4）本理财产品类型、期限、评级结果、适合购买的投资者，并配以示例说明最不利投资情形下的投资结果；（5）理财产品的风险揭示书应当至少包含本理财产品不保证本金和收益，并根据理财产品评级结果提示投资者可能会因市场变动而蒙受损失的程度，以及需要充分认识投资风险，谨慎投资等；（6）投资者风险承受能力评估结果，由投资者填写；（7）投资者风险确认语句抄录，包括确认语句栏、确	《商业银行理财产品销售管理暂行办法》（失效）

续表

序号	合规事项	具体要求	文件名称
1	销售文本材料要求	认语句栏应当完整载明的风险确认语句本人已经阅读风险揭示，愿意承担投资风险，并在此语句下预留足够空间供投资者完整抄录和签字确认。	《商业银行理财产品销售管理暂行办法》（失效）
		第三十三条　……理财公司应当建立有效的投资者投诉处理机制，在本机构官方网站、移动客户端、营业场所或者行业统一渠道公布投诉电话、通信地址等投诉渠道信息和投诉处理流程，在理财产品销售文件中提供投诉电话或者其他投诉渠道信息，及时、妥善处理投资者投诉……	《理财公司内部控制管理办法》
		第十六条　银行、支付机构应当依据金融产品或者服务的特性，及时、真实、准确、全面地向金融消费者披露下列重要内容： （一）金融消费者对该金融产品或者服务的权利和义务，订立、变更、中止和解除合同的方式及限制。 （二）银行、支付机构对该金融产品或者服务的权利、义务及法律责任。 （三）贷款产品的年化利率。 （四）金融消费者应当负担的费用及违约金，包括金额的确定方式，交易时间和交易方式。 （五）因金融产品或者服务产生纠纷的处理及投诉途径。 （六）银行、支付机构对该金融产品或者服务所执行的强制性标准、推荐性标准、团体标准或者企业标准的编号和名称。 （七）在金融产品说明书或者服务协议中，实际承担合同义务的经营主体完整的中文名称。 （八）其他可能影响金融消费者决策的信息。	《中国人民银行金融消费者权益保护实施办法》
		第三十条　商业银行发行私募理财产品的，合格投资者投资于单只固定收益类理财产品的金额不得低于30万元人民币；投资于单只混合类理财产品的金额不得低于40万元人民币，投资于单只权益类理财产品、单只商品及金融衍生品类理财产品的金额不得低于100万元人民币。	《商业银行理财业务监督管理办法》

续表

序号	合规事项	具体要求	文件名称
2	销售金额起点要求	第三十条　商业银行应当根据理财产品的性质和风险特征，设置适当的期限和销售起点金额。 商业银行发行公募理财产品的，单一投资者销售起点金额不得低于1万元人民币。 商业银行发行私募理财产品的，合格投资者投资于单只固定收益类理财产品的金额不得低于30万元人民币，投资于单只混合类理财产品的金额不得低于40万元人民币，投资于单只权益类理财产品、单只商品及金融衍生品类理财产品的金额不得低于100万元人民币。	《商业银行理财业务监督管理办法》

三、销售人员及行为管理

（一）基本合规管理要求

销售人员作为销售的核心要素，其应该具备专业的知识、行业经验以及管理能力，熟悉相关法律、行政法规、监管规定，充分了解理财产品的法律关系、交易结构、主要风险及风险管控方式，遵守行为准则和职业道德标准。销售机构应对本机构理财产品销售人员行为进行持续监督和排查，严防私自销售。理财产品销售人员合规要点如表5.4所示。

表5.4　理财产品销售人员合规要点

序号	合规事项	具体要求	文件名称
1	基本要求	第四十三条　理财产品销售人员应当至少具备下列条件： （一）具有完全民事行为能力； （二）具有高中以上文化程度； （三）从事金融工作1年以上； （四）具备良好的诚信记录及职业操守； （五）熟悉理财业务活动及理财产品销售相关的法律法规；	《理财公司理财产品销售管理暂行办法》

续表

序号	合规事项	具体要求	文件名称
1	基本要求	（六）银保监会规定的其他条件。 未经理财产品销售机构进行上岗资格认定并签订劳动合同，任何人员不得从事理财产品销售业务活动，银保监会另有规定的除外。	《理财公司理财产品销售管理暂行办法》
2	销售原则	第四条 （二）销售人员从事理财产品销售活动，应当遵循以下原则： 1. 勤勉尽职原则。销售人员应当以对投资者高度负责的态度执业，认真履行各项职责。 2. 诚实守信原则。销售人员应当以诚实、公正的态度、合法的方式执业，如实告知投资者可能影响其利益的重要情况和理财产品风险评级情况。 3. 公平对待投资者原则。在理财产品销售活动中发生分歧或矛盾时，销售人员应当公平对待投资者，不得损害投资者合法权益。 4. 专业胜任原则。销售人员应当具备理财产品销售的专业资格和技能，胜任理财产品销售工作。	《商业银行理财业务监督管理办法》之附件：《商业银行理财产品销售管理要求》
3	销售培训	第四十四条 ……每个销售人员每年接受本机构组织或者认可的培训时间不得少于20小时。	《理财公司理财产品销售管理暂行办法》
4	销售人员公示	第四十五条 理财产品销售机构应当在营业网点和电子渠道显著位置对理财产品销售人员信息进行公示……	《理财公司理财产品销售管理暂行办法》
5	离任审计	第二十四条 理财产品销售机构及其分支机构的理财产品销售部门负责人以及承担本办法第十七条规定职责的部门负责人离任的，应当进行审计。	《理财公司理财产品销售管理暂行办法》
6	行为管理	第四十五条 ……理财产品销售人员在向投资者宣传销售理财产品前，应当进行自我介绍并告知理财产品销售人员信息查询和核实渠道，尊重投资者意愿，不得在投资者不愿或不便的情况下进行宣传销售。	《理财公司理财产品销售管理暂行办法》

续表

序号	合规事项	具体要求	文件名称
7	销售细节要求	第四条 （四）销售人员在为投资者办理购买理财产品手续前，应当遵守本附件规定，特别注意以下事项： 1. 有效识别投资者身份； 2. 向投资者介绍理财产品销售业务流程、收费标准及方式等； 3. 了解投资者风险承受能力评估情况、投资期限和流动性要求； 4. 提醒投资者阅读销售文件，特别是风险揭示书和投资者权益须知； 5. 确认投资者抄录了风险确认语句。	《商业银行理财业务监督管理办法》之附件：《商业银行理财产品销售管理要求》
8	人员的登记	第五十六条 理财产品销售机构应当在全国银行业理财信息登记系统登记本机构理财产品销售人员信息并及时更新，确保登记信息真实、准确和完整。	《理财公司理财产品销售管理暂行办法》
9	考核要求	第四条 （六）销售机构应当建立健全销售人员资格考核、继续培训、跟踪评价等管理制度，不得对销售人员采用以销售业绩作为单一考核和奖励指标的考核方法，并应当将投资者投诉情况、误导销售以及其他违规行为纳入考核指标体系。 商业银行应当对销售人员在销售活动中出现的违规行为进行问责处理，将其纳入本行人力资源评价考核内容，持续跟踪考核。 对于频繁被投资者投诉、投诉事项查证属实的销售人员，应当将其调离销售岗位；情节严重的，应当按照规定承担相应法律责任。	《商业银行理财业务监督管理办法》之附件：《商业银行理财产品销售管理要求》
10	禁止性行为	第四条 （五）销售人员从事理财产品销售活动，不得有下列情形： 1. 在销售活动中为自己或他人牟取不正当利益，承诺进行利益输送，通过给予他人财物或利益，或接受他人给予的财物或利益等形式进行商	《商业银行理财业务监督管理办法》之附件：《商业银行理财产品销售管理要求》

续表

序号	合规事项	具体要求	文件名称
10	禁止性行为	业贿赂； 2. 诋毁其他机构的理财产品或销售人员； 3. 散布虚假信息，扰乱市场秩序； 4. 违规接受投资者全权委托，私自代理投资者进行理财产品认购、赎回等交易； 5. 违规对投资者做出盈亏承诺，或与投资者以口头或书面形式约定利益分成或亏损分担； 6. 挪用投资者交易资金或理财产品； 7. 擅自更改投资者交易指令； 8. 其他可能有损投资者合法权益和所在机构声誉的行为。	《商业银行理财业务监督管理办法》之附件：《商业银行理财产品销售管理要求》

（二）禁止性销售行为

《理财公司理财产品销售管理暂行办法》就销售机构以及销售人员不得从事的销售行为进行了明确的列举，具体要求如表 5.5 所示。

表 5.5 理财产品禁止性销售行为合规要点

序号	具体要求	文件名称
1	第二十五条 理财产品销售机构及其销售人员从事理财产品销售业务活动，不得有下列情形： （一）误导投资者购买与其风险承受能力不相匹配的理财产品； （二）虚假宣传、片面或者不当宣传，夸大过往业绩，预测理财产品的投资业绩，或者出具、宣传理财产品预期收益率； （三）使用未说明选择原因、测算依据或计算方法的业绩比较基准，单独或突出使用绝对数值、区间数值展示业绩比较基准； （四）将销售的理财产品与存款或其他产品进行混同； （五）在理财产品销售过程中强制捆绑、搭售其他服务或产品；	《理财公司理财产品销售管理暂行办法》

续表

序号	具体要求	文件名称
1	（六）提供抽奖、回扣、馈赠实物、代金权益及金融产品等销售理财产品； （七）违背投资者利益优先原则，为谋取机构或人员的利益，诱导投资者进行短期、频繁购买和赎回操作； （八）由销售人员违规代替投资者签署销售业务相关文件，或者代替投资者进行风险承受能力评估、理财产品购买等操作，代替投资者持有或安排他人代替投资者持有本机构销售的理财产品； （九）为理财产品提供直接或间接、显性或隐性担保，包括部分或全部承诺本金或收益保障； （十）利用或者承诺利用理财产品和理财产品销售业务进行利益输送或利益交换； （十一）给予、收取或索要理财产品销售合作协议约定以外的利益； （十二）恶意诋毁、贬低其他理财产品销售机构或者其他理财产品； （十三）截留、挪用理财产品销售结算资金； （十四）违法违规提供理财产品投资者相关信息； （十五）未经授权或超越授权范围开展销售业务，私自推介、销售未经本机构审批的理财产品，通过营业网点或电子渠道提供未经本机构审批的理财产品销售相关文件和资料； （十六）未按规定或者协议约定的时间发行理财产品，或者擅自变更理财产品的发行日期； （十七）在全国银行业理财信息登记系统对理财产品进行登记并获得登记编码前，办理理财产品销售业务，发布理财产品宣传推介材料； （十八）银保监会规定禁止的其他情形。[1]	《理财公司理财产品销售管理暂行办法》
2	第三条 （四）商业银行通过电话、传真、短信、邮件等方式开展理财产品宣传时，如投资者明确表示不同意，商业银行不得再通过此种方式向投资者宣传理财产品。	《商业银行理财业务监督管理办法》之附件：《商业银行理财产品销售管理要求》

续表

序号	具体要求	文件名称
3	第八条 ……不得以理财名义或使用理财字样开展其他金融产品销售业务活动。	《理财公司理财产品销售管理暂行办法》

注：〔1〕其他处罚情形：1. 违规修改/使用销售文本：（1）违规修改理财协议文本（京银保监罚决字〔2019〕41号），被处罚当事人：兴业银行北京分行。（2）理财产品销售文本使用误导性语言（银保监银罚决字〔2018〕11号），被处罚当事人：浙商银行股份有限公司。（3）以修改理财合同文本或者误导方式违规销售理财产品（银保监银罚决字〔2018〕10号），被处罚当事人：中国光大银行股份有限公司。（4）修改总行理财合同标准文本，导致理财资金实际投向与合同约定不符（银监罚决字〔2018〕4号），被处罚当事人：上海浦东发展银行股份有限公司。2. 反洗钱相关处罚：2021年2月5日，中信银行股份有限公司因"未按规定履行客户身份识别义务"等原因被中国人民银行处罚。3. 信息披露相关处罚：2021年5月17日，中国银行股份有限公司因未按"未按规定向投资者充分披露理财产品投资非标准化债权风险状况"，被原银保监会予以处罚（银保监罚决字〔2021〕11号）。

四、代销的合规管理

（一）管理人以及代销机构

理财产品销售机构除满足上述基本要求外，若管理人委托其他销售机构代销理财产品，则还需满足如下合规要求，见表5.6。

表5.6 理财产品代销合规要点

序号		合规事项	具体要求	文件名称
1	管理人	代销机构准入评估审批制度	第九条 理财公司应当对拟委托销售的本公司理财产品建立适合性调查、评估和审批制度，审慎选择代理销售机构，切实履行对代理销售机构的管理责任……	《理财公司理财产品销售管理暂行办法》
		尽职调查与名单制管理	第十条 理财公司应当对代理销售机构的条件要求、专业服务能力和风险管理水平等开展尽职调查，实行专门的名单制管理，明确规定准入标准和程序、责任与义务、存续期管理、利益冲突防范机制、信息披露义务及退出机制等。代理销售机构的名单应当至少由理财公司高级管理层批准并定期评估，并根据实际情况对名单及时调整。	《理财公司理财产品销售管理暂行办法》

续表

序号	合规事项		具体要求	文件名称
1	管理人	规范性评估	第九条 ……理财公司应当对代理销售机构理财产品销售业务活动情况至少每年开展一次规范性评估……	《理财公司理财产品销售管理暂行办法》
		暂停或者中止与代销机构的合作	第十四条 代理销售机构不符合本办法第七条规定条件的，或代理销售机构未按规定接受理财公司对理财产品销售业务活动定期规范性评估的，理财公司应当按照代理销售合作协议约定暂停或中止与代理销售机构的业务合作，并在5个工作日内至少通过本公司、代理销售机构的官方渠道予以公告……	《理财公司理财产品销售管理暂行办法》
2	代销机构	尽职调查	第十三条 代销机构总部应当对拟销售的理财产品开展尽职调查，并承担审批职责，纳入本机构统一名单管理，不得仅以理财公司相关产品资料或者出具的意见作为审批依据……	《理财公司理财产品销售管理暂行办法》
		分支机构管理	第十三条 通过分支机构销售，应当以书面形式对分支机机构进行明确授权，载明该分支机机构可销售的理财产品范围……	《理财公司理财产品销售管理暂行办法》
		反洗钱、反恐怖融资及非居民金融账户涉税信息尽职调查	第三十二条 理财产品销售机构应当根据反洗钱、反恐怖融资及非居民金融账户涉税信息尽职调查等相关法律法规要求识别客户身份。代理销售机构应当配合理财公司开展反洗钱、反恐怖融资及非居民金融账户涉税信息尽职调查等工作，并向理财公司提供投资者身份信息及法律法规规定的其他信息。	《理财公司理财产品销售管理暂行办法》

续表

序号	合规事项		具体要求	文件名称
2	代销机构	信息提供	第三十六条 ……理财公司委托代理销售机构销售理财产品的，代理销售机构应当至少每日向理财公司提供销售明细和相关有效凭证信息。	《理财公司理财产品销售管理暂行办法》
3	管理人以及代销机构	投诉处理机制	第五十一条 理财公司和代理销售机构应当建立有效的理财产品销售业务投资者投诉处理机制，明确受理和处理投资者投诉的途径、程序和方式。理财公司和代理销售机构应当根据法律、行政法规、监管规定和协议约定，明确划分双方责任和义务，及时、妥善处理投资者投诉……	《理财公司理财产品销售管理暂行办法》
		投诉处理情况自查和投资者权益保护工作评估	第五十二条 理财公司和代理销售机构应当至少每半年开展一次投资者投诉处理情况自查和投资者权益保护工作评估，形成报告留存备查。理财公司和代理销售机构的高级管理层应当定期审议投资者投诉及权益保护工作情况，审视业务风险并督促整改，持续完善内控制度。	《理财公司理财产品销售管理暂行办法》
		产品评级	第三十条 理财公司、代理销售机构应当设置科学合理的理财产品风险评级的方式和方法，根据理财产品的投资组合、同类产品过往业绩和风险状况等因素，对理财产品进行评级。理财产品风险评级结果应当以风险等级体现，由低到高至少包括一级至五级，并可以根据实际情况进一步细分。 理财公司应当对本公司发行的理财产品进行产品评级，代理销售机构应当根据本机构的方式和方法，独立、审慎地对代理销售的理财产品进行销售评级，并向理财公司及时、准确提供本机构销售评级结果等信息。	《理财公司理财产品销售管理暂行办法》

续表

序号	合规事项	具体要求	文件名称
3	管理人以及代销机构 / 产品评级	销售评级与理财公司产品评级结果不一致的，代理销售机构应当采用对应较高风险等级的评级结果并予以披露。理财公司应当在宣传销售文本等材料和理财产品登记信息中标明该产品通过代理销售机构渠道销售的，理财产品评级应当以代理销售机构最终披露的评级结果为准。	《理财公司理财产品销售管理暂行办法》
	反欺诈	第二十一条 ……理财公司委托代理销售机构销售理财产品的，代理销售机构和理财公司应当建立联防联控的反欺诈体系，共同承担反欺诈的责任。	《理财公司理财产品销售管理暂行办法》

（二）代销协议

管理人委托代销机构销售理财产品的，应当按照《理财公司理财产品销售管理暂行办法》签署代销协议，明确双方职责，并做好公告、全国银行业理财信息登记系统登记以及年度备案工作。（见表 5.7）

表 5.7 理财产品代销协议合规要点

序号	合规事项	具体要求	文件名称
1	代销协议内容	第十一条 代理销售机构总部和理财公司应当以书面形式签订代理销售合作协议，至少包括以下内容： （一）理财公司对拟委托销售理财产品和本公司制订的宣传销售文本出具的合规性承诺； （二）双方在风险承担、信息披露、风险揭示、客户信息传递及信息保密、投诉处理、应急处置、业务中止及后续服务安排等方面的责任和义务； （三）双方业务管理系统职责边界和运营服务接口； （四）理财产品投资者敏感信息等资料的保存权限、责任和方式； （五）反洗钱、反恐怖融资及非居民金融账户涉税信息尽职调查义务履行及责任划分；	《理财公司理财产品销售管理暂行办法》

续表

序号	合规事项	具体要求	文件名称
1	代销协议内容	（六）双方就在理财产品销售过程中违反投资者适当性管理的行为，各自应当依法承担的法律责任； （七）理财产品销售信息交换及资金交收权利义务； （八）代理销售机构和理财公司暂停或中止合作的触发条件及程序； （九）代理销售机构承诺配合理财公司接受银保监会及其派出机构针对理财产品销售业务活动实施的非现场监管、现场检查等，并完整、准确、及时提供相关数据、信息和资料等； （十）代理销售机构承诺依据本办法规定接受理财公司对理财产品销售业务活动定期开展的规范性评估，完整、准确、及时向理财公司提供理财产品销售相关资料。	《理财公司理财产品销售管理暂行办法》
		第三十六条　理财公司通过代销机构销售理财产品的，应当充分考虑代销行为和销售渠道对理财产品流动性的影响，要求代销机构充分、准确提供与该产品流动性风险管理相关的投资者信息和变化情况，包括但不限于投资者数量、类型、结构、风险承受能力等级等。	《理财公司理财产品流动性风险管理办法》
		第十六条　理财公司应当建立理财产品销售管理制度，要求理财产品销售机构按照实名制要求，采取联网核查、生物识别等有效措施，对投资者身份进行核验并留存记录，确保投资者身份和销售信息真实有效……	《理财公司内部控制管理办法》
2	公告和备案	第十四条　代理销售机构不符合本办法第七条规定条件的，或代理销售机构未按规定接受理财公司对理财产品销售业务活动定期规范性评估的，理财公司应当按照代理销售合作协议约定暂停或中止与代理销售机构的业务合作，并在5个工作日内至少通过本公司、代理销售机构的官方渠道予以公告。 第五十四条　理财公司与代理销售机构合作，理财公司应当按照登记要求，向全国银行业理财信	《理财公司理财产品销售管理暂行办法》

续表

序号	合规事项	具体要求	文件名称
2	公告和备案	息登记系统登记，并提交如下材料： （一）在代理销售合作协议签订10个工作日内，提交与代理销售机构签订的协议文本；对代理销售机构的尽职调查情况，包括信息系统、财务管理等内控制度情况、合规风控管理和投资者权益保护机制等；银保监会规定的其他材料。 （二）在确定委托代理销售机构所销售理财产品后3个工作日内，提交相关理财产品名称及全国银行业理财信息登记编码目录。 上述登记信息发生变更的，理财公司应当自变化发生之日起3个工作日内办理变更登记。理财公司应当确保登记信息真实、准确和完整。	《理财公司理财产品销售管理暂行办法》

（三）职责划分

管理人的职责并不因委托销售而终止。若代销机构在销售环节存在过错，则投资者可要求管理人与代销机构承担连带责任。一方承担责任后，有权根据双方约定向对方追偿。理财产品销售职责划分合规要点见表5.8。

表5.8 理财产品销售职责划分合规要点

序号	具体要求	文件名称
1	第四条 ……理财公司和代理销售机构应当根据法律法规、监管规定和合作协议的约定，合理划分双方权责，共同承担理财产品销售管理责任。	《理财公司理财产品销售管理暂行办法》
2	第十条 ……理财公司不得因其他机构代理销售而免除自身应承担的责任。	《理财公司理财产品销售管理暂行办法》
3	第七十四条 金融产品发行人、销售者未尽适当性义务，导致金融消费者在购买金融产品过程中遭受损失的，金融消费者既可以请求金融产品的发行人承担赔偿责任，也可以请求金融产品的销售者承担赔偿责任，还可以根据《民法总则》第167条的规定，请求金融产品的发行人、销售者共同承担连带赔偿责任。发行人、销	《最高人民法院关于印发〈全国民商事审判工作会议纪要〉的通知》（法〔2019〕254号）

续表

序号	具体要求	文件名称
3	售者请求人民法院明确各自的责任份额的，人民法院可以在判决发行人、销售者对金融消费者承担连带赔偿责任的同时，明确发行人、销售者在实际承担了赔偿责任后，有权向责任方追偿其应当承担的赔偿份额。 金融服务提供者未尽适当性义务，导致金融消费者在接受金融服务后参与高风险等级投资活动遭受损失的，金融消费者可以请求金融服务提供者承担赔偿责任。	《最高人民法院关于印发〈全国民商事审判工作会议纪要〉的通知》（法〔2019〕254号）

第四节　理财产品风险准备金的计提和管理

根据原银保监会要求，理财公司应当建立理财产品风险准备金管理制度，按照规定计提风险准备金并进行单独管理，并定期将风险准备金的使用情况报告金融管理部门。（见表5.9）

表5.9　风险准备金管理合规要点

序号	具体要求	文件名称
1	第十七条　金融机构应当按照资产管理产品管理费收入的10%计提风险准备金，或者按照规定计量操作风险资本或相应风险资本准备。风险准备金余额达到产品余额的1%时可以不再提取。风险准备金主要用于弥补金融机构违法违规、违反资产管理产品协议、操作错误或者技术故障等给资产管理产品财产或者投资者造成的损失。金融机构应当定期将风险准备金的使用情况报告金融管理部门。	《关于规范金融机构资产管理业务的指导意见》
2	第四十四条　银行理财子公司应当按照理财产品管理费收入的10%计提风险准备金，风险准备金余额达到理财产品余额的1%时可以不再提取。风险准备金主要用于弥补因银行理财子公司违法违规、违反理财产品合同约定、操作错误或者技术故障等给理财产品财产或者投资者造成的损失。	《商业银行理财子公司管理办法》

续表

序号	具体要求	文件名称
3	第四十九条　银行理财子公司应当按照规定，向银行业监督管理机构报送与理财业务有关的财务会计报表、统计报表、外部审计报告、风险准备金使用情况和银行业监督管理机构要求报送的其他材料，并于每年度结束后2个月内报送理财业务年度报告。	《商业银行理财子公司管理办法》
4	第二十九条　理财公司应当建立风险准备金管理制度，按照规定计提风险准备金并进行单独管理。理财公司应当开立专门的风险准备金账户，用于风险准备金的归集、存放与支付。风险准备金账户不得与其他类型账户混用，不得存放其他性质资金。风险准备金属于特定用途资金，理财公司不得以任何形式擅自占用、挪用或借用。 　　理财公司应当保证风险准备金的安全性和流动性。风险准备金可以投资于银行存款、国债、中央银行票据、政策性金融债券以及银保监会认可的其他资产，其中持有现金和到期日在一年以内的国债、中央银行票据合计余额应当保持不低于风险准备金总额的10%。	《理财公司内部控制管理办法》

第六章

理财公司投资的合规管理

第一节 理财产品资产投资的合规管理

一、理财产品资产投资管理过程中的法律问题分析

投资是理财公司的主业和核心价值所在，也是理财公司作为市场最大的资产管理类型机构服务实体经济的重要方式。根据理财中心颁布的《2022年银行业理财报告》，截至2022年年底，理财产品投资资产组合29.96万亿元，负债27.69万亿元，理财产品杠杆率为108.20%，较年初增长0.83个百分点。理财产品资产配置以固收类资产为主，投向债券类（债券、同业存单）、非标准化债权类资产、权益类资产分别为19.08万亿元、1.94万亿元、0.94万亿元，分别占总投资资产的63.98%、6.48%、3.14%。理财公司在支持国家重点重大战略方面发挥了重大作用。

按照投资方式，理财产品的投资主要可以分为直接投资、通过资管产品进行间接投资。理财公司直接投资的标的主要为债券以及股票。通过资管产品进行间接投资主要适用于非标债权投资、定增、未上市公司股权投资以及委外投资等。《关于规范金融机构资产管理业务的指导意见》要求资管产品投资应减少嵌套，提高投资的透明度，而理财公司间接投资的主要原因为目前部分资本市场对理财产品的开放性不足以及理财公司希望借助先进资管机构的投研能力、交易能力以及估值能力等为投资者提供更高质量的服务。现就两种投资方式下理财公司与各交易对手的法律关系简要分析如下。

（一）直接投资方式下理财公司与各主体法律关系

直接投资主要适用于理财公司投资债券、股票。债券投资项下涉及理财公司、发行人以及债券受托管理人之间三方的法律关系。股票投资项下，理财公司代表所管理的产品作为上市公司的股东，涉及股东与发行人之间的关系。除此之外，根据《证券法》的规定，发行人、承销商以及服务机构（律师事务所、会计师事务所以及资产评估机构，以下合称服务机构）对证券持有人负有法定义务，若因发行人、承销商以及服务机构在发行证券过程中存在欺诈等行为，各主体应当对证券持有人承担侵权责任。各投资品种项下，各主体具体法律关系分析如下。

1.债券投资项下各主体法律关系

（1）理财公司与发行人

债券投资项下，理财公司代表所管理的理财产品与发行人构成债权债务关系。理财公司享有债权，享有要求发行人承担还本付息的权利，承担募集说明书等债券发行文件项下的义务。

（2）理财公司与受托管理人

因监管主体的不同，信用类债券共可分为公司债、企业债以及非金融企业债务融资工具。公司债项下，债券的受托管理机构为受托管理人。企业债券项下，债券的受托管理机构为债券代理人，其主要职责为监管资金流向[①]。非金融企业债务融资工具项下，债券的受托管理机构为债券的受托管理人。无论是受托管理人还是债券代理人，均为保护债券人的利益，根据法律法规以及协议约定创设的特定主体，现以公司债为例，就理财公司与受托管理人的权利义务关系进行简要分析。

《证券法》以及监管制度规定，公开发行公司债券的，发行人应当为债券持有人聘请债券受托管理人，并订立债券受托管理协议。非公开发行债

---

① 《关于进一步加强企业债券存续期监管工作有关问题的通知》出现了"债券受托管理人"以及债券代理人的相关表述，关于债券受托管理人的含义，通知未明确定义。第四条规定，企业债券募集资金必须依照募集说明书披露的用途使用。债券资金托管银行、债权代理人必须履行监督债券资金流向的职责。

的，发行人应当在募集说明书中约定债券受托管理事项[①]。在债券存续期内，债券受托管理人应当按照规定或者协议的约定维护债券持有人的利益。债券发行人未能按期兑付本息的，债券受托管理人可以接受全部或者部分债券持有人的委托，以自己名义代表债券持有人提起、参加民事诉讼或者清算程序。理财公司代表所管理的理财产品购买债券即代表接受受托管理协议或者受托管理条款的约束。受托管理人应当根据法律法规以及与发行人签署的受托管理协议，履行相关职责。[②] 理财公司与债券的受托管理人构成什么法律关系，行业认定不一致，债券受托管理人与投资者的法律关系的认定关系到受托管理人的权利义务内涵。有学者认为债券受托管理人基于委托代理对债券持有人承担义务，受托管理人根据法律法规规定以及合同约定履行职责。有学者认为因公司债券之特殊性（包括债券发行合同的不完备性、债券投资者的委托代理成本以及债券持有人的集体行动困境）、信托较委托代理的比

[①] 《证券法》第九十二条规定，公开发行公司债券的，发行人应当为债券持有人聘请债券受托管理人，并订立债券受托管理协议。受托管理协议应当由本次发行的承销机构或者其他经国务院证券监督管理机构认可的机构担任，债券持有人会议可以决议变更债券受托管理人。债券受托管理人应当勤勉尽责，公正履行受托管理职责，不得损害债券持有人利益。债券发行人未能按期兑付债券本息的，债券受托管理人可以接受全部或者部分债券持有人的委托，以自己名义代表债券持有提起、参加民事诉讼或者清算程序。《公司债券发行与交易管理办法（2021年修订）》第五十七条规定，公开发行公司债券的，发行人应当为债券持有人聘请债券受托管理人，并订立债券受托协议；非公开发行公司债券的，发行人应当在募集说明书中约定债券受托管理事项，在债券存续期限内，由债券受托管理人按照规定或者协议的约定维护债券持有人的利益。

[②] 《公司债券发行与交易管理办法》第五十九条规定，公开发行公司债券的受托管理人应当按规定或约定履行下列职责：（1）持续关注发行人和保证人的资信状况、担保物状况、增信措施及偿债保障措施的实施情况，出现可能影响债券持有人重大利益的事项时，召集债券持有人会议；（2）在债券存续期内监督发行情人募集资金的使用情况；（3）对发行情人的偿债能力和增信措施的有效性进行全面调查和持续关注，并至少每年向市场公告一次受托管理事务的报告；（4）在债券存续期内督导发行人履行信息披露义务；（5）预计发行人不能偿还债务时，要求发行人追加担保，并可以依法申请法定机关采取财产保全措施；（6）在债券存续期间内勤勉尽责处理债券持有人与发行人的谈判或者诉讼事务；（7）发行人为债券设定担保的，债券受托管理人应在债券发行前或债券募集说明书约定的时间内取得担保的权利证明或者其他有关文件，并在增信措施有效期内妥善保管；（8）发行人不能按期兑付本息或者出现募集说明书约定的其他违约事件的，可以接受全部或者部分债券持有人的委托，以自己的名义代表债券持有人提起、参加民事诉讼或者破产等法律程序，或者代表债券持有人申请处置抵质押物。第六十条规定，非公开发行公司债券的，债券受托管理人应当按照债券受托管理协议的约定履行职责。《公开发行公司债券受托管理协议必备条款》就债券受托管理协议中受托管理人的职责、权利以及义务、受托管理事务报告等内容进行了详尽的约定。

较优势等，建议双方构成信托法律关系。部分学者认为债券受托管理人与投资者之间通过合同建立起来的"信义关系"，相较于一般的"委托代理"，"信义关系"还有忠实的内涵，而且能解决受托管理人不是简单执行债券持有人指示，享有自有裁量权的问题。另外，相较于"信托关系"，"信义义务"则避免了不存在信托财产的理论困境。

2. 股票投资项下各主体法律关系

股票投资项下，理财公司作为上市公司的股东，享有《公司法》《证券法》规定的依法享有资产收益、参与重大决策和选择管理者等权利。[①] 同时，理财产品进行股票投资，需遵守关于持股集中度的限制。[②] 另外，《证券法》规定持有或者通过协议、其他安排与他人共同持有一个上市公司已发行的有表决权的股份达到 5% 时，应当在该事实发生之日起 3 日内，向监管机构进行书面报告，并通知上市公司，在上述期限内不得买卖该上市公司股票。[③] 为了禁止短线交易，规定持股 5% 以上上市公司的股东，将其持有的股票在

[①] 《公司法》第三十七条规定，股东会行使下列职权：（1）决定公司的经营方针；（2）选举和更换非由职工代表担任的董事、监事，决定有关董事、监事的报酬事项；（3）审议批准董事会的报告；（4）审议批准监事会的报告或者监事的报告；（5）审议批准公司的年度财务预算方案、决算方案；（6）审议批准公司的年度财务预算方案、决算方案；（7）审议批准公司的利润分配方案和亏损弥补方案；（8）对公司增加或减少注册资本作出决议；（9）对公司发行公司债券作出决议；（10）对公司合并、分立、解散、清算或者变更公司形式作出决议；（11）修改公司章程；（12）公司章程规定的其他职权。《公司法》第九十九条规定，本法第三十七条第一款关于有限责任公司股东会职权的规定，适用于股份有限公司股东大会。

[②] 《商业银行理财业务监督管理办法》第四十一条规定，商业银行理财产品直接或间接投资于银行间市场、证券交易所市场或者国务院银行业监督管理机构认可的其他证券的，应当符合以下要求：（1）每只公募理财产品持有单只证券或单只公募证券投资基金的市值不得超过该理财产品净资产的 10%；（2）商业银行全部公募理财产品持有单只证券或单只公募证券投资基金的市值，不得超过该证券市值或该公募证券投资基金市值的 30%；（3）商业银行全部理财产品持有单一上市公司发行的股票，不得超过该上市公司可流通股票的 30%。国务院银行业监督管理机构另有规定的除外。

[③] 《证券法》第六十三条规定，通过证券交易所交易的股票，投资者持有或者通过协议、其他安排与他人共同持有一个上市公司已发行的有表决权的股份达到 5% 时，应当在该事实发生之日起 3 日内，向国务院证券监督权利机构、证券交易所作出书面报告，通知该上市公司，并予公告，在上述期限内不得再行买卖该上市公司的股票，但国务院证券监督管理机构规定的情形除外。投资者持有或者通过协议、其他安排与他人共同持有一个上市公司发行的有比表决权股份达到 5% 后，其所持有该上市公司已发行的有表决权的股份比例每增加或者减少 1%，应当在该事实发生的次日通知上市公司，并予公告。违反第一款、第二款规定买入上市公司有表决权的股份的，在买入后的 36 个月内，对该超过规定比例部分的股份不得行使表决权。

买入后 6 个月内卖出，或者在卖出 6 个月后内又买入，由此所得归公司所有，公司董事会应该收回所得收益。[①]因此，理财产品投资股票需关注持股 5% 以上产生的备案以及短线交易问题。

3.其他情况下发行人、发行服务机构应对理财公司依法承担责任

发行人、服务机构对投资者负有法定的保护责任。发行人、证券服务机构应保证披露的信息是真实的，不存在欺诈发行、虚假陈述以及其他重大违法违规事项。[②]若投资者因发行人、证券服务机构存在虚假陈述、重大遗漏而造成投资损失的，上述机构对投资者承担法定的侵权责任。

（二）间接投资方式下各主体法律关系论证

理财产品间接投资的情形主要包括通过证券期货经营机构单一、集合资产管理计划进行投资，通过信托公司资产服务类、资产管理类信托计划进行标准化与非标准化资产投资，通过合伙型私募股权基金进行股权投资的情况。上述两种情况下各方权利义务关系具体如下。

1.通过证券期货经营机构的单一、集合资产管理计划进行投资

《证券期货经营机构私募资产管理业务管理办法》规定，资产管理计划财产为信托财产，其债务由资产管理计划财产本身承担。投资者以其出资为限对资产管理计划财产的债务承担责任。故理财公司代表其所管理的理财产品在投资资产管理计划时，与证券期货经营机构构成信托法律关系。证券期货经营机构作为单一、集合资产管理计划的管理人，对理财公司负有《信托法》

---

① 《证券法》第四十四条规定，上市公司、股票在国务院批准的其他全国性证券交易所的公司持有 5% 以上股份的股东、董事、监事、高级管理人员，将其持有的该公司的股票或者其他具有股权性质的证券买入后 6 个月内卖出，或者在卖出后 6 个月内又买入，由此所得收益归公司所有，公司董事会应当收回其所得收益。但是，证券公司因购入包销售后剩余股票而持有 5% 以上股份，以及国务院证券监督管理机构规定的其他情形除外。
② 《证券法》第七十八条规定，发行人及法律、行政法规和国务院证券监督管理机构规定的其他信息披露义务人，应当及时依法履行信息披露义务。信息披露义务人披露的信息，应当真实、准确、完整，简明清晰，通俗易懂，不得有虚假记载、误导性陈述或者重大遗漏。证券同时在境内境外公开发行、交易的，其信息披露义务人在境外披露的，应当在境内同时披露。《证券发行与承销管理办法》第四十一条规定，发行人和主承销商在发行过程中，应当按照中国证监会规定的要求编制信息披露文件，履行信息披露的义务。发行人和承销商在发行过程中披露的信息，应当真实、准确、完整、及时，不得有虚假记载、误导性成熟或者重大遗漏。

规定的信义义务。[1] 现就特殊安排项下各方的权利义务关系进行简要分析。

（1）委托人出具投资建议项下理财产品与管理人之间的关系

《关于规范金融机构资产管理业务的指导意见》颁布之前，市场存续大量理财产品借道证券期货经营机构投资的案例。实操中，银行通过向上述证券期货经营机构下达投资指令或者投资建议的方式进行资产配置。在《关于规范金融机构资产管理业务的指导意见》确定的去通道的背景下[2]，证监会于2018年10月颁布《证券期货经营机构私募资产管理业务管理办法》[3]，要求证券期货经营机构切实履行主动管理职责，不得存在规避投资范围、杠杆约束的通道服务，不得由委托人或者指定第三方自行负责尽职调查或者投资运作，不得由委托人或者指定第三方下达投资指令或者提供具体投资标的等实质性的投资建议等通道服务。至此，证券期货经营机构通道业务被禁止，证券期货经营机构在私募资管业务的合同文本均未出现"委托人下达投资建议/指令"等相关表述。

2023年原银保监会颁布了《关于规范信托公司信托业务分类的通知》（银保监规〔2023〕1号）[4]，要求信托公司不得以任何形式开展通道业务和资金池

---

[1] 《证券期货经营机构私募资产管理业务管理办法》第一条规定，证券期货经营机构私募资产管理业务的上位法为《证券法》《证券投资基金法》《期货和衍生品法》《证券公司监督管理条例》《期货交易管理条例》《关于规范金融机构资产管理业务的指导意见》。《证券投资基金法》第二条规定，在中华人民共和国境内，公开或者非公开募集资金设立证券投资基金，由基金管理人管理、基金托管人托管，为基金份额持有人的利益，进行证券投资活动，适用本法，本法未规定的，适用于《信托法》《证券法》和其他有关法律、行政法规的规定。综上，证券期货经营机构私募资产管理业务的适用法律包括《信托法》。

[2] 《关于规范金融机构资产管理业务的指导意见》第二十二条规定，金融机构不得为其他金融机构的资产管理产品提供规避投资范围、杠杆约束等监管要求的通道服务。

[3] 《证券期货经营机构私募资产管理业务管理办法》第四十七条规定，证券期货经营机构应切实履行主动管理职责，不得有下列行为：（1）位其他机构、个人或者资产管理产品提供规避投资范围、杠杆约束等监管要求的通道服务；（2）由委托人或其指定第三方自行负责尽职调查或者投资运作；（3）由委托人或者其指定第三方下达投资指令或者提供具体投资标的等实质性投资建议；（4）根据委托人或其指定第三方的意见行使资产管理计划所持证券的权利；（5）法律、行政法规和中国证监会禁止的其他行为。

[4] 《关于规范信托公司信托类业务分类的通知》第三条第一款规定，信托公司应当严格把握信托业务边界，不得以管理契约型私募基金形式开展资产管理信托业务，不得以信托业务形式开展为融资方服务的私募投行业务，不得以任何形式开展通道业务和资金池业务，不得以任何形式承诺信托财产不受损失或承担最低收益，坚决压降影子银行风险突出的融资类信托业务。

业务。将信托业务分为资产服务信托、资产管理信托、公益慈善信托三大类共25个业务品种。其中的资管产品服务信托指信托公司接受资管产品管理人委托，为单个资管产品提供运营托管、账户管理、交易执行、份额登记、会计估值、资金清算、风险管理、执行监督、信息披露等行政管理服务，不参与资管产品资金筹集、投资建议、投资决策、投资合作机构遴选等资产管理活动。资管产品服务信托为资管产品提供行政管理服务，不得与《关于规范金融机构资产管理业务的指导意见》相冲突。该类信托为理财产品通过信托投资这一类间接投资方式提供了合作路径。

（2）聘请第三方投资顾问项下理财产品、管理人以及投资顾问之间的权利义务关系

为充分利用第三方机构的投资研究能力，实践中，银行理财子公司部分业务会聘请第三方机构提供投资顾问服务。此种情况下，银行理财子公司需要对合作机构进行准入，并于正式合作之前将相关情况报告监管机构。根据《商业银行理财子公司管理办法》第三十二条[①]的规定，理财子公司合作的投资顾问需为金融机构以及满足条件的私募基金管理人。在聘请投资顾问的条件下，一般由管理人和投资顾问签署具体的投资顾问合同，约定委托提供投资顾问的相关事宜，管理人与投资顾问构成委托服务关系。但实际运作中，投资顾问在受投资顾问合同的约束下，仍需接受银行理财子公司的管

---

① 《商业银行理财子公司管理办法》第三十二条规定，银行理财子公司的理财投资合作机构包括但不限于银行理财子公司理财产品所投资资产管理产品的发行机构、根据合同约定从事理财产品受托投资的机构以及与理财产品投资管理相关的投资顾问等。银行理财子公司公募理财产品所投资资产管理产品的发行机构、根据合同约定从事理财产品受托投资的机构应当是具有专业资质并受金融监督管理部门依法监管的金融机构，其他理财投资合作机构应当是具有专业资质，符合法律、行政法规、《指导意见》和金融监督管理部门相关监管规定并受金融监督管理部门依法监管的机构。银行理财子公司可以选择符合下列条件的私募基金管理人担任理财投资合作机构：（1）在中国证券投资基金业协会登记满1年、无重大违法违规记录的会员；（2）担任理财子公司投资顾问的，应当为私募证券投资基金管理人，其具备3年以上连续可追溯证券、期货投资管理业绩且无不良从业记录的投资管理人员应不少于3人；（3）金融监督管理部门规定的其他条件。银行理财子公司所发行分级理财产品的投资顾问及其关联方不得以其自有资金或者募集资金投资于该分级理财产品的劣后级份额。

理与考核①。

（3）结构化资管产品中劣后级委托人与银行理财优先级委托人之间的法律关系

投资结构化理财产品对优先级以及劣后级皆有裨益：对于作为优先级委托人的银行理财产品而言，因劣后级委托人提供担保可以获得固定收益，满足理财产品风险—收益管理的需求。对于劣后级委托人而言，其可获取超额业绩，通常情况下其关联方②也可以获得重要融资。因此，结构化资管产品因其杠杆性以及担保性在"新八条底线"③颁布之前大量存在。

因高杠杆的股票型结构化资管产品对于市场形成助涨助跌的较大扰动，违规开展配资，为违法开展证券期货业务活动提供便利等乱象频生。中国证监会于2016年基于本着区分私募资产管理业务与股票融资行为的出发点，回归资产管理业务"利益共享、风险共担"的本源，对已经异化为"类信贷"产品的结构化产品进行了从严监管。要求证券期货经营机构设立结构化资产管理计划不得违背"利益共享、风险共担、风险与收益相匹配"的原则，不得存在直接或者间接对优先级份额认购者提供保本保收益的安排（包括但不限于在结构化资产管理计划合同中约定计提优先级份额收益、提前终止罚息、劣后级或第三方机构差额补足优先级收益、计提风险保证金补足优先级收益等）。④上述规定颁布之后，劣后级资金保优先级资金的交易或融

---

① 《商业银行理财业务监督管理办法》第四十八条第一款规定，商业银行应当对理财投资合作机构的资质条件、专业服务能力和风险管理水平等开展尽职调查，实行名单制管理，明确规定理财投资合作机构的准入标准和程序、责任与义务、存续期管理、利益冲突防范机制、信息披露义务及退出机制，理财投资合作机构的名单应当至少由总行高级管理层批准并定期评估，必要时进行调整。商业银行应当以书面方式明确界定双方的权利义务和风险责任承担方式，切实履行投资管理职责，不因委托其他机构投资而免除自身应当承担的责任。

② 该交易模式下劣后级委托人和实质项目融资人多为关联方。

③ 即《证券期货经营机构私募资产管理业务运作管理暂行规定》（中国证券监督管理委员会公告〔2016〕13号），一般称中国证券投资基金业协会于2015年3月颁布的《证券期货经营机构落实资产管理业务"八条底线"禁止行为细则》（中基协字〔2015〕44号）为"老八条底线"。新、旧八条底线均为证券期货经营机构私募资产管理业务的底线要求。

④ 《证券期货经营机构私募资产管理业务运作管理暂行规定》第四条规定，证券期货经营机构设立结构化资产管理计划，不得违背利益共享、风险共担、风险与收益相匹配的原则，不得存在以下情形：……直接或者间接对优先级份额认购者提供保本保收益安排，包括但不限于在结构化资产管理计划合同中约定计提优先级份额收益、提前终止罚息、劣后级或第三方机构差额补足优先级收益、计提风险保证金补足优先级收益等。

资模式被遏制。关于"利益共享，风险共担，风险与利益相匹配"原则的适用，中国证监会后续在监管问答中答复道，"结构化资产管理计划整体产生收益或出现投资亏损时，所有投资者均应当享受收益或承担亏损，不能够出现某一级份额投资者仅享受收益不承担风险的情况"。2018年"一行两会"在《关于规范金融机构资产管理业务的指导意见》中关于结构化产品进一步明确"分级资产管理产品不得直接或者间接对优先级份额认购者提供保本保收益安排"。[①] 至此，"两会"层面关于结构化产品的监管尺度基本统一。

关于银行理财作为优先级委托人与劣后级委托人之间的法律关系，监管并没有明确的认定，只有"类信贷"的相关表述。《全国法院民商事审判工作会议纪要》（法〔2019〕254号）第九十条，对劣后级对优先级承担差额补足义务进行了认可。但该会议纪要并不能作为裁判的依据。《〈全国法院民商事审判工作会纪要〉理解与适用》认为人民法院应当立足于信托合同和相关文件约定的内容，正确认定双方之间的基本民事法律关系。优先级受益人和劣后级受益人之间的借贷关系的认定，并不影响信托产品作为自益信托的认定。综上，劣后级委托人资金承诺并担保优先级委托人资金安全的相关安排，原则上被人民法院认定为借贷法律关系。但在司法监管化的背景下，毕竟上述会议纪要不能作为裁判依据，人民法院是否会因上述设计违反"违反法律、行政法规的强制规定，违反公序良俗"而认定相关交易无效，存在不确定性。

2. 通过信托公司财富管理服务信托、资产管理类信托计划进行投资

根据原银保监会下发的《关于规范信托公司信托业务分类的通知》（银保监规〔2023〕1号），无论是资产服务信托还是资产管理信托，均系依据信托法律关系设立的资管产品。投资者与信托公司构成信托法律关系。理财公司代表所管理的理财产品作为投资者根据《信托法》以及信托产品文件的约定，享有委托人以及受益人（适用于自益信托）的权利，履行相应的义务。委托人的权利包括了解信托财产的管理运用、处分及收支情况，并有权要求受托

---

① 《关于规范金融机构资产管理业务的指导意见》第二十一条第三款规定，分级资产管理产品不得直接或者间接对优先级份额认购者提供保本保收益安排。

人作出说明。委托人有权查阅、抄录或者复制与其信托财产有关的信托账目以及处理信托事务的其他文件①，在受托人违反信托目的处分信托财产或者因违背管理职责、处理信托事务不当致使信托财产受到损失的，有权申请人民法院撤销该处分行为，并要求受托人恢复信托财产的原状或者予以赔偿。②特定情形下，有权要求受托人按照规定申请人民法院解聘受托人③。同时，作为自益受益人，享受信托利益。若组成信托受益人大会，有权作为信托受益人大会的一员行使如下权利：提前终止信托合同或者延长信托期限，改变信托财产运用方式更换受托人，提高受托人的报酬标准，信托计划文件约定需要召开受益人大会的其他事项④。信托通道模式、信托产品层面聘请投资顾问项下、结构化信托项下各方权利义务关系可参照前文分析。

3.通过投资合伙企业份额进行私募股权投资

理财产品通过投资合伙企业的 LP 份额进行股权投资，理财产品直接持有合伙企业份额的有限合伙份额，根据法律规定以及合同约定，享有有限合伙人享有的权利，履行有限合伙人的义务。⑤同时，根据《私募投资基金监

---

① 《信托法》第二十条规定，委托人有权了解其信托财产的管理运用、处分以及收支情况，并有权要求受托人作出说明。委托人有权查阅、抄录或者复制与其信托财产有关的信托账目以及处理信托事务的其他文件。
② 《信托法》第二十二条规定，受托人违反信托目的处分信托财产或者因违背管理职责、处理信托事务不当致使信托财产受到损失的，委托人有权申请人民法院撤销该处分行为，并有权要求受托人恢复信托财产的原状或者予以赔偿；该信托财产的受托人明知是违反信托目的而接受该财产的，应当予以返还或者予以赔偿。
③ 《信托法》第二十三条规定，受托人违反信托目的处分信托财产或者管理运用、处分信托财产有重大过失的，委托人有权依照信托文件的规定解任受托人，或者申请人员法院解任受托人。
④ 《信托公司集合资金信托计划管理办法》(2009年修订)第四十二条规定，出现以下事项而信托计划文件未有事先约定的，应当召开受益人大会审议决定：(1) 提前终止信托合同或者延长信托期限；(2) 改变信托财产运用方式；(3) 更换受托人；(4) 提高受托人的报酬标准；(5) 信托计划文件约定需要召开受益人大会的其他事项。
⑤ 《合伙企业法》第六十八条规定，有限合伙人不执行合伙事务，不得对外代表有限合伙企业。有限合伙人的下列行为，不视为执行合伙事务：(1) 参与决定普通合伙人入伙、退伙；(2) 对企业的经营管理提出建议；(3) 参与选择承办有限合伙企业审计业务的会计师事务所；(4) 获取经审计的优先合伙企业财务会计报告；(5) 对涉及自身利益的情况，查阅有限合伙企业财务会计账簿等财务资料；(6) 在有限合伙企业中的利益受到损害时，向有责任的合伙人主张权利或提起诉讼；(7) 执行事务合伙人怠于行使权利时，向有责任的合伙人主张权利或提起诉讼；(8) 依法为企业提供担保。

督管理暂行办法》①，有限合伙企业作为私募股权基金，基金管理人需根据《证券投资基金法》的规定，承担信义义务。同时，还应当依据《私募投资基金监督管理条例》的相关规定进行管理。

二、理财产品资产投资的基本合规管理

理财公司开展理财资产投资业务，除了应当遵循《关于规范金融机构资产管理业务的指导意见》《商业银行理财业务监督管理办法》的基本投资范围和禁投要求外，还应当按照国家行业投资政策以及被投资资产如信托产品、证券化产品、基金等标准化和非标准化的资产合规性管理要求来开展，同时遵循理财公司基本的风险和内控管理要求与基本准则。下面从理财产品投资的范围、理财产品投资的风险控制方面、理财产品投资限额以及集中度方面，就理财产品投资的合规要点总结如下：

（一）理财产品投资范围

关于理财产品投资范围如表 6.1 所示。

表 6.1 理财产品投资范围的合规要点

序号	合规事项	具体要求	文件名称
1	允许投资	第十条　公募产品主要投资标准化债权类资产以及上市交易的股票，除法律法规和金融管理部门另有规定外，不得投资未上市企业股权。公募产品可以投资商品及金融衍生品，但应当符合法律法规以及金融管理部门的相关规定。 私募产品的投资范围由合同约定，可以投资债权类资产、上市或挂牌交易的股票、未上市企业股权（含债转股）和受（收）益权以及符合法律法规规定的其他资产，并严格遵守投资者适当性管理要求。鼓励充分运用私募产品支持市场化、法治化债转股。	《关于规范金融机构资产管理业务的指导意见》

---

① 《私募投资基金监督管理暂行办法》第四条规定，私募基金管理人和从事私募基金托管业务的机构管理、运营私募基金财产，从事私募基金销售业务的机构从事私募基金服务活动，应当恪尽职守，履行诚实信用、勤勉尽责的义务。

续表

序号	合规事项	具体要求	文件名称
1	允许投资	第一条 ……公募资产管理产品除主要投资标准化债权类资产和上市交易的股票，还可以适当投资非标准化债权类资产，但应当符合《指导意见》关于非标准化债权类资产投资的期限匹配、限额管理、信息披露等监管要求。	《关于进一步明确规范金融机构资产管理业务指导意见有关事项的通知》
		第二条 现金管理类产品应当投资于以下金融工具：（一）现金；（二）期限在1年以内（含1年）的银行存款、债券回购、中央银行票据、同业存单；（三）剩余期限在397天以内（含397天）的债券、在银行间市场和证券交易所市场发行的资产支持证券；（四）银保监会、中国人民银行认可的其他具有良好流动性的货币市场工具。现金管理类产品不得投资于以下金融工具：（一）股票；（二）可转换债券、可交换债券；（三）以定期存款利率为基准利率的浮动利率债券，已进入最后一个利率调整期的除外；（四）信用等级在AA+以下的债券、资产支持证券；（五）银保监会、中国人民银行禁止投资的其他金融工具。前款所述债券的信用等级应当主要参照最近一个会计年度的主体信用评级，如果对发行人同时有两家以上境内评级机构评级的，应当选择使用评级较低、违约概率较大的外部评级结果。商业银行、理财公司不应完全依赖外部评级机构的评级结果，还需结合内部评级进行独立判断和认定。	《关于规范现金管理类理财产品管理有关事项的通知》
		第三十五条 ……理财产品可以投资于国债、地方政府债券、中央银行票据、政府机构债券、金融债券、银行存款、大额存单、同业存单、公司信用类债券、在银行间市场和证券交易所市场发行的资产支持证券、公募证券投资基金、其他债权类资产、权益类资产以及国务院银行业监督管理机构认可的其他资产。	《商业银行理财业务监督管理办法》

续表

序号	合规事项	具体要求	文件名称
2	鼓励投资	第十一条 （三）鼓励金融机构在依法合规、商业可持续的前提下，通过发行资产管理产品募集资金投向符合国家战略和产业政策要求、符合国家供给侧结构性改革政策要求的领域。鼓励金融机构通过发行资产管理产品募集资金支持经济结构转型，支持市场化、法治化债转股，降低企业杠杆率。	《关于规范金融机构资产管理业务的指导意见》
3	受限投资	第十一条 ……投资于非标准化债权类资产的，应当遵守金融监督管理部门制定的有关限额管理、流动性管理等监管标准…… 第十五条 ……同一金融机构发行多只资产管理产品投资同一资产的，为防止同一资产发生风险波及多只资产管理产品，多只资产管理产品投资该资产的资金总规模合计不得超过300亿元。如超过该限额，需经相关金融监督管理部门批准。	《关于规范金融机构资产管理业务的指导意见》
4	禁止投资	第二十九条 理财公司理财产品投资于非标准化债权类资产的，应当实施投前尽职调查、风险审查和投后风险管理。银行理财子公司全部理财产品投资于非标准化债权类资产的余额在任何时点均不得超过理财产品净资产的35%。	《商业银行理财子公司管理办法》
		第二十八条 银行理财子公司理财产品不得直接投资于信贷资产，不得直接或间接投资于主要股东的信贷资产及其受（收）益权，不得直接或间接投资于主要股东发行的次级档资产支持证券，面向非机构投资者发行的理财产品不得直接或间接投资于不良资产受（收）益权。 银行理财子公司发行的理财产品不得直接或间接投资于本公司发行的理财产品，国务院银行业监督管理机构另有规定的除外……	《商业银行理财子公司管理办法》
		第十一条 （二）资产管理产品不得直接或者间接投资法律法规和国家政策禁止进行债权或股权投资的行业和领域。	《关于规范金融机构资产管理业务的指导意见》

（二）理财产品投资的内部控制

理财产品进行投资应严格遵守监管规定，开展衍生品投资以及外汇业务投资，应按照监管要求取得衍生品投资以及外汇投资的业务资格[①]。理财产品投资内部控制的主要方面介绍如表 6.2 所示。

表 6.2　理财产品投资内部控制的合规要点

序号	合规事项	具体要求	文件名称
1	将投资纳入全面风险管理体系	第十六条　商业银行应当根据理财业务性质和风险特征，建立健全理财业务管理制度，包括产品准入管理、风险管理与内部控制、人员管理、销售管理、投资管理、合作机构管理、产品托管、产品估值、会计核算和信息披露等。 商业银行应当针对理财业务的风险特征，制定和实施相应的风险管理政策和程序，确保持续有效地识别、计量、监测和控制理财业务的各类风险，并将理财业务风险管理纳入其全面风险管理体系。商业银行应当按照国务院银行业监督管理机构关于内部控制的相关规定，建立健全理财业务的内部控制体系，作为银行整体内部控制体系的有机组成部分……	《商业银行理财业务监督管理办法》
2	净值管理，禁止刚性兑付	第二条　……资产管理业务是金融机构的表外业务，金融机构开展资产管理业务时不得承诺保本保收益。出现兑付困难时，金融机构不得以任何形式垫资兑付。金融机构不得在表内开展资产管理业务…… 第十三条　……金融机构不得为资产管理产品投资的非标准化债权类资产或者股权类资产提供任何直接或间接、显性或隐性的担保、回购等代为承担风险的承诺……	《关于规范金融机构资产管理业务的指导意见》
3	禁止多层嵌套	第二十二条　……资产管理产品可以再投资一层资产管理产品，但所投资的资产管理产品不得再投资公募证券投资基金以外的资产管理产品[1]……	《关于规范金融机构资产管理业务的指导意见》

---

① 《商业银行理财子公司管理办法》第三十四条规定，银行理财子公司发行投资衍生产品的理财产品的，应当按照《银行业金融机构衍生产品交易业务管理暂行办法》获得相应的衍生品交易资格，并遵守国务院银行业监督管理机构关于衍生产品业务管理的有关规定。银行理财子公司开展理财业务涉及外汇业务的，应当具有开展相应外汇业务的资格，并遵守外汇管理的有关规定。

续表

序号	合规事项	具体要求	文件名称
4	穿透式管理	第二十七条 （二）……对于多层嵌套资产管理产品，向上识别产品的最终投资者，向下识别产品的底层资产（公募证券投资基金除外）。	《关于规范金融机构资产管理业务的指导意见》
5	合作机构管理	第二十条 理财公司应当建立理财投资合作机构管理制度，明确准入标准与程序、责任与义务、存续期管理、利益冲突防范机制、信息披露义务、退出机制等内容。 理财公司应当对理财投资合作机构的资质条件、专业服务能力和风险管理水平等开展尽职调查，实行名单制管理，并通过签订书面合同，明确约定双方的权利义务和风险承担方式。 理财公司应当审慎确定各类理财投资合作机构的合作限额，以及单一受托投资机构受托资产占理财公司全部委托投资资产的比例，逐笔记录委托投资有关交易信息，妥善保存相关材料，并由内部控制职能部门组织核查。	《理财公司内部控制管理办法》
		第四十八条 商业银行应当对理财投资合作机构的资质条件、专业服务能力和风险管理水平等开展尽职调查，实行名单制管理，明确规定理财投资合作机构的准入标准和程序、责任与义务、存续期管理、利益冲突防范机制、信息披露义务及退出机制，理财投资合作机构的名单应当至少由高级管理层批准并定期评估，必要时进行调整。理财公司应当以书面方式明确界定双方的权利义务和风险责任承担方式，切实履行投资管理职责，不因委托其他机构投资而免除自身应当承担的责任…… 商业银行聘请理财产品投资顾问的，应当审查投资顾问的投资建议，不得由投资顾问直接执行投资指令，不得向未提供实质服务的投资顾问支付费用或者支付与其提供的服务不相匹配的费用……	《商业银行理财业务监督管理办法》

续表

序号	合规事项	具体要求	文件名称
5	合作机构管理	第三十二条 ……银行理财子公司公募理财产品所投资资产管理产品的发行机构、根据合同约定从事理财产品受托投资的机构应当是具有专业资质并受金融监督管理部门依法监管的金融机构，其他理财投资合作机构应当是具有专业资质，符合法律、行政法规、《指导意见》和金融监督管理部门相关监管规定并受金融监督管理部门依法监管的机构……	《商业银行理财子公司管理办法》
6	关联交易管理	第四十二条 ……理财产品投资于本公司或托管机构的主要股东、实际控制人、一致行动人、最终受益人，托管机构，同一股东或托管机构控股的机构，或者与理财公司或托管机构有重大利害关系的机构发行或承销的证券，或者从事其他关联交易的，应当符合理财产品投资目标、投资策略和投资者利益优先原则，按照商业原则，以不优于对非关联方同类交易的条件进行，并向投资者充分披露信息。 银行理财子公司应当遵守法律、行政法规和金融监督管理部门关于关联交易的相关规定，全面准确识别关联方，建立健全理财业务关联交易内部评估和审批机制。理财业务涉及重大关联交易的，应当提交有权审批机构审批，并向国务院银行业监督管理机构报告。 银行理财子公司不得以资产管理产品的资金与关联方进行不正当交易、利益输送、内幕交易和操纵市场，包括但不限于投资于关联方虚假项目、与关联方共同收购上市公司、向本机构注资等。	《商业银行理财子公司管理办法》
7	审慎经营	第八条 金融机构运用受托资金进行投资，应当遵守审慎经营规则，制定科学合理的投资策略和风险管理制度，有效防范和控制风险……	《关于规范金融机构资产管理业务的指导意见》
8	投资授权管理	第十七条 理财公司应当建立投资决策授权管理制度，合理划分投资决策职责和权限，明确授权对象、范围和期限等内容，严禁越权操作。	《理财公司内部控制管理办法》

续表

序号	合规事项	具体要求	文件名称
8	投资授权管理	理财公司应当建立投资决策授权持续评价和反馈机制，至少每年评估一次授权执行情况和有效性，及时调整或者终止不适用的授权。	《理财公司内部控制管理办法》
9	投资资金管理	第十八条　理财公司应当建立理财资金投资管理制度，明确投资不同类型资产的审核标准、投资决策流程、风险控制措施和投后管理等内容，并对每笔投资进行独立审批和投资决策，保证资金投向、比例严格符合国家政策和监管要求。 理财公司应当针对理财资金投资的资产，建立风险分类标准和管理机制，及时动态调整资产风险分类结果，确保真实准确反映资产质量。	《理财公司内部控制管理办法》
10	投资账户管理	第十九条　理财公司应当建立理财产品投资账户管理制度，按照相关法律法规为不同理财产品分别设置相关投资账户，并在资金清算、会计核算、账户记录等方面确保独立、清晰与完整。	《理财公司内部控制管理办法》
11	债券交易内控合规基本要求	第二条　……加强内部控制与风险管理，健全债券交易合规制度。 （一）参与者应根据所从事的债券交易业务性质、规模和复杂程度，建立贯穿全环节、覆盖全业务的内控体系，并通过信息技术手段，审慎设置规模、授信、杠杆率、价格偏离等指标，实现债券交易业务全程留痕。 （二）参与者应将自营、资产管理、投资顾问等各类前台业务相互隔离，在资产、人员、系统、制度等方面建立有效防火墙，且不得以人员挂靠、业务包干等承包方式开展业务，或以其他形式放松管理、实施过度激励。 （三）参与者的合规管理、风险控制、清算交收、财务核算等中后台业务部门应全面掌握前台部门债券交易情况，加强对债券交易的合规性审查与风险控制。	《关于规范债券市场参与者债券交易业务的通知》

续表

序号	合规事项	具体要求	文件名称
11	债券交易内控合规基本要求	（四）前中后台等业务岗位设置应相互分离，并由具备相应执业能力的人员专门担任，不得岗位兼任或混合操作。 （五）金融监管部门另有规定的，按照从严标准执行。	《关于规范债券市场参与者债券交易业务的通知》
		第三条　参与者不得通过任何债券交易形式进行利益输送、内幕交易、操纵市场、规避内控或监管，或者为他人规避内控与监管提供便利。	《关于规范债券市场参与者债券交易业务的通知》
12	投资交易内部控制措施	第二十一条　理财公司开展投资交易活动，应当至少采取以下内部控制措施： （一）建立交易监测系统、预警系统和反馈系统； （二）实行集中交易制度和投资指令审核制度，投资人员不得直接向交易人员下达投资指令或者直接进行交易； （三）实行公平交易制度，不得在理财业务与自营业务、理财顾问和咨询服务等业务之间，理财产品之间，投资者之间或者与其他主体之间进行利益输送； （四）实行交易记录制度，及时记录和定期核对交易信息，确保真实、准确、完整和可回溯，交易记录保存期限不得少于20年； （五）建立投资人员、交易人员名单； （六）建立投资人员信息公示制度，在本机构官方网站或者行业统一渠道公示投资人员任职信息，并在任职情况发生变化之日起2个工作日内完成公示。	《理财公司内部控制管理办法》
13	集中交易管理	第四十三条　银行理财子公司应当将投资管理职能与交易执行职能相分离，实行集中交易制度……	《商业银行理财子公司管理办法》
14	异常交易管理	第四十三条　……银行理财子公司应当建立公平交易制度和异常交易监控机制，对投资交易行为进行监控、分析、评估、核查，监督投资交易的过程和结果，不得开展可能导致不公平交易和利益输送的交易行为。	《商业银行理财子公司管理办法》

续表

序号	合规事项	具体要求	文件名称
		银行理财子公司应当对不同理财产品之间发生的同向交易和反向交易进行监控。同一理财产品不得在同一交易日内进行反向交易。确因投资策略或流动性等需要发生同日反向交易的，应当要求相关人员提供决策依据，并留存书面记录备查。国务院银行业监督管理机构另有规定的除外。	《商业银行理财子公司管理办法》
14	异常交易管理	第二十二条　理财公司应当建立异常交易监测制度，有效识别以下异常交易行为： （一）大额申报、连续申报、频繁申报或者频繁撤销申报； （二）短期内大额频繁交易； （三）虚假申报或者虚假交易； （四）偏离公允价格的申报或者交易； （五）违反公平原则的交易； （六）交易市场或者托管机构提示的异常交易； （七）投资于禁止或者限制的投资对象和行业； （八）与禁止或者受限的交易对手进行交易； （九）与理财产品投资策略不符的交易； （十）超出理财产品销售文件约定投资范围的交易； （十一）法律、行政法规和银保监会规定的其他涉嫌异常交易行为。 理财公司应当及时对发现的异常交易行为进行分析说明，留存书面记录；没有合理说明的，应当立即取消或者终止交易，并采取应对措施。	《理财公司内部控制管理办法》
15	内幕信息管理	第二十三条　理财公司应当建立内幕信息管理制度，严格设定最小知悉范围。理财公司及其人员不得利用内幕信息开展投资交易或者建议他人开展投资交易，牟取不正当利益。内幕信息的范围，依照法律、行政法规的规定确定。 第二十四条　理财公司及其人员不得利用资金、持仓或者信息等优势地位，单独或者通过合谋操纵、影响或者意图影响投资标的交易价格和交易量，损害他人合法权益。	《理财公司内部控制管理办法》

续表

序号	合规事项	具体要求	文件名称
16	流动性风险管理	第四条　……理财公司开展理财产品流动性风险管理，应当建立有效风险隔离机制，防范流动性风险传染。理财公司应当按照公平交易和价格公允原则，严格本公司理财产品之间、理财产品与本公司及其关联方之间的交易管理，并对相关交易行为实施专门的监控、分析、评估、授权、审批和核查，有效识别、监测、预警和防范各类不正当交易。	《理财公司理财产品流动性风险管理办法》
		第十五条　……金融机构应当合理确定资产管理产品所投资资产的期限，加强对期错配的流动性风险管理，金融监督管理部门应当制定流动性风险管理规定。 ……资产管理产品直接或者间接投资于非标准化债权类资产的，非标准化债权类资产的终止日不得晚于封闭式资产管理产品的到期日或者开放式资产管理产品的最近一次开放日。 资产管理产品直接或者间接投资于未上市企业股权及其受（收）益权的，应当为封闭式资产管理产品，并明确股权及其受（收）益权的退出安排。未上市企业股权及其受（收）益权的退出日不得晚于封闭式资产管理产品的到期日……	《关于规范金融机构资产管理业务的指导意见》
		第四十三条　商业银行应当建立健全理财业务流动性风险管理制度，加强理财产品及其所投资资产期限管理，专业审慎、勤勉尽责地管理理财产品流动性风险，确保投资者的合法权益不受损害并得到公平对待……	《商业银行理财业务监督管理办法》

注：[1]《国家发展改革委、中国人民银行、财政部等关于进一步明确规范金融机构资产管理产品投资创业投资基金和政府出资产业投资基金有关事项的通知》(发改金规〔2019〕1638号)第六条规定，符合本通知规定要求的两类基金接受资产管理产品及其其他私募投资基金基金投资时，该两类基金不视为一层资产管理产品。创业投资基金、政府出资产业投资基金的标准详见该规定第一条、第二条。

（三）理财产品投资的限额以及集中度管控方面

为方便理财产品投资运作过程的监督，根据理财业务相关法规梳理出理财产品投资的限额以及集中度管控要求。（见表6.3）

表6.3　理财产品投资限额、集中度的合规要点

序号	合规事项	具体要求	文件名称
1	产品类型投资比例指标	第九条　……固定收益类理财产品投资于存款、债券等债权类资产的比例不低于80%；权益类理财产品投资于权益类资产的比例不低于80%；商品及金融衍生品类理财产品投资于商品及金融衍生品的比例不低于80%；混合类理财产品投资于债权类资产、权益类资产、商品及金融衍生品类资产且任一资产的投资比例未达到前三类理财产品标准。 非因商业银行主观因素导致突破前述比例限制的，商业银行应当在流动性受限资产可出售、可转让或者恢复交易的15个交易日内将理财产品投资比例调整至符合要求，国务院银行业监督管理机构规定的特殊情形除外。	《商业银行理财业务监督管理办法》
2	集中度指标	第十六条　金融机构应当做到每只资产管理产品所投资资产的风险等级与投资者的风险承担能力相匹配，做到每只产品所投资资产构成清晰，风险可识别。 金融机构应当控制资产管理产品所投资资产的集中度： （一）单只公募资产管理产品投资单只证券或者单只证券投资基金的市值不得超过该资产管理产品净资产的10%。 （二）同一金融机构发行的全部公募资产管理产品投资单只证券或者单只证券投资基金的市值不得超过该证券市值或者证券投资基金市值的30%。其中，同一金融机构全部开放式公募资产管理产品投资单一上市公司发行的股票不得超过该上市公司可流通股票的15%。 （三）同一金融机构全部资产管理产品投资单一上市公司发行的股票不得超过该上市公司可流通股	《关于规范金融机构资产管理业务的指导意见》

续表

序号	合规事项	具体要求	文件名称
2	集中度指标	票的 30%。 金融监督管理部门另有规定的除外。 非因金融机构主观因素导致突破前述比例限制的，金融机构应当在流动性受限资产可出售、可转让或者恢复交易的 10 个交易日内调整至符合相关要求。	《关于规范金融机构资产管理业务的指导意见》
3	杠杆指标	第二十条　……每只开放式公募产品的总资产不得超过该产品净资产的 140%，每只封闭式公募产品、每只私募产品的总资产不得超过该产品净资产的 200%。计算单只产品的总资产时应当按照穿透原则合并计算所投资资产管理产品的总资产…… 第二十一条　……分级私募产品的总资产不得超过该产品净资产的 140%……	《关于规范金融机构资产管理业务的指导意见》
		第四条　（四）每只现金管理类理财产品的杠杆水平不得超过 120%，发生巨额赎回、连续 3 个交易日累计赎回 20% 以上或者连续 5 个交易日累计赎回 30% 以上的情形除外。	《关于规范现金管理类理财产品有关事项的通知》
4	流动性指标管理	第四十三条　……开放式公募理财产品应当持有不低于该理财产品资产净值 5% 的现金或者到期日在一年以内的国债、中央银行票据和政策性金融债券。	《商业银行理财业务监督管理办法》
		第十九条　……定期开放周期不低于 90 天的公募理财产品，应当在开放日及开放日前 7 个工作日内持有不低于该理财产品资产净值 5% 的现金或者到期日在一年以内的国债、中央银行票据和政策性金融债券。 其他开放式公募理财产品均应当持续符合前款比例要求。	《理财公司理财产品流动性风险管理办法》
		第十八条　单只开放式公募理财产品和每个交易日开放的私募理财产品直接投资于流动性受限资产的市值在开放日不得超过该产品资产净值的 15%。单只定期开放式私募理财产品直接投资于流动性受限资产的市值在开放日不得超过该产品资产净值的 20%。	《理财公司理财产品流动性风险管理办法》

续表

序号	合规事项	具体要求	文件名称
4	流动性指标管理	面向单一投资者发行的私募理财产品可不受前款比例限制。 因证券市场波动、上市公司股票停牌、理财产品规模变动等因素导致理财产品不符合本条规定比例限制的，该理财产品不得主动新增投资流动性受限资产。	《理财公司理财产品流动性风险管理办法》
		第二十一条　定期开放周期低于90天的私募理财产品应当主要投资于标准化债权类资产以及上市交易的股票，法律、行政法规和银保监会另有规定的除外。 对于每个交易日开放的私募理财产品，其投资范围、投资比例、认购和赎回安排等参照银保监会关于开放式公募理财产品的相关规定执行。	《理财公司理财产品流动性风险管理办法》
		第二十五条　理财公司应当对开放式理财产品7个工作日可变现资产的可变现价值进行审慎评估与测算，确保每日确认且需当日支付的净赎回申请不超过前一工作日该理财产品7个工作日可变现资产的可变现价值，银保监会另有规定的除外。 在开放日前一工作日内，开放式理财产品7个工作日可变现资产的可变现价值应当不低于该产品资产净值的10%。 面向单一投资者发行的私募理财产品可不受本条规定限制。	《理财公司理财产品流动性风险管理办法》
5	现金管理类指标管控	第三条　现金管理类产品投资于相关金融工具的，应当符合以下要求： （一）每只现金管理类产品投资于同一机构发行的债券及其作为原始权益人的资产支持证券的比例合计不得超过该产品资产净值的10%，投资于国债、中央银行票据、政策性金融债券的除外。 （二）每只现金管理类产品投资于所有主体信用评级低于AAA的机构发行的金融工具的比例合计不	《关于规范现金管理类理财产品有关事项的通知》

· 123 ·

续表

序号	合规事项	具体要求	文件名称
5	现金管理类指标管控	得超过该产品资产净值的10%，其中单一机构发行的金融工具的比例合计不得超过该产品资产净值的2%；本款所称金融工具包括债券、银行存款、同业存单、相关机构作为原始权益人的资产支持证券及银保监会认可的其他金融工具。 （三）每只现金管理类产品投资于有固定期限银行存款的比例合计不得超过该产品资产净值的30%，投资于有存款期限，根据协议可提前支取的银行存款除外；每只现金管理类产品投资于主体信用评级为AAA的同一商业银行的银行存款、同业存单占该产品资产净值的比例合计不得超过20%。 （四）全部现金管理类产品投资于同一商业银行的存款、同业存单和债券，不得超过该商业银行最近一个季度末净资产的10%。（同一银行存款、同业存单和债券集中度限制） （五）商业银行、理财公司现金管理类产品拟投资于主体信用评级低于AA+的商业银行的银行存款与同业存单的，应当经本机构董事会审议批准，相关交易应当事先告知托管机构，并作为重大事项履行信息披露程序。 非主观因素导致突破前款各项比例限制的，商业银行、理财公司应当在10个交易日内调整至符合要求，银保监会规定的特殊情形除外。	《关于规范现金管理类理财产品有关事项的通知》
		第四条　现金管理类产品应当确保持有足够的具有良好流动性的资产，其投资组合应当符合以下要求： （一）每只现金管理类产品持有不低于该产品资产净值5%的现金、国债、中央银行票据、政策性金融债券； （二）每只现金管理类产品持有不低于该产品资产净值10%的现金、国债、中央银行票据、政策性金融债券以及五个交易日内到期的其他金融工具； （三）每只现金管理类产品投资到期日在10个交易日以上的债券买入返售、银行定期存款（含协议约	《关于规范现金管理类理财产品管理有关事项的通知》

续表

序号	合规事项	具体要求	文件名称
5	现金管理类指标管控	定有条件提前支取的银行存款），以及资产支持证券、因发行人债务违约无法进行转让或者交易的债券等由于法律法规、合同或者操作障碍等原因无法以合理价格予以变现的流动性受限资产，合计不得超过该产品资产净值的10%； （四）每只现金管理类产品的杠杆水平不得超过120%，发生巨额赎回、连续3个交易日累计赎回20%以上或者连续5个交易日累计赎回30%以上的情形除外。 非主观因素导致突破前款第（二）（四）项比例限制的，商业银行、理财公司应当在10个交易日内调整至符合要求；非主观因素导致突破前款第（三）项比例限制的，理财公司不得主动新增流动性受限资产的投资。	《关于规范现金管理类理财产品管理有关事项的通知》
		第五条 理财公司每只现金管理类产品投资组合的平均剩余期限不得超过120天，平均剩余存续期限不得超过240天……	《关于规范现金管理类理财产品管理有关事项的通知》
		第六条 ……现金管理类产品采用摊余成本法进行核算的，应当采用影子定价的风险控制手段，对摊余成本法计算的资产净值的公允性进行评估。 当影子定价确定的现金管理类产品资产净值与摊余成本法计算的资产净值正偏离度绝对值达到0.5%时，商业银行、理财公司应当暂停接受认购并在5个交易日内将正偏离度绝对值调整到0.5%以内。当负偏离度绝对值达到0.25%时，商业银行、理财公司应当在5个交易日内将负偏离度绝对值调整到0.25%以内。当负偏离度绝对值达到0.5%时，商业银行、理财公司应当采取相应措施，将负偏离度绝对值控制在0.5%以内。当负偏离度绝对值连续两个交易日超过0.5%时，理财公司应当采用公允价值估	《关于规范现金管理类理财产品管理有关事项的通知》

续表

序号	合规事项	具体要求	文件名称
5	现金管理类指标管控	值方法对持有投资组合的账面价值进行调整，或者采取暂停接受所有赎回申请并终止产品合同进行财产清算等措施……	《关于规范现金管理类理财产品管理有关事项的通知》
		第八条 （一）当前10名投资者的持有份额合计超过现金管理类产品总份额的50%时，投资组合的平均剩余期限不得超过60天，平均剩余存续期限不得超过120天，投资组合中现金、国债、中央银行票据、政策性金融债券以及5个交易日内到期的其他金融工具占该产品资产净值的比例合计不得低于30%； （二）当前10名投资者的持有份额合计超过现金管理类产品总份额的20%时，投资组合的平均剩余期限不得超过90天，平均剩余存续期限不得超过180天。投资组合中现金、国债、中央银行票据、政策性金融债券以及5个交易日内到期的其他金融工具占该产品资产净值的比例合计不得低于20%。 ……非因理财公司主观因素导致突破上述比例限制的，商业银行、理财公司应当在10个交易日内调整至符合要求，银保监会规定的特殊情形除外……	《关于规范现金管理类理财产品管理有关事项的通知》
		第十条 ……同一理财公司采用摊余成本法进行核算的现金管理类产品的月末资产净值，合计不得超过理财公司风险准备金月末余额的200倍……	《关于规范现金管理类理财产品管理有关事项的通知》

三、理财投资近年处罚案例

近年来，监管对理财业务的检查力度不断加大，对机构的处罚力度不断加强。金融机构必须在监管制度的框架下进行合规经营。随着理财行业立法不断完善，协会自律检查不断加强，理财行业规范化运作水平将不断提升。我们整理了近3年来监管在理财投资方面的处罚案例，如表6.4所示。

表 6.4 合规指标超限处罚情况

序号	处罚事项	备注
1	（1）开放式公募理财产品持有高流动性资产比例不达标； （2）现金管理类理财产品使用摊余成本法未采用影子定价进行风险控制； （3）投资资产相关信息披露不到位； （4）未严格执行合作机构管理要求。	银保监罚决字〔2023〕26 号
2	（1）理财业务投资运作不合规； （2）理财业务投资非标准化债权类资产的余额超过监管比例要求； （3）违规通过理财业务实现不良资产虚假出表。	银保监罚决字〔2023〕10 号
3	（1）公募理财产品持有单只证券的市值超过该产品净值产的 10%； （2）全部公募理财产品持有单只证券的市值超过该证券市值的 30%； （3）开放式公募理财产品持有高流动性资产不达标； （4）开放式公募理财产品杠杆水平超标。	银保监罚决字〔2022〕49 号
4	（1）公募理财产品持有单只公募证券投资基金的市值超过该产品净资产的 10%； （2）全部公募理财产品持有单只证券的市值超过该证券市值的 30%； （3）开放式公募理财产品持有高流动性资产不达标。	银保监罚决字〔2022〕32 号
5	（1）公募理财产品持有单只证券的市值超过该产品净值产的 10%； （2）全部公募理财产品持有单只证券的市值超过该证券市值的 30%； （3）开放式公募理财产品杠杆水平超标； （4）同一合同项下涉及同一交易对手和同类底层资产的交易存在不公平性； （5）理财产品投资资产违规使用摊余成本法估值； （6）理财公司对关联法人的认定不符合监管要求。	银保监罚决字〔2022〕30 号
6	面向非机构客户发行的理财产品投资不良资产。	银保监罚决字〔2022〕20 号

续表

序号	处罚事项	备注
7	面向非机构客户发行的理财产品投资不良资产。	银保监罚决字〔2022〕17号
8	（1）理财资金违规投向土地储备项目； （2）理财产品相互交易调节收益； （3）面向非机构投资者发行的理财产品投向不良资产支持证券； （4）公募理财产品投资单只证券超限； （5）理财资金违规投向交易所上市的股票； （6）理财资金投资非标资产比照贷款管理不到位； （7）开放式公募理财产品资产配置未达到流动性管理监管比例要求。	银保监罚决字〔2021〕28号
9	（1）净值型理财产品估值方法使用不准确； （2）未严格执行理财投资合作机构名单制管理； （3）理财产品相互交易调节收益； （4）使用理财资金偿还本行贷款； （5）公募理财产品持有单只证券市值超比例； （6）面向非机构投资者发行的理财产品投向不良资产支持证券； （7）理财投资股票类业务管理不审慎。	银保监罚决字〔2021〕27号
10	（1）未严格执行理财投资合作机构名单制管理； （2）理财产品间相互交易资产调节收益； （3）开放式公募理财产品投资杠杆水平超标； （4）公募理财产品持有单只证券市值比例超标； （5）开放式公募理财产品流动性资产持有比例不达标。	银保监罚决字〔2021〕26号
11	（1）为非保本理财产品出具保本承诺； （2）理财产品之间风险隔离不到位； （3）理财资金投资非标准化债权资产认定不准确，实际余额超监管标准； （4）未按要求向监管机构报送理财投资合作机构，被监管否决后仍未及时停办业务； （5）理财资金违规提供棚改项目资本金融资，向地方政府提供融资并要求地方政府提供担保；	银保监罚决字〔2021〕16号

续表

序号	处罚事项	备注
11	（6）理财资金违规投向地价款或四证不全的房地产项目； （7）理财资金认购商业银行增发的股票； （8）违规为企业发行短期融资券提供搭桥融资，并用理财产品投资本行主承销券以承接表内信贷资产。	银保监罚决字〔2021〕16号
12	（1）募集资金投向四证不全的房地产项目； （2）理财产品之间风险未完全隔离； （3）非标准化债权资产占比超监管指标； （4）理财资金为客户入股其他商业银行提供融资； （5）理财资金用于开立本行定期存单； （6）单一信贷资产类理财产品期限与标的资产期限不一致； （7）组合信贷类理财产品高流动性资产低于监管要求。	银保监罚决字〔2021〕13号
13	（1）面向一般客户销售的理财产品投资二级市场股票； （2）理财资金违规用于支付土地款或置换股东购地借款； （3）理财资金违规用于土地储备项目； （4）理财非标融资入股商业银行； （5）理财非标融资用于商业银行注册验资； （6）超授信额度提供理财非标融资。	银保监罚决字〔2021〕11号

第二节　自有资金投资的合规管理

自有资金作为理财公司抵御风险的最后一道防线，做好自有资金的投资管理，有助于提高理财公司的风险防范能力。理财公司自有资金投资管理合规要点总结如表6.5所示。

表6.5　理财公司自有资金投资管理合规要点

序号	合规事项	具体要求	文件名称
1	风险隔离要求	第三十三条　……银行理财子公司应当确保理财业务与自营业务相分离，理财业务操作与自营业务操作相分离，其自有资产与发行的理财产品之间不得进行利益输送……	《商业银行理财子公司管理办法》

续表

序号	合规事项	具体要求	文件名称
1	风险隔离要求	第二十六条 ……理财公司不得以自有资金或理财资金与关联方进行不正当交易、利益输送、内幕交易和操纵市场，包括但不限于投资关联方虚假项目、与关联方共同收购上市公司、向本机构注资等。	《理财公司内部控制管理办法》
		第三十八条 ……理财公司应当对自营业务、理财产品实施分账管理、独立核算，确保会计信息真实、可靠、完整。	《理财公司内部控制管理办法》
2	投资范围	第三十三条 银行理财子公司可以运用自有资金开展存放同业、拆放同业等业务，投资国债、其他固定收益类证券以及国务院银行业监督管理机构认可的其他资产，其中持有现金、银行存款、国债、中央银行票据、政策性金融债券等具有较高流动性资产的比例不低于50%。 银行理财子公司以自有资金投资于本公司发行的理财产品，不得超过其自有资金的20%，不得超过单只理财产品净资产的10%，不得投资于分级理财产品的劣后级份额…… 银行理财子公司不得为理财产品投资的非标准化债权类资产或权益类资产提供任何直接或间接、显性或隐性的担保或回购承诺。	《商业银行理财子公司管理办法》
		一、自有资金投资风险资本 （一）现金及银行存款 （二）拆放同业等 1. 开发银行、政策性银行及商业银行 2. 其他金融机构 （三）固定收益类证券 1. 国债 2. 地方政府债券 3. 中央银行票据 4. 政府机构债券 5. 政策性金融债券	《商业银行理财子公司净资本管理办法（试行）》附件2：《银行理财子公司风险资本计算表》

续表

序号	合规事项	具体要求	文件名称
2	投资范围	6. 外部信用评级 AAA 级的信用债券 信用债券中有债项评级的，以债项评级为准；没有债项评级的，可以取债券主体评级。对同一债券有多个评级结果的，以较低的评级为准。信用评级以长期信用评级为基准，信用债券短期信用评级为 A-1 的归入 AAA 级以下、AA 级以上，短期信用评级为 A-2 的归入 AA 级（含）以下、BBB 级以上，短期信用评级为 A-3 的归入信用评级 BBB 级（含）以下。发行主体无评级的归入 BBB 级（含）以下信用债券。 7. 外部信用评级 AAA 级以下、AA 级以上的信用债券 8. 外部信用评级 AA 级（含）以下、BBB 级以上的信用债券 9. 外部信用评级 BBB 级（含）以下及未评级、出现违约风险的信用债券、流通受限的信用债券 流通受限是指因发行人、交易场所等原因导致不能公开交易或转让的情形。 （四）本公司发行的理财产品 1. 现金管理类理财产品 2. 其他固定收益类理财产品 3. 权益类理财产品 4. 商品及金融衍生品类理财产品 5. 混合类理财产品 银行理财子公司以自有资金投资的本公司理财产品，应当为全部投资于标准化资产的理财产品，不得投资于非标准化资产。	《商业银行理财子公司净资本管理办法（试行）》附件2：《银行理财子公司风险资本计算表》
		一、关于银行理财公司自有资金投资：对于按照《商业银行理财》第十三条、《认定规则》第一条规定，《商业银行子公司管理办法》第三条投资固定收益类公募证券投资基金的，应当在风险资本计算表"三、其他业务对应的资本"下，填报"自有资金投资固定收益类公募证券投资基金"，风险系数为 10%。	《关于进一步明确银行理财公司净资本监管报表填报相关事项的说明》

第七章

投资者权益保护

投资者权益保护是理财公司落实信义义务的一个基本出发点和一项重要内容，做好投资者权益保护工作对于理财行业的健康发展具有深远意义。当前，我国银行理财参与人数众多，投资者金融知识水平较低、风险承受能力较差，而理财公司同样作为一个新生事物，需要在与投资者之间的陪伴和磨合中不断发展。这就要求理财公司要将投资者权益保护作为一项基本理念，融入理财业务开展的事前、事中、事后的全流程管控，落实投资者各项具体权利保护职责。一是理财公司应将投资者权益保护的内控机制要求纳入公司治理、企业文化建设和经营发展战略，嵌入公司制度体系建设，营造全公司参与投保的理念氛围，为投保工作的开展提供制度基础。二是严格投资者适当性管理，在"了解产品"和"了解客户"的基础上，基于投资者的投资目标、风险承受水平、知识和经验等因素，向投资者销售与其风险识别能力和风险承担能力相适应的理财产品。三是持续做好投资者服务，解决好与投资者之间的纠纷，保障投资者的财产安全权、知情权、自主选择权、公平交易权、受教育权、受尊重权等各项权利。

第一节 投资者权益保护的内控机制要求

投资者权益保护作为落实"卖者有责"的一项总体要求，应当融入理财公司的公司治理、企业文化建设和经营发展战略等总体要求，嵌入公司组织体系架构，加入公司制度体系建设。（见表7.1）

表 7.1 投资者保护的内部控制合规要点

序号	合规事项	具体要求	文件名称
1	公司治理与体制机制建设要求	第七条 银行、支付机构应当将金融消费者权益保护纳入公司治理、企业文化建设和经营发展战略，制定本机构金融消费者权益保护工作的总体规划和具体工作措施。建立金融消费者权益保护专职部门或者指定牵头部门，明确部门及人员职责，确保部门有足够的人力、物力能够独立开展工作，并定期向高级管理层、董（理）事会汇报工作开展情况。	《中国人民银行金融消费者权益保护实施办法》
2		第四十八条 银行理财子公司应当建立有效的投资者保护机制……	《商业银行理财子公司管理办法》
3		第九条 银行、支付机构应当建立健全涉及金融消费者权益保护工作的全流程管控机制，确保在金融产品或者服务的设计开发、营销推介及售后管理等各个业务环节有效落实金融消费者权益保护工作的相关规定和要求。全流程管控机制包括但不限于下列内容： （一）事前审查机制。银行、支付机构应当实行金融消费者权益保护事前审查，及时发现并更正金融产品或者服务中可能损害金融消费者合法权益的问题，有效督办落实金融消费者权益保护审查意见。 （二）事中管控机制。银行、支付机构应当履行金融产品或者服务营销宣传中须遵循的基本程序和标准，加强对营销宣传行为的监测与管控。 （三）事后监督机制。银行、支付机构应当做好金融产品和服务的售后管理，及时调整存在问题或者隐患的金融产品和服务规则。	《中国人民银行金融消费者权益保护实施办法》
4		第三十三条 理财公司应当……设置专职岗位并配备与业务规模相匹配的人员……严格实施事前协调、事中管控和事后监督，确保有效落实投资者权益保护……	《理财公司内部控制管理办法》

续表

序号	合规事项	具体要求	文件名称
5	公司治理与体制机制建设要求	三、规范金融机构行为 （一）健全金融消费者权益保护机制。金融机构应当将保护金融消费者合法权益纳入公司治理、企业文化建设和经营发展战略中统筹规划，落实人员配备和经费预算，完善金融消费者权益保护工作机制。	《国务院办公厅关于加强金融消费者权益保护工作的指导意见》
6		第四十六条 理财产品销售机构应当建立健全投资者权益保护管理体系，严格实施事前协调、事中管控和事后监督，持续加强投资者适当性管理，确保理财产品销售业务活动各环节有效落实投资者权益保护。	《理财公司理财产品销售管理暂行办法》
7		第七条 银行保险机构应当将消费者权益保护纳入公司治理、企业文化建设和经营发展战略，建立健全消费者权益保护体制机制，将消费者权益保护要求贯穿业务流程各环节。 第八条 银行保险机构董事会承担消费者权益保护工作的最终责任，对消费者权益保护工作进行总体规划和指导，董事会应当设立消费者权益保护委员会。高级管理层应当建立健全消费者权益保护管理体系，确保消费者权益保护目标和政策得到有效执行。监事会应当对董事会、高级管理层消费者权益保护工作履职情况进行监督。 银行保险机构应当明确履行消费者权益保护职责的部门，由其牵头组织并督促指导各部门开展消费者权益保护工作。 第九条 银行保险机构应当建立消费者权益保护审查机制，健全审查工作制度，对面向消费者提供的产品和服务在设计开发、定价管理、协议制定、营销宣传等环节进行消费者权益保护审查，从源头上防范侵害消费者合法权益行为发生。推出新产品和服务或者现有产品	《银行保险机构消费者权益保护管理办法》

续表

序号	合规事项	具体要求	文件名称
7	公司治理与体制机制建设要求	和服务涉及消费者利益的条款发生重大变化时，应当开展审查。 第十条　银行保险机构应当建立完善消费者权益保护信息披露机制，遵循真实性、准确性、完整性和及时性原则，在售前、售中、售后全流程披露产品和服务关键信息。银行保险机构应当通过年报等适当方式，将消费者权益保护工作开展情况定期向公众披露。 第十一条　银行保险机构应当建立消费者适当性管理机制，对产品的风险进行评估并实施分级、动态管理，开展消费者风险认知、风险偏好和风险承受能力测评，将合适的产品提供给合适的消费者。 第十二条　银行保险机构应当按照相关规定建立销售行为可回溯管理机制，对产品和服务销售过程进行记录和保存，利用现代信息技术，提升可回溯管理便捷性，实现关键环节可回溯、重要信息可查询、问题责任可确认。 第十三条　银行保险机构应当建立消费者个人信息保护机制，完善内部管理制度、分级授权审批和内部控制措施，对消费者个人信息实施全流程分级分类管控，有效保障消费者个人信息安全。 第十四条　银行保险机构应当建立合作机构名单管理机制，对涉及消费者权益的合作事项，设定合作机构准入和退出标准，并加强对合作机构的持续管理。在合作协议中应当明确双方关于消费者权益保护的责任和义务，包括但不限于信息安全管控、服务价格管理、服务连续性、信息披露、纠纷解决机制、违约责任承担和应急处置等内容。 第十五条　银行保险机构应当建立健全投诉处理工作机制，畅通投诉渠道，规范投诉处	《银行保险机构消费者权益保护管理办法》

续表

序号	合规事项	具体要求	文件名称
7	公司治理与体制机制建设要求	理流程，加强投诉统计分析，不断溯源整改，切实履行投诉处理主体责任。 第十六条　银行保险机构应当健全矛盾纠纷多元化解配套机制，积极主动与消费者协商解决矛盾纠纷，在协商不成的情况下，通过调解、仲裁、诉讼等方式促进矛盾纠纷化解。 消费者向银行业保险业纠纷调解组织请求调解的，银行保险机构无正当理由不得拒绝参加调解。 第十七条　银行保险机构应当建立消费者权益保护内部培训机制，对从业人员开展消费者权益保护培训，提升培训效能，强化员工消费者权益保护意识。 第十八条　银行保险机构应当完善消费者权益保护内部考核机制，建立消费者权益保护内部考核制度，对相关部门和分支机构的工作进行评估和考核。 银行保险机构应当将消费者权益保护内部考核纳入综合绩效考核体系，合理分配权重，并纳入人力资源管理体系和问责体系，充分发挥激励约束作用。 第十九条　银行保险机构应当建立常态化、规范化的消费者权益保护内部审计机制，制定消费者权益保护审计方案，将消费者权益保护工作纳入年度审计范围，以5年为一个周期全面覆盖本机构相关部门和一级分支机构。	《银行保险机构消费者权益保护管理办法》
8	制度建设要求	第八条　银行、支付机构应当落实法律法规和相关监管规定关于金融消费者权益保护的相关要求，建立健全金融消费者权益保护的各项内控制度： （一）金融消费者权益保护工作考核评价制度。 （二）金融消费者风险等级评估制度。	《中国人民银行金融消费者权益保护实施办法》

续表

序号	合规事项	具体要求	文件名称
8	制度建设要求	（三）消费者金融信息保护制度。 （四）金融产品和服务信息披露、查询制度。 （五）金融营销宣传管理制度。 （六）金融知识普及和金融消费者教育制度。 （七）金融消费者投诉处理制度。 （八）金融消费者权益保护工作内部监督和责任追究制度。 （九）金融消费者权益保护重大事件应急制度。 （十）中国人民银行明确规定应当建立的其他金融消费者权益保护工作制度。	《中国人民银行金融消费者权益保护实施办法》
9		第七条　理财产品销售机构从事理财产品销售业务活动，应当持续具备下列条件：…… （五）具备完善的理财产品销售投资者适当性管理、投资者权益保护、销售人员执业操守、应急处理等制度，以及满足理财产品销售管理需要的组织体系、操作流程和监测机制； （六）具备完善的理财产品销售结算资金管理制度……	《理财公司理财产品销售管理暂行办法》
10		第三十三条　理财公司应当建立健全投资者权益保护制度……	《理财公司内部控制管理办法》
11	岗位人员配置要求	第四十八条　银行理财子公司应当……设置专职岗位并配备与业务规模相匹配的人员……	《商业银行理财子公司管理办法》
12		第三十三条　理财公司应当……设置专职岗位并配备与业务规模相匹配的人员，严格实施事前协调、事中管控和事后监督，确保有效落实投资者权益保护……	《理财公司内部控制管理办法》
13	培训	第十条　……银行、支付机构应当每年至少开展一次金融消费者权益保护专题培训，培训对象应当全面覆盖中高级管理人员、基层业务人员及新入职人员。对金融消费者投诉多发、风险较高的业务岗位，应当适当提高培训的频次。	《中国人民银行金融消费者权益保护实施办法》

第二节　投资者适当性管理

适当性原则要求理财公司"了解产品"和"了解客户"的基础上，基于投资者的投资目标、风险承受水平、知识和经验等因素，向投资者销售与其风险识别能力和风险承担能力相适应的理财产品。投资者适当性义务的履行是销售机构落实"卖者尽责，买者自负"的主要内容，根据现有监管规定，理财产品销售机构仅向非机构投资者履行投资者适当性义务。

一、合理划分理财产品风险等级

进行投资者适当性管理的目的，是确保客户能够在充分了解相关金融产品风险的基础上，做出投资决策。（见表7.2）

表7.2　理财产品风险等级划分合规要点

序号	具体要求	文件名称
1	第二十七条　商业银行应当采用科学合理的方法，根据理财产品的投资组合、同类产品过往业绩和风险水平等因素，对拟销售的理财产品进行风险评级。 理财产品风险评级结果应当以风险等级体现，由低到高至少包括一级至五级，并可以根据实际情况进一步细分。	《商业银行理财业务监督管理办法》
2	第十二条　银行、支付机构应当根据金融产品或者服务的特性评估其对金融消费者的适合度，合理划分金融产品和服务风险等级以及金融消费者风险承受等级，将合适的金融产品或者服务提供给适当的金融消费者。	《中国人民银行金融消费者权益保护实施办法》
3	第三十条　理财公司、代理销售机构应当设置科学合理的理财产品风险评级的方式和方法，根据理财产品的投资组合、同类产品过往业绩和风险状况等因素，对理财产品进行评级。理财产品风险评级结果应当以风险等级体现，由低到高至少包括一级至五级，并可以根据实际情况进一步细分。 理财公司应当对本公司发行的理财产品进行产品评级，代理销售机构应当根据本机构的方式和方法，独立、审慎地	《理财公司理财产品销售管理暂行办法》

续表

序号	具体要求	文件名称
3	对代理销售的理财产品进行销售评级，并向理财公司及时、准确提供本机构销售评级结果等信息。 销售评级与理财公司产品评级结果不一致的，代理销售机构应当采用对应较高风险等级的评级结果并予以披露。理财公司应当在宣传销售文本等材料和理财产品登记信息中标明"该产品通过代理销售机构渠道销售的，理财产品评级应当以代理销售机构最终披露的评级结果为准"。	《理财公司理财产品销售管理暂行办法》
4	第二十条　银行保险机构应当优化产品设计，对新产品履行风险评估和审批程序，充分评估客户可能承担的风险，准确评定产品风险等级。	《银行保险机构消费者权益保护管理办法》

二、合理划分投资者风险承受等级

非机构投资者首次购买理财产品前，理财产品销售机构应通过本公司渠道或者要求代销机构通过营业场所或者电子渠道对其进行风险承受能力评估。理财产品销售机构应当定期或不定期在本机构营业场所（含电子渠道）对非机构投资者进行风险承受能力持续评估。（见表7.3）

表7.3　投资者风险承受等级合规要点

序号	具体要求	文件名称
1	第二十七条　银行理财子公司销售理财产品的，应当在非机构投资者首次购买理财产品前通过本公司渠道（含营业场所和电子渠道）进行风险承受能力评估；通过营业场所向非机构投资者销售理财产品的，应当按照国务院银行业监督管理机构的相关规定实施理财产品销售专区管理，在销售专区内对每只理财产品销售过程进行录音录像……	《商业银行理财子公司管理办法》
2	第二十八条　商业银行应当对非机构投资者的风险承受能力进行评估，确定投资者风险承受能力等级，由低到高至少包括一级至五级，并可以根据实际情况进一步细分。 商业银行不得在风险承受能力评估过程中误导投资者或者代为操作，确保风险承受能力评估结果的真实性和有效性。	《商业银行理财业务监督管理办法》

续表

序号	具体要求	文件名称
3	第十二条　银行、支付机构应当根据金融产品或者服务的特性评估其对金融消费者的适合度，合理划分金融产品和服务风险等级以及金融消费者风险承受等级，将合适的金融产品或者服务提供给适当的金融消费者。	《中国人民银行金融消费者权益保护实施办法》
4	二、非机构投资者风险承受能力评估 （一）商业银行应当在投资者首次购买理财产品前在本行网点进行风险承受能力评估。风险承受能力评估依据至少应当包括投资者年龄、财务状况、投资经验、投资目的、收益预期、风险偏好、流动性要求、风险认识以及风险损失承受程度等。 商业银行对超过65岁的投资者进行风险承受能力评估时，应当充分考虑投资者年龄、相关投资经验等因素。 商业银行完成投资者风险承受能力评估后应当将风险承受能力评估结果告知投资者，由投资者签名确认后留存。 （二）商业银行应当定期或不定期地在本行网点或采用网上银行方式对投资者进行风险承受能力持续评估。 超过一年未进行风险承受能力评估或发生可能影响自身风险承受能力情况的投资者，再次购买理财产品时，应当在商业银行网点或其网上银行完成风险承受能力评估，评估结果应当由投资者签名确认；未进行评估的，商业银行不得再次向其销售理财产品。 （三）商业银行应当制定本行统一的投资者风险承受能力评估书。 商业银行应当在投资者风险承受能力评估书中明确提示，如投资者发生可能影响其自身风险承受能力的情形，再次购买理财产品时应当主动要求商业银行对其进行风险承受能力评估。 （四）商业银行分支机构理财产品销售部门负责人或经授权的业务主管人员应当定期对已完成的投资者风险承受能力评估书进行审核。 （五）商业银行应当建立投资者风险承受能力评估信息管理系统，用于测评、记录和留存投资者风险承受能力评估内容和结果。	《商业银行理财产品销售管理要求》

续表

序号	具体要求	文件名称
5	第三十一条　理财产品销售机构应当对非机构投资者的风险承受能力进行评估，制定投资者风险承受能力评估书，确定投资者风险承受能力等级，建立将投资者和理财产品进行匹配的方法。风险承受能力评估依据至少应当包括投资者年龄、财务状况、投资经验、投资目的、收益期望、风险偏好、流动性要求、风险认识及风险损失承受程度等。 　　理财产品销售机构应当定期或不定期地在本机构营业场所（含电子渠道）对非机构投资者进行风险承受能力持续评估，确保投资者风险承受能力评估的客观性、及时性和有效性。 　　超过一年未进行风险承受能力评估或发生可能影响自身风险承受能力情况的非机构投资者，再次购买理财产品时，应当在理财产品销售机构营业场所（含电子渠道）完成风险承受能力评估，评估结果应当由投资者签字确认。 　　理财公司委托代理销售机构销售理财产品的，代理销售机构应当将投资者风险承受能力评估结果以及投资者与理财产品进行匹配的方法，及时、准确提供给理财公司。	《理财公司理财产品销售管理暂行办法》

三、理财产品风险等级与投资者风险承受能力相匹配

理财产品销售机构应建立将投资者和理财产品进行匹配的方法，将合适的理财产品提供给适当的投资者，确保投资者所购买的理财产品的风险等级等于或者低于其风险承受能力。（见表7.4）

表7.4　投资者风险承受等级与风险承受能力相匹配的合规要点

序号	具体要求	文件名称
1	六、金融机构发行和销售资产管理产品，应当坚持"了解产品"和"了解客户"的经营理念，加强投资者适当性管理，向投资者销售与其风险识别能力和风险承担能力相适应的资产管理产品。禁止欺诈或者误导投资者购买与其风险承担能力不匹配的资产管理产品。金融机构不得通过拆分资产管理产品的方式，向风险识别能力和风险承担能力低于产品风险等级的投资者销售资产管理产品……	《关于规范金融机构资产管理业务的指导意见》

续表

序号	具体要求	文件名称
2	十六、金融机构应当做到每只资产管理产品所投资资产的风险等级与投资者的风险承担能力相匹配,做到每只产品所投资资产构成清晰,风险可识别……	《关于规范金融机构资产管理业务的指导意见》
3	第二十九条 商业银行只能向投资者销售风险等级等于或低于其风险承受能力等级的理财产品,并在销售文件中明确提示产品适合销售的投资者范围,在销售系统中设置销售限制措施。 商业银行不得通过对理财产品进行拆分等方式,向风险承受能力等级低于理财产品风险等级的投资者销售理财产品。 其他资产管理产品投资于商业银行理财产品的,商业银行应当按照穿透原则,有效识别资产管理产品的最终投资者。	《商业银行理财业务监督管理办法》
4	第三十条 商业银行应当根据理财产品的性质和风险特征,设置适当的期限和销售起点金额……	《商业银行理财业务监督管理办法》
5	第十二条 银行、支付机构应当根据金融产品或者服务的特性评估其对金融消费者的适合度,合理划分金融产品和服务风险等级以及金融消费者风险承受等级,将合适的金融产品或者服务提供给适当的金融消费者。	《中国人民银行金融消费者权益保护实施办法》
6	三、规范金融机构行为 (二)建立金融消费者适当性制度。金融机构应当对金融产品和服务的风险及专业复杂程度进行评估并实施分级动态管理,完善金融消费者风险偏好、风险认知和风险承受能力测评制度,将合适的金融产品和服务提供给适当的金融消费者。	《国务院办公厅关于加强金融消费者权益保护工作的指导意见》
7	第四十七条 理财产品销售机构在销售产品过程中,应当对投资者身份信息的真实性进行验证。结合非机构投资者年龄、地区和行业背景,充分了解投资者基本信息、收入来源、财务状况、投资经验、投资目标和风险偏好等,严谨客观实施风险承受能力评估,审慎使用评估结果。根据投资者的风险承受能力销售不同风险等级的产品,把合适的理财产品销售给合适的投资者。	《理财公司理财产品销售管理暂行办法》

四、私募产品的合格投资者确认

理财产品分为公募产品以及私募产品,其中私募产品向合格投资者非公开发售。在向非机构投资者销售私募产品时,除需满足理财产品风险等级与投资者风险承受能力相匹配的原则,还需确保非机构投资者符合合格投资者条件。机构投资者购买私募产品,需满足合格投资者要求。(见表7.5)

表7.5 私募产品合格投资者确认合规要点

序号	具体要求	文件名称
1	第八条 ……私募理财产品是指商业银行面向合格投资者非公开发行的理财产品。合格投资者是指具备相应风险识别能力和风险承受能力,投资于单只理财产品不低于一定金额且符合下列条件的自然人、法人或者依法成立的其他组织: (一)具有2年以上投资经历,且满足家庭金融净资产不低于300万元人民币,或者家庭金融资产不低于500万元人民币,或者近3年本人均收入不低于40万元人民币; (二)最近1年末净资产不低于1000万元人民币的法人或者依法成立的其他组织; (三)国务院银行业监督管理机构规定的其他情形……	《商业银行理财业务监督管理办法》
2	第三十条 ……商业银行发行私募理财产品的,合格投资者投资于单只固定收益类理财产品的金额不得低于30万元人民币,投资于单只混合类理财产品的金额不得低于40万元人民币,投资于单只权益类理财产品、单只商品及金融衍生品类理财产品的金额不得低于100万元人民币。	《商业银行理财业务监督管理办法》
3	第三十三条 ……理财产品销售机构应当完善合格投资者尽职调查流程并履行投资者签字确认程序,包括但不限于:合格投资者确认、投资者适当性匹配、风险揭示、自有资金投资承诺……	《理财公司理财产品销售管理暂行办法》
4	第三十一条 银行保险机构应当严格区分公募和私募资产管理产品,严格审核投资者资质,不得组织、诱导多个消费者采取归集资金的方式满足购买私募资产管理产品的条件……	《银行保险机构消费者权益保护管理办法》

第三节　投资者个人信息保护

个人投资者的权益保护涉及多个方面，在目前信息技术越来越发达的数字经济环境下，投资者个人信息保护已构成投资者权益保护的重要一环。商业银行理财子公司在为投资者提供资产管理服务的同时，也将涉及个人信息的处理。如表7.6所示，除《个人信息保护法》等法律法规外，理财业务监督管理体系的法规规范还包括以下内容。

表7.6　个人投资者信息保护合规要点

序号	具体要求	文件名称
1	第三十三条　商业银行应当按照国务院银行业监督管理机构的相关规定，妥善保存理财产品销售过程涉及的投资者风险承受能力评估、录音录像等相关资料。 商业银行应当依法履行投资者信息保密义务，建立投资者信息管理制度和保密制度，防范投资者信息被不当采集、使用、传输和泄露。商业银行与其他机构共享投资者信息的，应当在理财产品销售文本中予以明确，征得投资者书面授权或者同意，并要求其履行投资者信息保密义务。	《商业银行理财业务监督管理办法》
2	第二十一条　理财产品销售机构应当加强信息科技风险管理，建立网络安全监测和应急响应体系，保障网络和信息系统安全可靠、可持续服务。理财产品销售机构应当采取可靠的技术措施，确保客户信息安全…… 第五十条　理财产品销售机构收集、使用个人信息，应当按照法律法规规定，遵循正当、必要的原则，保证信息采集、处理及使用的安全性和合法性。未经客户专门授权，不得将客户个人信息及相关理财产品销售信息提供其他第三方机构和个人，法律、行政法规和银保监会另有规定的除外。	《理财公司理财产品销售管理暂行办法》
3	第二十九条　银行、支付机构处理消费者金融信息，应当遵循合法、正当、必要原则，经金融消费者或者其监护人明示同意，但是法律、行政法规另有规定的除外。银行、支付机构不得收集与业务无关的消费者金融信息，不得采取不	《中国人民银行金融消费者权益保护实施办法》

续表

序号	具体要求	文件名称
3	正当方式收集消费者金融信息，不得变相强制收集消费者金融信息。银行、支付机构不得以金融消费者不同意处理其金融信息为由拒绝提供金融产品或者服务，但处理其金融信息属于提供金融产品或者服务所必需的除外。 　　金融消费者不能或者拒绝提供必要信息，致使银行、支付机构无法履行反洗钱义务的，银行、支付机构可以根据《中华人民共和国反洗钱法》的相关规定对其金融活动采取限制性措施；确有必要时，银行、支付机构可以依法拒绝提供金融产品或者服务。	《中国人民银行金融消费者权益保护实施办法》
4	第三十条　银行、支付机构收集消费者金融信息用于营销、用户体验改进或者市场调查的，应当以适当方式供金融消费者自主选择是否同意银行、支付机构将其金融信息用于上述目的；金融消费者不同意的，银行、支付机构不得因此拒绝提供金融产品或者服务。银行、支付机构向金融消费者发送金融营销信息的，应当向其提供拒绝继续接收金融营销信息的方式。	《中国人民银行金融消费者权益保护实施办法》
5	第三十一条　银行、支付机构应当履行《中华人民共和国消费者权益保护法》第二十九条规定的明示义务，公开收集、使用消费者金融信息的规则，明示收集、使用消费者金融信息的目的、方式和范围，并留存有关证明资料。 　　银行、支付机构通过格式条款取得消费者金融信息收集、使用同意的，应当在格式条款中明确收集消费者金融信息的目的、方式、内容和使用范围，并在协议中以显著方式尽可能通俗易懂地向金融消费者提示该同意的可能后果。	《中国人民银行金融消费者权益保护实施办法》
6	第三十二条　银行、支付机构应当按照法律法规的规定和双方约定的用途使用消费者金融信息，不得超出范围使用。	《中国人民银行金融消费者权益保护实施办法》
7	第三十三条　银行、支付机构应当建立以分级授权为核心的消费者金融信息使用管理制度，根据消费者金融信息的重要性、敏感度及业务开展需要，在不影响本机构履行反洗钱等法定义务的前提下，合理确定本机构工作人员调取信息的范围、权限，严格落实信息使用授权审批程序。	《中国人民银行金融消费者权益保护实施办法》

续表

序号	具体要求	文件名称
8	第三十四条　银行、支付机构应当按照国家档案管理和电子数据管理等规定，采取技术措施和其他必要措施，妥善保管和存储所收集的消费者金融信息，防止信息遗失、毁损、泄露或者被篡改……	《中国人民银行金融消费者权益保护实施办法》
9	第三十六条　……理财公司应当建立健全投资者信息处理管理制度，依法处理投资者个人信息，严格审批程序，明确处理范围，规范处理行为，保存处理记录，确保信息处理行为可回溯，保护投资者个人信息安全。	《理财公司内部控制管理办法》
10	三、规范金融机构行为 （十）保障金融消费者信息安全权。金融机构应当采取有效措施加强对第三方合作机构的管理，明确双方权利义务关系，严格防控金融消费者信息泄露风险，保障金融消费者信息安全。	《国务院办公厅关于加强金融消费者权益保护工作的指导意见》
11	第十三条　银行保险机构应当建立消费者个人信息保护机制，完善内部管理制度、分级授权审批和内部控制措施，对消费者个人信息实施全流程分级分类管控，有效保障消费者个人信息安全。	《银行保险机构消费者权益保护管理办法》
12	第四十二条　银行保险机构处理消费者个人信息，应当坚持合法、正当、必要、诚信原则，切实保护消费者信息安全权。 第四十三条　银行保险机构收集消费者个人信息应当向消费者告知收集使用的目的、方式和范围等规则，并经消费者同意，法律法规另有规定的除外。消费者不同意的，银行保险机构不得因此拒绝提供不依赖于其所拒绝授权信息的金融产品或服务。 银行保险机构不得采取变相强制、违规购买等不正当方式收集使用消费者个人信息。 第四十四条　对于使用书面形式征求个人信息处理同意的，银行保险机构应当以醒目的方式、清晰易懂的语言明示与消费者存在重大利害关系的内容。 银行保险机构通过线上渠道使用格式条款获取个人信息授权的，不得设置默认同意的选项。	《银行保险机构消费者权益保护管理办法》

续表

序号	具体要求	文件名称
12	第四十五条　银行保险机构应当在消费者授权同意等基础上与合作方处理消费者个人信息，在合作协议中应当约定数据保护责任、保密义务、违约责任、合同终止和突发情况下的处置条款。 　　合作过程中，银行保险机构应当严格控制合作方行为与权限，通过加密传输、安全隔离、权限管控、监测报警、去标识化等方式，防范数据滥用或者泄露风险。 　　第四十六条　银行保险机构应当督促和规范与其合作的互联网平台企业有效保护消费者个人信息，未经消费者同意，不得在不同平台间传递消费者个人信息，法律法规另有规定的除外。 　　第四十七条　银行保险机构处理和使用个人信息的业务和信息系统，遵循权责对应、最小必要原则设置访问、操作权限，落实授权审批流程，实现异常操作行为的有效监控和干预。 　　第四十八条　银行保险机构应当加强从业人员行为管理，禁止违规查询、下载、复制、存储、篡改消费者个人信息。从业人员不得超出自身职责和权限非法处理和使用消费者个人信息。	《银行保险机构消费者权益保护管理办法》

第四节　客户服务及投诉处理

银行理财子公司应当建立有效的客户服务及投资者保护机制。设置专职岗位并配备与业务规模相匹配的人员，根据法律、行政法规、金融监管规定和合同约定妥善处理投资者投诉。（见表 7.7）

表 7.7　理财公司客户服务及投诉处理合规要点

序号	合规事项	具体要求	文件名称
1	投诉处理机制与制度建设要求	三、规范金融机构行为 （七）保障金融消费者依法求偿权。金融机构应当切实履行金融消费者投诉处理主体责任，在机构内部建立多层级投诉处理机制，完善投	《国务院办公厅关于加强金融消费者权益保护工作的指导意见》

续表

序号	合规事项	具体要求	文件名称
1	投诉处理机制与制度建设要求	诉处理程序，建立投诉办理情况查询系统，提高金融消费者投诉处理质量和效率，接受社会监督。 五、建立健全保障机制 （四）建立金融消费纠纷多元化解决机制。金融管理部门、金融机构要建立和完善金融消费投诉处理机制，畅通投诉受理和处理渠道，建立金融消费纠纷第三方调解、仲裁机制，形成包括自行和解、外部调解、仲裁和诉讼在内的金融消费纠纷多元化解决机制，及时有效解决金融消费争议。	《国务院办公厅关于加强金融消费者权益保护工作的指导意见》
2		第二十三条　商业银行应当建立有效的理财业务投资者投诉处理机制，明确受理和处理投资者投诉的途径、程序和方式，根据法律、行政法规、金融监管规定和合同约定妥善处理投资者投诉。	《商业银行理财业务监督管理办法》
3		第四十八条　银行理财子公司应当建立有效的投资者保护机制，设置专职岗位并配备与业务规模相匹配的人员，根据法律、行政法规、金融监管规定和合同约定妥善处理投资者投诉。	《商业银行理财子公司管理办法》
4		第八条　银行、支付机构应当落实法律法规和相关监管规定关于金融消费者权益保护的相关要求，建立健全金融消费者权益保护的各项内控制度：…… （七）金融消费者投诉处理制度。 第三十五条　金融消费者与银行、支付机构发生金融消费争议的，鼓励金融消费者先向银行、支付机构投诉，鼓励当事人平等协商，自行和解……	《中国人民银行金融消费者权益保护实施办法》

续表

序号	合规事项	具体要求	文件名称
5	投诉处理机制与制度建设要求	第三十三条 ……理财公司应当建立有效的投资者投诉处理机制，在本机构官方网站、移动客户端、营业场所或者行业统一渠道公布投诉电话、通信地址等投诉渠道信息和投诉处理流程，在理财产品销售文件中提供投诉电话或者其他投诉渠道信息，及时、妥善处理投资者投诉……	《理财公司内部控制管理办法》
6		二、银行业金融机构应当完善客户投诉处理机制，制定投诉处理工作流程，落实岗位责任，及时妥善解决客户投诉事项，积极预防合规风险和声誉风险。 三、银行业金融机构应当设立或指定投诉处理部门，负责指导、协调、处理客户投诉事项。 五、银行业金融机构应当加强营业网点现场投诉处理能力建设，规范营业网点现场投诉处理程序，明确投诉处理工作人员的岗位职责，严格执行首问负责制，有效提升现场投诉处理能力。 十二、银行业金融机构要加强对各分支机构客户投诉处理工作的管理，将投诉处理工作纳入经营绩效考评和内控评价体系，及时研究解决投诉处理工作中存在的问题，确保客户投诉处理机制的有效性。	《中国银监会关于完善银行业金融机构客户投诉处理机制切实做好金融消费者保护工作的通知》
7	投诉处理	第三十九条 银行、支付机构收到金融消费者投诉后，依照相关法律法规和合同约定进行处理，并告知投诉人处理情况，但因投诉人原因导致无法告知的除外。	《中国人民银行金融消费者权益保护实施办法》
8		八、银行业金融机构对客户投诉事项，应当认真调查核实并及时将处理结果以上述方式告知。发现有关金融产品或服务确有问题的，应立即采取措施予以补救或纠正。银行业金融机构给金融消费者造成损失的，应根据有关法律规定或合同约定向金融消费者进行赔偿或补偿。	《中国银监会关于完善银行业金融机构客户投诉处理机制切实做好金融消费者保护工作的通知》

续表

序号	合规事项	具体要求	文件名称
8		九、投诉处理应当高效快速。处理时限原则上不得超过十五个工作日。情况复杂或有特殊原因的，可以适当延长处理时限，但最长不得超过六十个工作日，并应当以短信、邮件、信函等方式告知客户延长时限及理由。	《中国银监会关于完善银行业金融机构客户投诉处理机制切实做好金融消费者保护工作的通知》
9	投诉处理	第四十条　中国人民银行分支机构设立投诉转办服务渠道。金融消费者对银行、支付机构作出的投诉处理不接受的，可以通过银行、支付机构住所地、合同签订地或者经营行为发生地中国人民银行分支机构进行投诉。 通过电子商务、网络交易购买、使用金融产品或者服务的，金融消费者通过银行、支付机构住所地的中国人民银行分支机构进行投诉。 第四十四条　银行、支付机构收到中国人民银行分支机构转交的投诉，应当按要求向中国人民银行分支机构反馈投诉处理情况。 反馈的内容包括投诉基本情况、争议焦点、调查结果及证据、处理依据、与金融消费者的沟通情况、延期处理情况及投诉人满意度等。 银行、支付机构应当妥善保存投诉资料，投诉资料留存时间自投诉办结之日起不得少于3年。法律、行政法规另有规定的，从其规定。 第六十二条　银行、支付机构违反本办法规定，有下列情形之一，有关法律、行政法规有处罚规定的，依照其规定给予处罚；有关法律、行政法规未作处罚规定的，中国人民银行或其分支机构应当根据情形单处或者并处警告、处以五千元以上三万元以下罚款： …… （十）收到中国人民银行分支机构转交的投诉后，未在规定期限内答复投诉人，或者未按要求向中国人民银行分支机构反馈投诉处理情况的。	《中国人民银行金融消费者权益保护实施办法》

续表

序号	合规事项	具体要求	文件名称
10	投诉处理	十、对银监会及其派出机构转办的投诉事项，应当严格按照转办要求处理，并及时向交办机构报告处理结果。 十九、对于一定时期内，信访投诉数量较高、处理不当或拖延问题较突出的银行业金融机构，应当在全辖予以通报，并可作为准入和监管评级的参考依据……	《中国银监会关于完善银行业金融机构客户投诉处理机制切实做好金融消费者保护工作的通知》
11	投资者投诉处理情况自查和投资者权益保护工作评估	第五十二条　理财公司和代理销售机构应当至少每半年开展一次投资者投诉处理情况自查和投资者权益保护工作评估，形成报告留存备查。理财公司和代理销售机构的高级管理层应当定期审议投资者投诉及权益保护工作情况，审视业务风险并督促整改，持续完善内控制度。	《理财公司理财产品销售管理暂行办法》
12		第十一条　银行、支付机构开展考核评价时，应当将金融消费者权益保护工作作为重要内容，并合理分配相关指标的占比和权重，综合考虑业务合规性、客户满意度、投诉处理及时率与合格率等，不得简单以投诉数量作为考核指标。	《中国人民银行金融消费者权益保护实施办法》
13	理财公司与代销机构的责任划分	第十五条　理财产品销售机构应当具备并有效执行理财产品销售业务制度，制定与本机构发展战略相适应的产品准入、风险管理与内部控制、投资者适当性管理、业务操作、资金清算、客户服务、信息披露、合作机构管理、人员及行为管理、投诉和应急处理、保密管理等制度，及时评估和完善相关制度，确保制度有效性。 第五十一条　理财公司和代理销售机构应当建立有效的理财产品销售业务投资者投诉处理机制，明确受理和处理投资者投诉的途径、程序和方式。	《理财公司理财产品销售管理暂行办法》

续表

序号	合规事项	具体要求	文件名称
13	理财公司与代销机构的责任划分	理财公司和代理销售机构应当根据法律、行政法规、监管规定和协议约定，明确划分双方责任和义务，及时、妥善处理投资者投诉。 因电子渠道销售业务产生投诉纠纷的，理财产品销售机构应当在处理过程中提供投资者交易记录和确认信息等。因机构自身原因不能提供交易记录等历史信息的，应当按照有利于投资者的原则处理投资者诉求。	《理财公司理财产品销售管理暂行办法》
14		一、宣传销售文本管理 （十）理财产品销售文件应当包含投资者权益须知的专页，投资者权益须知应当至少包括以下内容： 4.投资者向商业银行投诉的方式和程序；	《商业银行理财产品销售管理要求》
15	投诉途径的披露要求	第十六条　银行、支付机构应当依据金融产品或者服务的特性，及时、真实、准确、全面地向金融消费者披露下列重要内容：…… （五）因金融产品或者服务产生纠纷的处理及投诉途径。 第三十七条　银行、支付机构应当通过金融消费者方便获取的渠道公示本机构的投诉受理方式，包括但不限于营业场所、官方网站首页、移动应用程序的醒目位置及客服电话主要菜单语音提示等。	《中国人民银行金融消费者权益保护实施办法》
16		第三十三条　……理财公司应当建立有效的投资者投诉处理机制，在本机构官方网站、移动客户端、营业场所或者行业统一渠道公布投诉电话、通信地址等投诉渠道信息和投诉处理流程，在理财产品销售文件中提供投诉电话或者其他投诉渠道信息，及时、妥善处理投资者投诉……	《理财公司内部控制管理办法》

续表

序号	合规事项	具体要求	文件名称
17	投诉途径的披露要求	六、银行业金融机构应当为客户投诉提供必要的便利。在各营业网点和官方网站的醒目位置公布电话、网络、信函等投诉处理渠道。投诉电话可以单独设立，也可以与客户服务热线对接；与客户服务热线对接的，在客户服务热线中应有明显清晰的提示。	《中国银监会关于完善银行业金融机构客户投诉处理机制切实做好金融消费者保护工作的通知》
18	投诉数据的分析、报告与公布	第三十六条 银行、支付机构应当切实履行金融消费投诉处理的主体责任，银行、支付机构的法人机构应当按年度向社会发布金融消费者投诉数据和相关分析报告。 第三十八条 银行、支付机构应当按照中国人民银行要求，加强对金融消费者投诉处理信息系统的建设与管理，对投诉进行正确分类并按时报送相关信息，不得迟报、漏报、谎报、错报或者瞒报投诉数据。 第六十二条 银行、支付机构违反本办法规定，有下列情形之一，有关法律、行政法规有处罚规定的，依照其规定给予处罚；有关法律、行政法规未作处罚规定的，中国人民银行或其分支机构应当根据情形单处或者并处警告、处以五千元以上三万元以下罚款： （九）未按要求对金融消费者投诉进行正确分类，或者迟报、漏报、谎报、错报、瞒报投诉数据的。	《中国人民银行金融消费者权益保护实施办法》
19		十一、银行业金融机构应当实行客户投诉源头治理，定期分析研究客户投诉、咨询的热点问题，及时查找薄弱环节和风险隐患，从运营机制、操作流程、管理制度等体制机制方面予以重点改进，切实维护金融消费者的合法权益。 十五、银行业金融机构接到大规模投诉，或者投诉事项重大，涉及众多金融消费者利益，	《中国银监会关于完善银行业金融机构客户投诉处理机制切实做好金融消费者保护工作的通知》

续表

序号	合规事项	具体要求	文件名称
19	投诉数据的分析、报告与公布	可能引发群体性事件的，应当及时向银监会或其派出机构报告。 十六、银行业金融机构及其各级分支机构应当做好金融消费者投诉统计、分析工作，并每半年形成报告，于每年1月30日和7月30日前报送银监会或其派出机构……	《中国银监会关于完善银行业金融机构客户投诉处理机制切实做好金融消费者保护工作的通知》
20	客户服务	三、理财产品销售管理 （十一）商业银行应当建立和完善理财产品销售质量控制制度，制定实施内部监督和独立审核措施，配备必要的人员，对本行理财产品销售人员的操守资质、服务合规性和服务质量等进行内部调查和监督。 内部调查应当采用多样化的方式进行。对理财产品销售质量进行调查时，内部调查监督人员还应当亲自或委托适当的人员，以投资者身份进行调查。 内部调查监督人员应当在审查销售服务记录、合同和其他材料等基础上，重点检查是否存在不当销售的情况。	《商业银行理财产品销售管理要求》
21		第三十九条 理财产品销售机构应当做好投资者持续信息服务，包括但不限于以下方面： （一）及时向投资者告知认（申）购、赎回理财产品的确认日期、确认份额和金额等信息； （二）定期向投资者提供其所持有的理财产品基本信息，及时向投资者告知对其决策有重大影响的信息。 理财公司应当及时将上述信息提供给理财产品销售机构。理财产品销售机构应当做好信息传递工作，通过与投资者约定的方式向投资者提供前述信息。	《理财公司理财产品销售管理暂行办法》

第五节 投资者的其他权利

除前述适当性管理、客户服务、投诉处理等要求外,投资者保护还应遵循以下包括全流程管控、保护投资者公平交易权、受尊重权等在内的规范。(见表7.8)

表7.8 理财产品投资的其他权利

序号	合规事项	具体要求	文件名称
1		三、规范金融机构行为 (三)保障金融消费者财产安全权。金融机构应当依法保障金融消费者在购买金融产品和接受金融服务过程中的财产安全。金融机构应当审慎经营,采取严格的内控措施和科学的技术监控手段,严格区分机构自身资产与客户资产,不得挪用、占用客户资金。	《国务院办公厅关于加强金融消费者权益保护工作的指导意见》
2	财产安全权	第三十七条 理财产品销售机构应当按照法律法规规定、理财产品销售协议约定归集、划转理财产品销售结算资金,确保理财产品销售结算资金安全、及时划付,并将赎回、分红及认(申)购不成功的相应款项划入投资者认(申)购时使用的银行账户。 理财公司委托代理销售机构销售理财产品的,理财公司应当至少每日与代理销售机构进行对账,确保销售结算资金的安全性和双方客户交易明细的一致性。 提供理财产品销售结算资金划转结算等服务的机构应当建立与理财公司的对账机制,复核、审查理财产品销售结算资金的交易情况。	《理财公司理财产品销售管理暂行办法》
3		第五十一条 从事理财产品托管业务的机构应当履行下列职责,确保实现实质性独立托管: (一)安全保管理财产品财产;	《商业银行理财业务监督管理办法》

续表

序号	合规事项	具体要求	文件名称
4	财产安全权	第十三条 银行、支付机构应当依法保障金融消费者在购买、使用金融产品和服务时的财产安全，不得挪用、非法占用金融消费者资金及其他金融资产。	《中国人民银行金融消费者权益保护实施办法》
5	财产安全权	第二十九条 银行保险机构应当审慎经营，保障消费者财产安全权，采取有效的内控措施和监控手段，严格区分自身资产与消费者资产，不得挪用、占用消费者资金。 第三十条 银行保险机构应当合理设计业务流程和操作规范，在办理业务过程中落实消费者身份识别和验证，不得为伪造、冒用他人身份的客户开立账户。	《银行保险机构消费者权益保护管理办法》
6	知情权	三、规范金融机构行为 （四）保障金融消费者知情权。金融机构应当以通俗易懂的语言，及时、真实、准确、全面地向金融消费者披露可能影响其决策的信息，充分提示风险，不得发布夸大产品收益、掩饰产品风险等欺诈信息，不得作虚假或引人误解的宣传。	《国务院办公厅关于加强金融消费者权益保护工作的指导意见》
7	知情权	第二十一条 银行保险机构应当保障消费者的知情权，使用通俗易懂的语言和有利于消费者接收、理解的方式进行产品和服务信息披露。对产品和服务信息的专业术语进行解释说明，及时、真实、准确揭示风险。 第二十二条 银行保险机构应当以显著方式向消费者披露产品和服务的性质、利息、收益、费用、费率、主要风险、违约责任、免责条款等可能影响消费者重大决策的关键信息。 第二十三条 银行保险机构不得进行欺诈、隐瞒或者误导性的宣传，不得作夸大产品收益或者服务权益、掩饰产品风险等虚假或者引人误解的宣传。	《银行保险机构消费者权益保护管理办法》

续表

序号	合规事项	具体要求	文件名称
7	知情权	第二十四条　银行业金融机构应当根据业务性质，完善服务价格管理体系，按照服务价格管理相关规定，在营业场所、网站主页等醒目位置公示服务项目、服务内容和服务价格等信息。新设收费服务项目或者提高服务价格的，应当提前公示。	《银行保险机构消费者权益保护管理办法》
8	自主选择权	三、规范金融机构行为 （五）保障金融消费者自主选择权。金融机构应当在法律法规和监管规定允许范围内，充分尊重金融消费者意愿，由消费者自主选择、自行决定是否购买金融产品或接受金融服务，不得强买强卖，不得违背金融消费者意愿搭售产品和服务，不得附加其他不合理条件，不得采用引人误解的手段诱使金融消费者购买其他产品。	《国务院办公厅关于加强金融消费者权益保护工作的指导意见》
9	自主选择权	第十五条　银行、支付机构应当尊重金融消费者购买金融产品或者服务的真实意愿，不得擅自代理金融消费者办理业务，不得擅自修改金融消费者的业务指令，不得强制搭售其他产品或者服务。 第十九条　银行、支付机构不得利用技术手段、优势地位，强制或者变相强制金融消费者接受金融产品或者服务，或者排除、限制金融消费者接受同业机构提供的金融产品或者服务。	《中国人民银行金融消费者权益保护实施办法》
10		第二十六条　银行保险机构销售产品或者提供服务的过程中，应当保障消费者自主选择权，不得存在下列情形： （一）强制捆绑、强制搭售产品或者服务； （二）未经消费者同意，单方为消费者开通收费服务； （三）利用业务便利，强制指定第三方合作机构为消费者提供收费服务； （四）采用不正当手段诱使消费者购买其他产品； （五）其他侵害消费者自主选择权的情形。	《银行保险机构消费者权益保护管理办法》

续表

序号	合规事项	具体要求	文件名称
11		三、规范金融机构行为 （六）保障金融消费者公平交易权。金融机构不得设置违反公平原则的交易条件，在格式合同中不得加重金融消费者责任、限制或者排除金融消费者合法权利，不得限制金融消费者寻求法律救济途径，不得减轻、免除本机构损害金融消费者合法权益应当承担的民事责任。	《国务院办公厅关于加强金融消费者权益保护工作的指导意见》
12	公平交易权	第二十七条　银行保险机构向消费者提供产品和服务时，应当确保风险收益匹配、定价合理、计量正确。 在提供相同产品和服务时，不得对具有同等交易条件或者风险状况的消费者实行不公平定价。 第二十八条　银行保险机构应当保障消费者公平交易权，不得存在下列情形： （一）在格式合同中不合理地加重消费者责任、限制或者排除消费者合法权利； （二）在格式合同中不合理地减轻或者免除本机构义务或者损害消费者合法权益应当承担的责任； （三）从贷款本金中预先扣除利息； （四）在协议约定的产品和服务收费外，以向第三方支付咨询费、佣金等名义变相向消费者额外收费； （五）限制消费者寻求法律救济； （六）其他侵害消费者公平交易权的情形。	《银行保险机构消费者权益保护管理办法》
13	受教育权	三、规范金融机构行为 （八）保障金融消费者受教育权。金融机构应当进一步强化金融消费者教育，积极组织或参与金融知识普及活动，开展广泛、持续的日常性金融消费者教育，帮助金融消费者提高对金融产品和服务的认知能力及自我保护能力，提升金融消费者金融素养和诚实守信意识。	《国务院办公厅关于加强金融消费者权益保护工作的指导意见》

续表

序号	合规事项	具体要求	文件名称
14		六、……金融机构应当加强投资者教育，不断提高投资者的金融知识水平和风险意识，向投资者传递"卖者尽责、买者自负"的理念，打破刚性兑付。	《关于规范金融机构资产管理业务的指导意见》
15		第二十四条　银行、支付机构应当切实承担金融知识普及和金融消费者教育的主体责任，提高金融消费者对金融产品和服务的认知能力，提升金融消费者金融素养和诚实守信意识。 银行、支付机构应当制定年度金融知识普及与金融消费者教育工作计划，结合自身特点开展日常性金融知识普及与金融消费者教育活动，积极参与中国人民银行及其分支机构组织的金融知识普及活动。银行、支付机构不得以营销金融产品或者服务替代金融知识普及与金融消费者教育。	《中国人民银行金融消费者权益保护实施办法》
16	受教育权	第二十五条　银行、支付机构应当重视金融消费者需求的多元性与差异性，积极支持普惠金融重点目标群体获得必要、及时的基本金融产品和服务。	《中国人民银行金融消费者权益保护实施办法》
17		第三十四条　银行保险机构应当开展金融知识教育宣传，加强教育宣传的针对性，通过消费者日常教育与集中教育活动，帮助消费者了解金融常识和金融风险，提升消费者金融素养。 第三十五条　金融知识教育宣传应当坚持公益性，不得以营销、推介行为替代金融知识普及与消费者教育。银行保险机构应当建立多元化金融知识教育宣传渠道，在官方网站、移动互联网应用程序、营业场所设立公益性金融知识普及和教育专区。 第三十六条　银行保险机构应当加强诚信教育与诚信文化建设，构建诚信建设长效机制，培育行业的信用意识，营造诚实、公平、守信的信用环境。	《银行保险机构消费者权益保护管理办法》

续表

序号	合规事项	具体要求	文件名称
18		三、规范金融机构行为 （九）保障金融消费者受尊重权。金融机构应当尊重金融消费者的人格尊严和民族风俗习惯，不得因金融消费者性别、年龄、种族、民族或国籍等不同进行歧视性差别对待。	《国务院办公厅关于加强金融消费者权益保护工作的指导意见》
		第十四条　银行、支付机构应当尊重社会公德，尊重金融消费者的人格尊严和民族风俗习惯，不得因金融消费者性别、年龄、种族、民族或者国籍等不同实行歧视性差别对待，不得使用歧视性或者违背公序良俗的表述。	
19	受尊重权	第三十七条　银行保险机构应当不断提升服务质量，融合线上线下，积极提供高品质、便民化金融服务。提供服务过程中，应当尊重消费者的人格尊严和民族风俗习惯，不得进行歧视性差别对待。 第三十八条　银行保险机构应当积极融入老年友好型社会建设，优化网点布局，尊重老年人使用习惯，保留和改进人工服务，不断丰富适老化产品和服务。 第三十九条　银行保险机构应当充分保障残障人士公平获得金融服务的权利，加快线上渠道无障碍建设，提供更加细致和人性化的服务。有条件的营业网点应当提供无障碍设施和服务，更好满足残障人士日常金融服务需求。 第四十条　银行保险机构应当规范营销行为，通过电话呼叫、信息群发、网络推送等方式向消费者发送营销信息的，应当向消费者提供拒收或者退订选择。消费者拒收或者退订的，不得以同样方式再次发送营销信息。	《中国人民银行金融消费者权益保护实施办法》

第八章

信 息 披 露

第一节 信息披露的基本要求

《关于规范金融机构资产管理业务的指导意见》发布后,银行理财行业进入新时代,在加快净值化转型的同时必须更加重视信息披露,理财公司应及时、准确、完整地披露理财产品相关信息。为规范理财产品信息披露,监管部门陆续出台了相关政策,引导理财机构加强理财产品信息披露能力建设。目前,理财产品信息披露的主要法规依据为《关于规范金融机构资产管理业务的指导意见》《商业银行理财业务监督管理办法》《商业银行理财子公司管理办法》《理财公司内部控制管理办法》等;在此基础上,《理财公司理财产品销售管理暂行办法》《理财公司理财产品流动性风险管理办法》等法规从不同维度提出了信息披露要求;此外,《关于规范现金管理类理财产品管理有关事项的通知》进一步规范现金管理类产品信息披露事项。信息披露的总体原则与要求。(见表8.1)

《证券法》第六十三条规定,发行人、上市公司依法披露的信息,必须真实、准确、完整,不得有虚假记载、误导性陈述或者重大遗漏。《证券投资基金法》第七十四条规定,基金管理人、基金托管人和其他基金信息披露义务人应当依法披露基金信息,并保证所披露信息的真实性、准确性和完整性。根据《关于规范金融机构资产管理业务的指导意见》,金融机构应当向投资者主动、真实、准确、完整、及时披露资产管理产品相关信息。因此参照同业要求,理财产品信息披露的基本原则应包括真实性、准确性、完整性、及时性。

真实性,是指理财产品披露信息要以客观事实或数据为基础,能够真实反映理财产品的投资收益、风险情况等投资者关心的信息，不真实的信息披露不仅会严重误导投资者的投资决定，同时也会扰乱正常的市场秩序。准确性，是指理财产品信息披露过程中，其描述方式或内容不具有诱导性，投资者对于披露内容的理解具有唯一性，因此披露内容表述应简洁明了，同时也要求投资者具有一定的金融基础知识。完整性，是指与投资者利益切实相关的内容，应完全、完整地披露，不能有漏报或隐瞒的行为，防止投资者因信息缺失而不能有效认识理财产品运作、投资情况。及时性，是指披露的内容应具有实效性，披露不及时也会损害投资者的利益。（见表8.1）

表8.1 理财产品信息披露合规要点

序号	合规事项	具体要求	文件名称
1	信息充分披露原则	第三条 银行理财子公司开展理财业务，应当诚实守信、勤勉尽职地履行受人之托、代人理财职责，遵守成本可算、风险可控、信息充分披露的原则，严格遵守投资者适当性管理要求，保护投资者合法权益。	《商业银行理财子公司管理办法》
2	总体要求	十二、金融机构应当向投资者主动、真实、准确、完整、及时披露资产管理产品募集信息、资金投向、杠杆水平、收益分配、托管安排、投资账户信息和主要投资风险等内容。国家法律法规另有规定的，从其规定。……	《关于规范金融机构资产管理业务的指导意见》
3		第五十五条 商业银行应当及时、准确、完整地向理财产品投资者披露理财产品的募集信息、资金投向、杠杆水平、收益分配、托管安排、投资账户信息和主要投资风险等内容。	《商业银行理财业务监督管理办法》

第二节 信息披露的基本内容

一、披露要求

目前理财产品信息披露涉及面较广，除发行公告、到期公告、定期报告等常规性披露外，监管对于公司层面理财业务的披露、临时信息及重大事项报告的披露、销售文件、宣传销售文本的信息披露要求也在不断提高，主要涉及理财业务、分级产品、关联交易、现金管理、流动性风险管理等各方面。

在公司层面，需披露公司整体理财业务情况及在售产品相关信息，同时《理财公司内部控制管理办法》也要求理财公司应公示投资人员、托管机构、投诉渠道及处理流程等信息。（见表8.2）

表8.2 公司层面理财产品披露要求合规要点

序号	合规事项	具体要求	文件名称
1	理财业务报告	第五十三条 商业银行应当按照国务院银行业监督管理机构关于信息披露的有关规定，每半年披露其从事理财业务活动的有关信息，披露的信息应当至少包括以下内容：当期发行和到期的理财产品类型、数量和金额、期末存续理财产品数量和金额，列明各类理财产品的占比及其变化情况，以及理财产品直接和间接投资的资产种类、规模和占比等信息。	《商业银行理财业务监督管理办法》
2	存续及在售理财产品信息	第四十条 理财公司应当通过本公司和代理销售机构官方渠道、行业统一信息披露渠道或与投资者约定的其他渠道披露全部在售及存续的理财产品相关信息，并保证投资者能够按照销售协议约定的时间和方式及时获取披露信息。 ……	《理财公司理财产品销售管理暂行办法》
3	投资人员信息公示	第二十一条 理财公司开展投资交易活动，应当至少采取以下内部控制措施：……（六）建立投资人员信息公示制度，在本机构官方网站或者行业统一渠道公示投资人员任职信息，并在任职情况发生变化之日起2个工作日内完成公示。	《理财公司内部控制管理办法》
4	托管人员信息公示	第二十八条 ……理财公司应当在本机构官方网站或者行业统一渠道公示托管机构信息。	《理财公司内部控制管理办法》

续表

序号	合规事项	具体要求	文件名称
5	投诉渠道信息和投诉处理流程	第三十三条 ……理财公司应当建立有效的投资者投诉处理机制，在本机构官方网站、移动客户端、营业场所或者行业统一渠道公布投诉电话、通信地址等投诉渠道信息和投诉处理流程……	《理财公司内部控制管理办法》
6	自有资金关联交易信息（临时）、自有资金及理财产品年度关联交易总体情况（公司年报）	第二十六条 ……理财公司以自有资金及理财产品开展关联交易的，应当在本机构官方网站或者行业统一渠道披露关联交易信息，在本机构年报中披露当年关联交易总体情况……	《理财公司内部控制管理办法》
7	代销业务中止或暂停公告	第十四条 代理销售机构不符合本办法第七条规定条件的，或代理销售机构未按规定接受理财公司对理财产品销售业务活动定期规范性评估的，理财公司应当按照代理销售合作协议约定暂停或中止与代理销售机构的业务合作，并在5个工作日内至少通过本公司、代理销售机构的官方渠道予以公告……	《理财公司理财产品销售管理暂行办法》
8		第十四条 ……理财公司发现代理销售机构存在本办法第二十五条规定的禁止行为或认定代理销售机构销售行为严重损害投资者合法权益的，应当及时予以纠正。代理销售机构未采取有效纠正措施的，理财公司应当按照代理销售合作协议约定中止与代理销售机构的部分或全部业务合作，并在5个工作日内至少通过公司、代理销售机构的官方渠道予以公告……	

从披露频率划分，分为定期披露信息和临时性披露信息，其中定期披露信息包括年度审计结果以及定期报告等内容，临时性披露信息包括关联交易

相关信息、流动性风险、投资比例超限以及其他对投资者权益或投资收益等产生影响的事件。（见表 8.3、表 8.4）

表 8.3 理财产品披露（定期报告）要求合规要点

序号	合规事项	具体要求	文件名称
1	审计结果	十八、金融机构对资产管理产品应当实行净值化管理，净值生成应当符合企业会计准则规定，及时反映基础金融资产的收益和风险，由托管机构进行核算并定期提供报告，由外部审计机构进行审计确认，被审计金融机构应当披露审计结果并同时报送金融管理部门……	《关于规范金融机构资产管理业务的指导意见》
2	现金管理产品要求	八、……商业银行、理财公司应当在现金管理类产品的半年和年度报告中，披露每只现金管理类产品前 10 名投资者的类别、持有份额及占总份额的比例等信息。 现金管理类产品存续期间，如出现单一投资者持有产品份额达到或者超过该产品总份额 20% 的情形，为保障其他投资者的权益，商业银行、理财公司应当在定期报告中披露该投资者的类别、持有份额及占比、持有份额变化情况及产品风险等信息，银保监会认定的特殊情形除外。	《关于规范现金管理类理财产品管理有关事项的通知》
3	流动性风险管理	第十四条 ……（三）理财产品持续运作过程中，应当在理财产品季度、半年和年度报告中披露理财产品组合资产情况及其流动性风险分析等；……	《理财公司理财产品流动性风险管理办法》

表 8.4 理财产品临时信息披露要求合规要点

序号	合规事项	具体要求	文件名称
1	关联交易	第二十六条 ……理财公司以……及理财产品开展关联交易的，应当在本机构官方网站或者行业统一渠道披露关联交易信息……以理财产品开展关联交易的，还应当符合理财产品投资目标、投资策略和投资者利益优先原则，并向投资者充分披露信息……	《理财公司内部控制管理办法》

续表

序号	合规事项	具体要求	文件名称
2		第二十四条　金融机构不得以资产管理产品的资金与关联方进行不正当交易、利益输送、内幕交易和操纵市场，包括但不限于投资于关联方虚假项目、与关联方共同收购上市公司、向本机构注资等。 金融机构的资产管理产品投资本机构、托管机构及其控股股东、实际控制人或者与其有其他重大利害关系的公司发行或者承销的证券，或者从事其他重大关联交易的，应当建立健全内部审批机制和评估机制，并向投资者充分披露信息。	《关于规范金融机构资产管理业务的指导意见》
3	关联交易	第二十一条　商业银行理财产品投资于本行或托管机构，其主要股东、控股股东、实际控制人、一致行动人、最终受益人，其控股的机构或者与其有重大利害关系的公司发行或者承销的证券，或者从事其他重大关联交易的，应当符合理财产品的投资目标、投资策略和投资者利益优先原则，按照商业原则，以不优于对非关联方同类交易的条件进行，并向投资者充分披露信息。	《商业银行理财业务监督管理办法》
4		第四十二条　银行理财子公司发行的理财产品投资于本公司或托管机构的主要股东、实际控制人、一致行动人、最终受益人，托管机构，同一股东或托管机构控股的机构，或者与本公司或托管机构有重大利害关系的机构发行或承销的证券，或者从事其他关联交易的，应当符合理财产品投资目标、投资策略和投资者利益优先原则，按照商业原则，以不优于对非关联方同类交易的条件进行，并向投资者充分披露信息……	《商业银行理财子公司管理办法》
5	流动性风险管理	第四十七条　在确保投资者得到公平对待的前提下，商业银行可以按照法律、行政法规和理财产品销售文件约定，综合运用设置赎回上限、延期办理巨额赎回申请、暂停接受赎回申请、收取短期赎回费等方式，作为压力情景下开放式公募理财产品	《商业银行理财业务监督管理办法》

续表

序号	合规事项	具体要求	文件名称
5	流动性风险管理	流动性风险管理的辅助措施。商业银行应当按照理财产品销售文件中约定的信息披露方式，在3个交易日内通知投资者相关处理措施……	《商业银行理财业务监督管理办法》
6	流动性风险管理	第十四条　…… （三）……在发生涉及理财产品认购、赎回事项调整或潜在影响投资者赎回等事项时，及时发布临时公告。 （四）理财公司应当按照理财产品销售文件中约定的信息披露方式，在运用收取短期赎回费、摆动定价等措施后，3个交易日内告知该理财产品的相关投资者；在运用暂停认购、延期办理巨额赎回申请、暂停接受赎回申请、延缓支付赎回款项、暂停理财产品估值等措施后，3个交易日内告知该理财产品的投资者，并说明运用相关措施的原因、拟采取的应对安排等。	《理财公司理财产品流动性风险管理办法》
7	投资比例超限	第三十七条　金融市场发生重大变化导致理财产品投资比例暂时超出浮动区间且可能对理财产品收益产生重大影响的，商业银行应当及时向投资者进行信息披露。 商业银行应当根据市场情况调整投资范围、投资品种类或投资比例，并按照有关规定事先进行信息披露。超出销售文件约定比例的，除高风险类型的理财产品超出比例范围投资较低风险资产外，应当先取得投资者书面同意，并在全国银行业理财信息登记系统做好理财产品信息登记；投资者不接受的，应当允许投资者按照销售文件约定提前赎回理财产品。	《商业银行理财业务监督管理办法》
8	投资信贷资产受（收）益权	第四十条　……商业银行理财产品投资于信贷资产受（收）益权的，应当审慎评估信贷资产质量和风险，按照市场化原则合理定价，必要时委托会计师事务所、律师事务所、评级机构等独立第	《商业银行理财业务监督管理办法》

续表

序号	合规事项	具体要求	文件名称
8	投资信贷资产受（收）益权	三方机构出具专业意见。 商业银行应当向投资者及时、准确、完整地披露理财产品所投资信贷资产受（收）益权的相关情况，并及时披露对投资者权益或投资收益等产生重大影响的突发事件。	《商业银行理财业务监督管理办法》
9	现金管理产品要求	三、现金管理类产品投资于相关金融工具的，应当符合以下要求：……（五）商业银行、理财公司现金管理类产品拟投资于主体信用评级低于AA+的商业银行的银行存款与同业单的，应当经本机构董事会审议批准，相关交易应当事先告知托管机构，并作为重大事项履行信息披露程序……	《关于规范现金管理类理财产品管理有关事项的通知》

理财产品销售文件包括理财产品投资协议书、销售（代理销售）协议书、理财产品说明书、风险揭示书、投资者权益须知等，规定了产品基本信息、投资运作约定、风险提示、投诉处理渠道、投资者权益须知等内容。（见表8.5）

表8.5 理财产品披露（销售文件）要求合规要点

序号	合规事项	具体要求	文件名称
1	现金管理产品要求	六、商业银行、理财公司应当按照《企业会计准则》和《关于规范金融机构资产管理业务的指导意见》关于金融资产估值核算的相关规定，确认和计量现金管理类产品的净值。在确保现金管理类产品资产净值能够公允地反映投资组合价值的前提下，可采用摊余成本法对持有的投资组合进行会计核算，但应当在销售文件中披露该核算方法及其可能对产品净值波动带来的影响；估值核算方法在特殊情形下不能公允反映现金管理类产品价值的，可以采用其他估值方法，该特殊情形及采用的估值方法应当在销售文件中约定。	《关于规范现金管理类理财产品管理有关事项的通知》

续表

序号	合规事项	具体要求	文件名称
1	现金管理产品要求	现金管理类产品采用摊余成本法进行核算的，应当采用影子定价的风险控制手段，对摊余成本法计算的资产净值的公允性进行评估。 当影子定价确定的现金管理类产品资产净值与摊余成本法计算的资产净值正偏离度绝对值达到 0.5% 时，商业银行、理财公司应当暂停接受认购并在 5 个交易日内将正偏离度绝对值调整到 0.5% 以内。当负偏离度绝对值达到 0.25% 时，商业银行、理财公司应当在 5 个交易日内将负偏离度绝对值调整到 0.25% 以内。当负偏离度绝对值达到 0.5% 时，商业银行、理财公司应当采取相应措施，将负偏离度绝对值控制在 0.5% 以内。当负偏离度绝对值连续两个交易日超过 0.5% 时，商业银行、理财公司应当采用公允价值估值方法对持有投资组合的账面价值进行调整，或者采取暂停接受所有赎回申请并终止产品合同进行财产清算等措施。 前款所述情形及其处理方法应当事先在销售文件中约定并进行信息披露。	《关于规范现金管理类理财产品管理有关事项的通知》
2		八、商业银行、理财公司现金管理类产品允许单一投资者持有份额超过该产品总份额 50% 的，应当符合以下要求： （一）在销售文件中进行充分披露及标识； ……	《关于规范现金管理类理财产品管理有关事项的通知》
3		九、商业银行、理财公司销售现金管理类产品，应当加强投资者适当性管理，向投资者充分披露信息和揭示风险，不得宣传或者承诺保本保收益，不得夸大或者片面宣传现金管理类产品的投资收益或者过往业绩。	《关于规范现金管理类理财产品管理有关事项的通知》
4	固定收益类产品	十二、……对于固定收益类产品，金融机构应当通过醒目方式向投资者充分披露和提示产品的投资风险，包括但不限于产品投资债券	《关于规范金融机构资产管理业务的指导意见》

续表

序号	合规事项	具体要求	文件名称
4	固定收益类产品	面临的利率、汇率变化等市场风险以及债券价格波动情况，产品投资每笔非标准化债权类资产的融资客户、项目名称、剩余融资期限、到期收益分配、交易结构、风险状况等……	《关于规范金融机构资产管理业务的指导意见》
5	权益类产品	十二、……对于权益类产品，金融机构应当通过醒目方式向投资者充分披露和提示产品的投资风险，包括产品投资股票面临的风险以及股票价格波动情况等……	《关于规范金融机构资产管理业务的指导意见》
6	商品及金融衍生品类产品	十二、……对于商品及金融衍生品类产品，金融机构应当通过醒目方式向投资者充分披露产品的挂钩资产、持仓风险、控制措施以及衍生品公允价值变化等……	《关于规范金融机构资产管理业务的指导意见》
7	混合类产品	十二、……对于混合类产品，金融机构应当通过醒目方式向投资者清晰披露产品的投资资产组合情况，并根据固定收益类、权益类、商品及金融衍生品类资产投资比例充分披露和提示相应的投资风险。	《关于规范金融机构资产管理业务的指导意见》
8	分级产品	第三十一条　银行理财子公司发行分级理财产品的，应当遵守《指导意见》第二十一条相关规定。 分级理财产品的同级份额享有同等权益、承担同等风险，产品名称中应包含"分级"或"结构化"字样。 银行理财子公司不得违背风险收益相匹配原则，利用分级理财产品向特定一个或多个劣后级投资者输送利益。分级理财产品不得投资其他分级资产管理产品，不得直接或间接对优先级份额投资者提供保本保收益安排。 银行理财子公司应当向投资者充分披露理财产品的分级设计及相应风险、收益分配、风险控制等信息。	《商业银行理财子公司管理办法》

续表

序号	合规事项	具体要求	文件名称
9	登记编码	第十二条 ……商业银行不得发行未在全国银行业理财信息登记系统进行登记并获得登记编码的理财产品。商业银行应当在理财产品销售文件的显著位置列明该产品在全国银行业理财信息登记系统获得的登记编码,并提示投资者可以依据该登记编码在中国理财网查询产品信息……	《商业银行理财业务监督管理办法》
10	关联方	第四十一条 理财产品销售机构销售关联方管理的面向特定对象销售的理财产品,应当建立健全关联方产品销售管理制度,在风险揭示书的醒目位置向投资者披露关联方及关联关系,揭示关联关系可能产生的不利影响和投资风险,并由投资者签字确认。	《理财公司理财产品销售管理暂行办法》
11	销售机构、托管机构信息	第二十九条 ……理财产品销售文件应当载明理财产品销售机构和托管机构的基本信息和主要职责等。	《理财公司理财产品销售管理暂行办法》
12	托管机构、理财投资合作机构信息	一、宣传销售文本管理 (七)理财产品销售文件应当载明理财产品的托管机构、理财投资合作机构的基本信息和主要职责等。	《商业银行理财业务监督管理办法》附件:《商业银行理财产品销售管理要求》
13	联系方式、信披渠道等	第六十一条 商业银行应当在理财产品销售文件中明确约定与投资者联络和信息披露的方式、渠道和频率,以及在信息披露过程中各方的责任,确保投资者及时获取信息……	《商业银行理财业务监督管理办法》
14	投诉电话或者其他投诉渠道信息	第三十三条……在理财产品销售文件中提供投诉电话或者其他投诉渠道信息,及时、妥善处理投资者投诉……	《理财公司内部控制管理办法》

续表

序号	合规事项	具体要求	文件名称
15		第三十七条 理财产品销售文件应当载明产品类型、投资范围、投资资产种类及其投资比例，并确保在理财产品成立后至到期日前，投资比例按照销售文件约定合理浮动，不得擅自改变理财产品类型……	《商业银行理财业务监督管理办法》
16		第三十八条 商业银行理财产品投资资产管理产品的，应当符合以下要求： （四）充分披露底层资产的类别和投资比例等信息，并在全国银行业理财信息登记系统登记资产管理产品及其底层资产的相关信息。	《商业银行理财业务监督管理办法》
17	投资运作	第二十二条 理财公司应当加强理财产品同业融资的流动性风险、交易对手风险等风险管理，做好期限管理和集中度管控，按照穿透原则对交易对手实施尽职调查和准入管理，设置适当的交易限额并根据需要进行动态调整。 理财公司理财产品可以按照国务院金融管理部门相关规定开展回购业务，但应当事先在理财产品销售文件中与投资者作出明确约定。 第二十三条 理财公司应当建立健全理财产品买入返售交易押品的管理制度，与交易对手开展买入返售交易的，可接受押品的资质要求应当与理财产品合同约定的投资范围保持一致。	《理财公司理财产品流动性风险管理办法》
18	认申赎、估值、风险评估	一、宣传销售文本管理 （六）理财产品销售文件应当载明理财产品的认购和赎回安排、估值原则、估值方法、份额认购、赎回价格的计算方式，拟投资市场和资产的风险评估。	《商业银行理财业务监督管理办法》附件：《商业银行理财产品销售管理要求》
19	费用	一、宣传销售文本管理 （十一）理财产品销售文件应当载明收取销售费、托管费、投资管理费等相关收费项目、收费条件、收费标准和收费方式。销售文件未	《商业银行理财业务监督管理办法》附件：《商业银行理财产品销售管理要求》

续表

序号	合规事项	具体要求	文件名称
19		载明的收费项目，不得向投资者收取。 商业银行根据相关法律和国家政策规定，需要对已约定的收费项目、条件、标准和方式进行调整时，应当按照有关规定进行信息披露后方可调整；投资者不接受的，应当允许投资者按照销售文件的约定提前赎回理财产品。	《商业银行理财业务监督管理办法》附件：《商业银行理财产品销售管理要求》
20	费用	第三十八条 理财产品销售机构应当按照法律法规、监管规定、理财产品投资协议书、理财产品说明书、理财产品销售（代理销售）协议书等的约定收取销售费用，并如实核算、记账；未经载明，不得对不同投资者适用不同费率。 理财公司根据相关法律和国家政策规定，需要对已约定的收费项目、条件、标准和方式进行调整时，应当按照有关规定进行信息披露后方可调整；投资者不接受的，应当允许投资者按照销售协议的约定提前赎回理财产品。	《理财公司理财产品销售管理暂行办法》
21	流动性风险管理	第十条 理财公司可以依照法律法规及理财产品合同的约定，综合运用以下理财产品流动性风险应对措施： （一）认购风险应对措施，包括：设定单一投资者认购金额上限、设定理财产品单日净认购比例上限、拒绝大额认购、暂停认购，以及银保监会规定的其他措施。 （二）赎回风险应对措施，包括：设置赎回上限、延期办理巨额赎回申请、暂停接受赎回申请、延缓支付赎回款项、收取短期赎回费、暂停理财产品估值、摆动定价，以及银保监会规定的其他措施。 理财公司应当明确各类流动性风险应对措施的实施条件、发起部门、决策程序、业务流程等事项，确保相关措施实施的及时、有序、透明及公平。	《理财公司理财产品流动性风险管理办法》

· 173 ·

续表

序号	合规事项	具体要求	文件名称
22	流动性风险管理	第十四条　理财公司应当依照理财产品信息披露相关规定，向投资者披露理财产品面临的主要流动性风险及其管理方法。 （一）在理财产品销售文件中披露开放式理财产品认购、赎回安排，主要拟投资市场、资产的流动性风险评估等信息。 （二）针对理财产品特点确定拟运用的流动性风险应对措施，并在理财产品销售文件中与投资者事先约定相关措施的使用情形、处理方法、程序及对投资者的潜在影响等，确保相关措施在必要时能够及时、有效运用。 …… （四）理财公司应当按照理财产品销售文件中约定的信息披露方式，在运用收取短期赎回费、摆动定价等措施后，3个交易日内告知该理财产品的相关投资者；在运用暂停认购、延期办理巨额赎回申请、暂停接受赎回申请、延缓支付赎回款项、暂停理财产品估值等措施后，3个交易日内告知该理财产品的投资者，并说明运用相关措施的原因、拟采取的应对安排等。	《理财公司理财产品流动性风险管理办法》
23		第十七条　单只理财产品同时存在以下情形的，应当采用封闭或定期开放运作方式，且定期开放周期不得低于90日，该理财产品销售文件还应当作出充分披露和显著标识： （一）计划投资不存在活跃交易市场，并且需要采用估值技术确定公允价值的资产； （二）计划投资上述资产的比例达到理财产品净资产50%以上。 对于其他理财产品，非因理财公司主观因素导致突破前款规定比例限制的，该理财产品不得新增投资上述资产。	《理财公司理财产品流动性风险管理办法》

续表

序号	合规事项	具体要求	文件名称
24	流动性风险管理	第二十条 单只理财产品允许单一投资者持有份额超过总份额50%的,应当采用封闭或定期开放运作方式,定期开放周期不得低于90日(现金管理类理财产品除外)。该理财产品销售文件应当作出充分披露和显著标识,不得向个人投资者公开发售。 对于其他理财产品,非因理财公司主观因素导致突破前款规定比例限制的,在单一投资者持有比例降至50%以下之前,理财公司不得再接受该投资者对该理财产品的认购申请。	《理财公司理财产品流动性风险管理办法》
25	流动性风险管理	第二十九条 理财公司可以按照事先约定,向连续持有少于7日的开放式理财产品(现金管理类理财产品除外)投资者收取赎回费,并将上述赎回费全额计入理财产品财产。	《理财公司理财产品流动性风险管理办法》
26		第四十七条 ……在确保投资者得到公平对待的前提下,商业银行可以按照法律、行政法规和理财产品销售文件约定,综合运用设置赎回上限、延期办理巨额赎回申请、暂停接受赎回申请、收取短期赎回费等方式,作为压力情景下开放式公募理财产品流动性风险管理的辅助措施。商业银行应当按照理财产品销售文件中约定的信息披露方式,在3个交易日内通知投资者相关处理措施……	《商业银行理财业务监督管理办法》
27	风险揭示	一、宣传销售文本管理 (九)理财产品销售文件应当包含专页风险揭示书,风险揭示书应当使用通俗易懂的语言,并至少包含以下内容: 1. 在醒目位置提示投资者,"理财非存款、产品有风险、投资须谨慎"; 2. 提示投资者,"如影响您风险承受能力的因素发生变化,请及时完成风险承受能力评估"; 3. 提示投资者注意投资风险,仔细阅读理	《商业银行理财业务监督管理办法》附件:《商业银行理财产品销售管理要求》

续表

序号	合规事项	具体要求	文件名称
27	风险揭示	财产品销售文件，了解理财产品具体情况； 4. 本理财产品类型、期限、风险评级结果、适合购买的投资者，并配以示例说明最不利投资情形下的投资结果； 5. 理财产品的风险揭示应当至少包含本理财产品不保证本金和收益，并根据理财产品风险评级结果提示投资者可能会因市场变动而蒙受损失的程度，以及需要充分认识投资风险，谨慎投资等； 6. 投资者风险承受能力评级结果，由投资者填写； 7. 投资者风险确认语句抄录，包括确认语句栏和签字栏，确认语句栏应当完整载明的风险确认语句"本人已经阅读风险揭示，愿意承担投资风险"，并在此语句下预留足够空间供投资者完整抄录和签名确认。	《商业银行理财业务监督管理办法》附件：《商业银行理财产品销售管理要求》
28		第二十六条　商业银行销售理财产品，应当加强投资者适当性管理，向投资者充分披露信息和揭示风险，不得宣传或承诺保本保收益，不得误导投资者购买与其风险承受能力不相匹配的理财产品。……	《商业银行理财业务监督管理办法》
29	投资者权益须知	一、宣传销售文本管理 （十）理财产品销售文件应当包含投资者权益须知的专页，投资者权益须知应当至少包括以下内容： 1. 投资者办理理财产品的流程； 2. 投资者风险承受能力评估流程、评级具体含义以及适合购买的理财产品等相关内容； 3. 商业银行向投资者进行信息披露的方式、渠道和频率等； 4. 投资者向商业银行投诉的方式和程序； 5. 商业银行联络方式及其他需要向投资者说明的内容。	《商业银行理财业务监督管理办法》附件：《商业银行理财产品销售管理要求》

续表

序号	合规事项	具体要求	文件名称
30	产品评级	第三十条　理财公司、代理销售机构应当设置科学合理的理财产品风险评级的方式和方法，根据理财产品的投资组合、同类产品过往业绩和风险状况等因素，对理财产品进行评级。理财产品风险评级结果应当以风险等级体现，由低到高至少包括一级至五级，并可以根据实际情况进一步细分。 　　理财公司应当对本公司发行的理财产品进行产品评级，代理销售机构应当根据本机构的方式和方法，独立、审慎地对代理销售的理财产品进行销售评级，并向理财公司及时、准确提供本机构销售评级结果等信息。 　　销售评级与理财公司产品评级结果不一致的，代理销售机构应当采用对应较高风险等级的评级结果并予以披露。理财公司应当在宣传销售文本等材料和理财产品登记信息中标明"该产品通过代理销售机构渠道销售的，理财产品评级应当以代理销售机构最终披露的评级结果为准"。	《理财公司理财产品销售管理暂行办法》

理财产品在销售过程中，销售机构应做好投资者持续信息服务，确保宣传文本中披露内容合规，不得存在误导投资者"保本保收"等信息。（见表8.6）

表8.6　理财产品披露（投资者持续信息服务等）要求合规要点

序号	合规事项	具体要求	文件名称
1	投资者持续信息服务	第三十九条　理财产品销售机构应当做好投资者持续信息服务，包括但不限于以下方面： 　　（一）及时向投资者告知认（申）购、赎回理财产品的确认日期、确认份额和金额等信息； 　　（二）定期向投资者提供其所持有的理财产品基本信息，及时向投资者告知对其决策有重大影响	《理财公司理财产品销售管理暂行办法》

续表

序号	合规事项	具体要求	文件名称
1	投资者持续信息服务	的信息。 　　理财公司应当及时将上述信息提供给理财产品销售机构。理财产品销售机构应当做好信息传递工作，通过与投资者约定的方式向投资者提供前述信息。	《理财公司理财产品销售管理暂行办法》
2	宣传销售文本	第二十六条　……商业银行理财产品宣传销售文本应当全面、如实、客观地反映理财产品的重要特性，充分披露理财产品类型、投资组合、估值方法、托管安排、风险和收费等重要信息，所使用的语言表述必须真实、准确和清晰。 　　商业银行发行理财产品，不得宣传理财产品预期收益率，在理财产品宣传销售文本中只能登载该理财产品或者本行同类理财产品的过往平均业绩和最好、最差业绩，并以醒目文字提醒投资者"理财产品过往业绩不代表其未来表现，不等于理财产品实际收益，投资须谨慎"。	《商业银行理财业务监督管理办法》
3		一、宣传销售文本管理 　　（十三）理财产品宣传销售文本的内容发生变化时，商业银行应当及时更新，并确保投资者及时知晓。	《商业银行理财产品销售管理要求》
4	其他	其他针对公募理财产品、私募理财产品的信息披露要求，请见本节"二 公募理财产品披露内容"和"三 私募理财产品披露内容"。	—

二、公募理财产品披露内容

　　监管对于公募理财产品披露要求较高，涉及销售文件、发行公告、定期报告等内容，同时对于报告的披露时限等也作了详细说明。除表8.2所列事项外，公募理财产品还需要遵守表8.7所列信息披露要求。

表 8.7 公募理财产品披露内容合规要点

序号	合规事项	具体要求	文件名称
1	总体要求	十二、……对于公募产品，金融机构应当建立严格的信息披露管理制度，明确定期报告、临时报告、重大事项公告、投资风险披露要求以及具体内容、格式。在本机构官方网站或者通过投资者便于获取的方式披露产品净值或者投资收益情况，并定期披露其他重要信息：开放式产品按照开放频率披露，封闭式产品至少每周披露一次……	《关于规范金融机构资产管理业务的指导意见》
2	总体要求	第五十六条　商业银行发行公募理财产品的，应当在本行官方网站或者按照与投资者约定的方式，披露以下理财产品信息： （一）在全国银行业理财信息登记系统获取的登记编码； （二）销售文件，包括说明书、销售协议书、风险揭示书和投资者权益须知； （三）发行公告，包括理财产品成立日期和募集规模等信息； （四）定期报告，包括理财产品的存续规模、收益表现，并分别列示直接和间接投资的资产种类、投资比例、投资组合的流动性风险分析，以及前十项资产具体名称、规模和比例等信息； （五）到期公告，包括理财产品的存续期限、终止日期、收费情况和收益分配情况等信息； （六）重大事项公告； （七）临时性信息披露； （八）国务院银行业监督管理机构规定的其他信息。 ……	《商业银行理财业务监督管理办法》
3	存续及在售理财产品信息	第五十四条　商业银行应当在本行营业网点或官方网站建立理财产品信息查询平台，收录全部在售及存续期内公募理财产品的基本信息。	《商业银行理财业务监督管理办法》

续表

序号	合规事项	具体要求	文件名称
4	发行公告、到期公告、定期报告	第五十六条 …… 商业银行应当在理财产品成立之后5日内披露发行公告，在理财产品终止后5日内披露到期公告，在发生可能对理财产品投资者或者理财产品收益产生重大影响的事件后2日内发布重大事项公告。 商业银行应当在每个季度结束之日起15日内、上半年结束之日起60日内、每年结束之日起90日内，编制完成理财产品的季度、半年和年度报告等定期报告。理财产品成立不足90日或者剩余存续期不超过90日的，商业银行可以不编制理财产品当期的季度、半年和年度报告。	《商业银行理财业务监督管理办法》
5	销售文件	第三十一条 开放式公募理财产品（现金管理类理财产品除外）发生大额认购或赎回时，理财公司可以采用摆动定价机制。 理财公司应当在理财产品销售文件中与投资者事先约定摆动定价机制的相关原理与操作方法，并履行相关信息披露义务。	《理财公司理财产品流动性风险管理办法》
6	净值信息	第五十七条 商业银行应当在每个开放日结束后2日内，披露开放式公募理财产品在开放日的份额净值、份额累计净值、认购价格和赎回价格，在定期报告中披露开放式公募理财产品在季度、半年和年度最后一个市场交易日的份额净值、份额累计净值和资产净值。 商业银行应当至少每周向投资者披露一次封闭式公募理财产品的资产净值和份额净值。	《商业银行理财业务监督管理办法》
7	理财产品账单	第五十八条 商业银行应当在公募理财产品的存续期内，至少每月向投资者提供其所持有的理财产品账单，账单内容包括但不限于投资者持有的理财产品份额、认购金额、份额净值、份额累计净值、资产净值、收益情况、投资者理财交易账户发生的交易明细记录等信息。	《商业银行理财业务监督管理办法》

续表

序号	合规事项	具体要求	文件名称
8	清算期延期公告	第六十条 商业银行理财产品终止后的清算期原则上不得超过 5 日；清算期超过 5 日的，应当在理财产品终止前，根据与投资者的约定，在指定渠道向理财产品投资者进行披露。	《商业银行理财业务监督管理办法》

三、私募理财产品披露内容

相较于公募理财产品，私募理财产品披露内容与时限要求较低，但仍需保证至少每季度披露净值及其他重要信息。除表 8.2 所列事项外，私募理财产品还需遵守表 8.8 所列信息披露要求。

表 8.8 私募理财产品披露内容合规要点

序号	合规事项	具体要求	文件名称
1	总体要求	十二、……对于私募产品，其信息披露方式、内容、频率由产品合同约定，但金融机构应当至少每季度向投资者披露产品净值和其他重要信息……	《关于规范金融机构资产管理业务的指导意见》
2	总体要求	第五十九条 商业银行发行私募理财产品的，应当按照与合格投资者约定的方式和频率，披露以下理财产品信息： （一）在全国银行业理财信息登记系统获取的登记编码； （二）销售文件，包括说明书、销售协议书、风险揭示书和投资者权益须知； （三）至少每季度向合格投资者披露理财产品的资产净值、份额净值和其他重要信息； （四）定期报告，至少包括季度、半年和年度报告； （五）到期报告； （六）重大事项报告；	《商业银行理财业务监督管理办法》

续表

序号	合规事项	具体要求	文件名称
2	总体要求	（七）临时性信息披露； （八）国务院银行业监督管理机构规定的其他信息。	《商业银行理财业务监督管理办法》
3	投资冷静期	三、理财产品销售管理 （九）商业银行应当在私募理财产品的销售文件中约定不少于二十四小时的投资冷静期，并载明投资者在投资冷静期内的权利。在投资冷静期内，如果投资者改变决定，商业银行应当遵从投资者意愿，解除已签订的销售文件，并及时退还投资者的全部投资款项。投资冷静期自销售文件签字确认后起算。	《商业银行理财业务监督管理办法》 附件：《商业银行理财产品销售管理要求》
4	清算期延期公告	第六十条　商业银行理财产品终止后的清算期原则上不得超过5日；清算期超过5日的，应当在理财产品终止前，根据与投资者的约定，在指定渠道向理财产品投资者进行披露。	《商业银行理财业务监督管理办法》

四、理财产品业绩比较基准展示

根据《理财产品业绩比较基准展示行为准则》，业绩比较基准展示，是指理财产品销售机构在开展销售业务时，通过包括但不限于产品宣传销售文本、网站、网上银行、手机App等形式或渠道对理财产品的业绩比较基准进行的列示、描述、解释、引用等行为。具体的披露及展示要求如表8.9所示：

表8.9　理财产品业绩比较基准展示合规要点

序号	合规事项	具体要求	文件名称
1	总体要求	四、展示理财产品业绩比较基准应当有助于反映理财产品的风险收益特征，向投资者充分披露信息和揭示风险，保障投资者的知情权，增强投资者对产品性质和特点的判断，有利于充分揭示理财产品"卖者尽责、买者自负"的信义义务特征。	《理财产品业绩比较基准展示行为准则》

续表

序号	合规事项	具体要求	文件名称
2	披露要求	七、如理财产品中使用业绩比较基准，应当在销售文件中及时、准确、完整地向理财产品投资者进行披露，并由销售机构按照与投资者约定的方式向投资者提供业绩比较基准信息，保证投资者能够按照销售协议约定的时间和方式及时获取。	《理财产品业绩比较基准展示行为准则》
3		十二、理财产品存续期间，管理人应根据市场研判、投资策略等情况，审慎决定业绩比较基准的调整事项，如确需调整，除应通过常规展示方式向投资者充分、醒目披露调整信息和原因外，还应按照信息披露相关要求及时履行向理财产品持有人的告知义务……	《理财产品业绩比较基准展示行为准则》
4	展示要求	六、理财产品业绩比较基准应严格区别于预期收益率，不具有约定收益的涵义，禁止以业绩比较基准直接替代或实际替代预期收益率，禁止在销售活动中以预期收益的概念误导投资者，禁止通过调节收益等方式变相实现业绩比较基准。	《理财产品业绩比较基准展示行为准则》
5		八、理财产品业绩比较基准的展示应科学合理、清晰易懂，避免使用晦涩难懂的语言文字。不得单独使用数值展示业绩比较基准，也不得突出使用数值展示业绩比较基准，禁止出现与其风险特征明显不匹配的情况。	《理财产品业绩比较基准展示行为准则》
6		九、理财产品业绩比较基准的展示应醒目显著，不得采用缩小字体、模糊色彩、缩减省略等方式影响显著性。应紧跟业绩比较基准固定数值、区间数值或指数加权等列示部分，于显著位置说明业绩比较基准的选择原因、测算依据或计算方法，以及"业绩比较基准不是预期收益率，不代表产品的未来表现和实际收益，不构成对产品收益的承诺"等涵义的文字性提示。	《理财产品业绩比较基准展示行为准则》

续表

序号	合规事项	具体要求	文件名称
7	展示要求	十、理财产品业绩比较基准的测算依据或计算方式应简洁明了。对于过于复杂的算法，应在展示时做出详细解释说明，在销售过程中提示投资者予以关注。	《理财产品业绩比较基准展示行为准则》
8		十一、理财产品业绩比较基准可在多种销售渠道和宣传销售文本中展示，同一理财产品业绩比较基准在不同销售渠道和宣传销售文本的展示应保持一致。	《理财产品业绩比较基准展示行为准则》
9		十二、……原则上，业绩比较基准展示应保持连贯性，不得取消或停止展示，不得在理财产品封闭运行期间调整业绩比较基准。	《理财产品业绩比较基准展示行为准则》
10		十三、如展示理财产品过往业绩，应合理制定相关展示规则。过往业绩的展示应遵循稳定性和内在逻辑一致性的基本原则，不得随意变更展示规则，不能片面夸大或刻意选择性展示，避免对投资者造成误导，维护公平竞争的行业环境。	《理财产品业绩比较基准展示行为准则》

第三节 信息披露的基本渠道

监管政策对于理财产品信息披露的渠道也作了相应要求。理财产品管理人在未与投资者明确约定的情况下，在其官方网站公布理财产品相关信息，不能视为向投资者进行了信息披露。（见表 8.10）

表 8.10 理财产品信息披露基本渠道

序号	具体要求	文件名称
1	第六十一条　商业银行应当在理财产品销售文件中明确约定与投资者联络和信息披露的方式、渠道和频率，以及在信息披露过程中各方的责任，确保投资者及时获取信息。	《商业银行理财业务监督管理办法》

续表

序号	具体要求	文件名称
1	商业银行在未与投资者明确约定的情况下，在其官方网站公布理财产品相关信息，不能视为向投资者进行了信息披露。	《商业银行理财业务监督管理办法》
2	第四十条　理财公司应当通过本公司和代理销售机构官方渠道、行业统一信息披露渠道或与投资者约定的其他渠道披露全部在售及存续的理财产品相关信息，并保证投资者能够按照销售协议约定的时间和方式及时获取披露信息。 理财公司委托代理销售机构销售理财产品的，双方应当按照法律、行政法规、监管规定及合作协议约定，确认信息披露义务人，真实、准确、完整进行信息披露。	《理财公司理财产品销售管理暂行办法》
3	第五十四条　商业银行应当在本行营业网点或官方网站建立理财产品信息查询平台，收录全部在售及存续期内公募理财产品的基本信息。	《商业银行理财业务监督管理办法》

第九章

关联交易

　　关联交易管理与公司治理的稳定性紧密相关,近年来,银行保险机构通过隐匿关联关系、设计多层嵌套结构、违规提供资金等方式,规避监管进而引发银行破产的情况不断显现。有别于一般的银行保险机构关联交易,回归"代客理财"本源的理财公司对理财产品的关联交易管理具有涉众性和复杂性。在保护投资者权益、防范利益输送、确保三单管理、实现风险隔离的前提下,理财公司不可避免地会与股东集团成员之间存在产品、客户、系统、渠道、平台、数据、人力、财务等方面的合作协同,在协同背景下的关联交易是把"双刃剑",既能够带来资源互补,也可能由于不公允的交易条件损害其他利益人的权益。因此,就有必要对理财公司关联交易合规风险进行系统性管控,实现业务协同优势与防范不当干预的有效统一。

　　理财公司及理财产品对于关联方及关联交易管理的口径,在不同层次的规章制度中有不同规定,主要集中在两个方面:一是法人属性,即作为独立法人运用自有资金对生产经营活动中与关联方发生的交易行为负有管理责任;二是产品属性,即作为产品管理人对投资者负有受托义务,理财资金投资运用须公平对待全体投资者及勤勉尽责。在兼顾法人属性与产品属性的双重管理要素下,在日常管理中需要区分统计口径、适用不同规则。

　　2022年,原银保监会相继发布《银行保险机构关联交易管理办法》《理财公司内部控制管理办法》,对关联交易管理相关规定进行了修订、重检,明确将理财子公司纳入发文对象,对理财公司的关联交易实务管理提出更高要求。同时,《理财公司理财产品流动性风险管理办法》对理财产品之间、理财产品与公司及其关联方之间的交易管理作出了原则性要求。

第一节 关联方管理

作为上市商业银行的附属机构,理财公司层面的关联交易管理面临以下四个口径:原中国银保监会口径、证监会/交易所口径、香港联交所口径以及中国会计准则口径。以关联方为例,理财公司构成银保监会口径下的关联方纳入母行的关联方,但是不构成证监会口径下母行的关联方。因此,在日常管理中需要区分统计需求适用不同规则。《银行保险机构关联交易管理办法》《商业银行理财业务监督管理办法》《商业银行理财子公司管理办法》《理财公司内部控制管理办法》对理财产品层面的关联方认定标准作出了规定。

一、认定标准

（一）机构维度

从法人属性层面上来看,作为股东集团成员,全面、及时、准确对关联方进行规范化管理是保障公司关联交易依法合规的重要前提,理财公司遵照法律法规、部门规章、规范性文件、母行上市地上市规则建立全口径下的关联方名单,是夯实关联交易管理的基石。《银行保险机构关联交易管理办法》规整体上简化关联自然人认定的层级,明确关联法人或非法人组织的豁免规则,新增按照实质重于形式和穿透的原则认定自然人、法人或非法人组织为关联方。（见表9.1）

表 9.1 关联方管理合规要点——机构维度

序号	合规事项	具体要求	文件名称
1	关联自然人（银保监会）	第六条　银行保险机构的关联自然人包括：（一）银行保险机构的自然人控股股东、实际控制人,及其一致行动人、最终受益人;（二）持有或控制银行保险机构5%以上股权的,或持股不足5%但对银行保险机构经营管理有重大影响的自然人;（三）银行保险机构的董事、监	《银行保险机构关联交易管理办法》

续表

序号	合规事项	具体要求	文件名称
1	关联自然人（银保监会）	事、总行（总公司）和重要分行（分公司）的高级管理人员，以及具有大额授信、资产转移、保险资金运用等核心业务审批或决策权的人员；（四）本条第（一）项至第（三）项所列关联方的配偶、父母、成年子女及兄弟姐妹；（五）本办法第七条第（一）项、第（二）项所列关联方的董事、监事、高级管理人员。	《银行保险机构关联交易管理办法》
2	关联自然人（证监会）	具有以下情形之一的自然人，为上市公司的关联自然人：1. 直接或者间接持有上市公司百分之五以上股份的自然人；2. 上市公司董事、监事及高级管理人员；3. 直接或者间接地控制上市公司的法人的董事、监事及高级管理人员；4. 上述第1、2项所述人士的关系密切的家庭成员，包括配偶、父母、年满十八周岁的子女及其配偶、兄弟姐妹及其配偶，配偶的父母、兄弟姐妹，子女配偶的父母；5. 在过去十二个月内或者根据相关协议安排在未来十二个月内，存在上述情形之一的；6. 中国证监会、证券交易所或者上市公司根据实质重于形式的原则认定的其他与上市公司有特殊关系，可能或者已经造成上市公司对其利益倾斜的自然人。	《上市公司信息披露管理办法》
3	关联自然人（交易所）	具有以下情形之一的自然人，为上市公司的关联自然人：（一）直接或者间接持有上市公司5%以上股份的自然人；（二）上市公司董事、监事和高级管理人员；（三）直接或者间接地控制上市公司的法人（或者其他组织）的董事、监事和高级管理人员；（四）本款第（一）项、第（二）项所述人士的关系密切的家庭成员。在过去12个月内或者相关协议或者安排生效后的12个月内，存在本条第二款、第三款所	《上海证券交易所股票上市规则》

续表

序号	合规事项	具体要求	文件名称
3	关联自然人（交易所）	述情形之一的法人（或者其他组织）、自然人，为上市公司的关联人。中国证监会、本所或者上市公司可以根据实质重于形式的原则，认定其他与上市公司有特殊关系，可能或者已经造成上市公司对其利益倾斜的法人（或者其他组织）或者自然人为上市公司的关联人。	《上海证券交易所股票上市规则》
4	关联法人/非法人组织（原银保监会）	第七条　银行保险机构的关联法人或非法人组织包括： （一）银行保险机构的法人控股股东、实际控制人，及其一致行动人、最终受益人；（二）持有或控制银行保险机构5%以上股权的，或者持股不足5%但对银行保险机构经营管理有重大影响的法人或非法人组织，及其控股股东、实际控制人、一致行动人、最终受益人；（三）本条第（一）项所列关联方控制或施加重大影响的法人或非法人组织，本条第（二）项所列关联方控制的法人或非法人组织；（四）银行保险机构控制或施加重大影响的法人或非法人组织；（五）本办法第六条第（一）项所列关联方控制或施加重大影响的法人或非法人组织，第六条第（二）项至第（四）项所列关联方控制的法人或非法人组织。	《银行保险机构关联交易管理办法》
5	关联法人/其他组织（证监会）	具有以下情形之一的法人（或者其他组织），为上市公司的关联法人（或者其他组织）：1.直接或者间接地控制上市公司的法人（或者其他组织）；2.由前项所述法人（或者其他组织）直接或者间接控制的除上市公司及其控股子公司以外的法人（或者其他组织）；3.关联自然人直接或者间接控制的、或者担任董事、高级管理人员的，除上市公司及其控股子公司以外的法人（或者其他组织）；4.持有上市公司百分之五以上股份的法人（或者其他组织）及其一致	《上市公司信息披露管理办法》

续表

序号	合规事项	具体要求	文件名称
5	关联法人/其他组织（证监会）	行动人；5. 在过去十二个月内或者根据相关协议安排在未来十二月内，存在上述情形之一的；6. 中国证监会、证券交易所或者上市公司根据实质重于形式的原则认定的其他与上市公司有特殊关系，可能或者已经造成上市公司对其利益倾斜的法人（或者其他组织）。	《上市公司信息披露管理办法》
6	关联法人/其他组织（交易所）	具有以下情形之一的法人（或者其他组织），为上市公司的关联法人（或者其他组织）：（一）直接或者间接控制上市公司的法人（或者其他组织）；（二）由前项所述法人（或者其他组织）直接或者间接控制的除上市公司、控股子公司及控制的其他主体以外的法人（或者其他组织）；（三）关联自然人直接或者间接控制的、或者担任董事（不含同为双方的独立董事）、高级管理人员的，除上市公司、控股子公司及控制的其他主体以外的法人（或者其他组织）；（四）持有上市公司5%以上股份的法人（或者其他组织）及其一致行动人。	《上海证券交易所股票上市规则》
7	关联方（会计准则）	第三条 一方控制、共同控制另一方或对另一方施加重大影响，以及两方或两方以上同受一方控制、共同控制或重大影响的，构成关联方。 控制，是指有权决定一个企业的财务和经营政策，并能据以从该企业的经营活动中获取利益。 共同控制，是指按照合同约定对某项经济活动所共有的控制，仅在与该项经济活动相关的重要财务和经营决策需要分享控制权的投资方一致同意时存在。 重大影响，是指对一个企业的财务和经营政策有参与决策的权力，但并不能够控制或者与其他方一起共同控制这些政策的制定。	《企业会计准则第36号》

续表

序号	合规事项	具体要求	文件名称
8	关联方认定原则（原银保监会）	第八条 银行保险机构按照实质重于形式和穿透的原则，可以认定以下自然人、法人或非法人组织为关联方：（一）在过去十二个月内或者根据相关协议安排在未来十二个月内存在本办法第六条、第七条规定情形之一的；（二）本办法第六条第（一）项至第（三）项所列关联方的其他关系密切的家庭成员；（三）银行保险机构内部工作人员及其控制的法人或其他组织；（四）本办法第六条第（二）（三）项，以及第七条第（二）项所列关联方可施加重大影响的法人或非法人组织；（五）对银行保险机构有影响，与银行保险机构发生或可能发生未遵守商业原则、有失公允的交易行为，并可据以从交易中获取利益的自然人、法人或非法人组织。	《银行保险机构关联交易管理办法》
9	关联方认定原则（原银保监会）	第九条 银保监会或其派出机构可以根据实质重于形式和穿透的原则，认定可能导致银行保险机构利益转移的自然人、法人或非法人组织为关联方。	《银行保险机构关联交易管理办法》

（二）产品维度

从产品属性层面上来看，相比于法人属性复杂的上市地监管环境，产品属性的监管规则较为简短。原中国银保监会总体上规定本公司或托管机构的主要股东、实际控制人、一致行动人、最终受益人，托管机构，同一股东或托管机构控股的机构，或者与本公司或托管机构有重大利害关系的机构构成理财产品的关联方。就与理财产品的实质关系而言，理财产品管理人、托管人、销售机构是常见的理财产品层面的关联方。（见表9.2）

表9.2 关联方管理合规要点——产品维度

序号	具体要求	文件名称
1	第二十一条 商业银行理财产品投资于本行或托管机构，其主要股东、控股股东、实际控制人、一致行动人、最终受益人，其控股的机构或者与其有重大利害关系的公司发行或者承	《商业银行理财业务监督管理办法》

续表

序号	具体要求	文件名称
1	销的证券，或者从事其他重大关联交易的，应当符合理财产品的投资目标、投资策略和投资者利益优先原则，按照商业原则，以不优于对非关联方同类交易的条件进行，并向投资者充分披露信息。 　　商业银行应当按照金融监督管理部门关于关联交易的相关规定，建立健全理财业务关联交易内部评估和审批机制。理财业务涉及重大关联交易的，应当提交有权审批机构审批，并向银行业监督管理机构报告。 　　商业银行不得以理财资金与关联方进行不正当交易、利益输送、内幕交易和操纵市场，包括但不限于投资于关联方虚假项目、与关联方共同收购上市公司、向本行注资等。	《商业银行理财业务监督管理办法》
2	第四十二条　银行理财子公司发行的理财产品投资于本公司或托管机构的主要股东、实际控制人、一致行动人、最终受益人，托管机构，同一股东或托管机构控股的机构，或者与本公司或托管机构有重大利害关系的机构发行或承销的证券，或者从事其他关联交易的，应当符合理财产品投资目标、投资策略和投资者利益优先原则，按照商业原则，以不优于对非关联方同类交易的条件进行，并向投资者充分披露信息。 　　银行理财子公司应当遵守法律、行政法规和金融监督管理部门关于关联交易的相关规定，全面准确识别关联方，建立健全理财业务关联交易内部评估和审批机制。理财业务涉及重大关联交易的，应当提交有权审批机构审批，并向银行业监督管理机构报告。 　　银行理财子公司不得以理财资金与关联方进行不正当交易、利益输送、内幕交易和操纵市场，包括但不限于投资于关联方虚假项目、与关联方共同收购上市公司、向本公司注资等。	《商业银行理财子公司管理办法》
3	第二十六条　……理财公司以自有资金及理财产品投资本公司或托管机构的主要股东、实际控制人、一致行动人、最终受益人，托管机构，同一股东或托管机构控股的机构，或者与本公司或托管机构有重大利害关系的机构，以及银保监会关于关联交易管理相关规定中涉及的其他关联方发行或承销的证券、发行的资产管理产品，或者从事其他关联交易的，应当按照商业原则，以不优于对非关联方同类交易的条件进行……	《理财公司内部控制管理办法》

二、信息报告相关监管要求

为准确识别关联方,防范关联方识别不全面的合规风险,《银行保险机构关联交易管理办法》对于关联方信息报送作出明确规定,董事、监事、高级管理人员及具有大额授信、资产转移、保险资金运用等核心业务审批或决策权的人员,应按照监管要求自任职之日起15个工作日内向理财公司报告。(见表9.3)

表 9.3　关联方名单编制与报送合规要点

具体要求	文件名称
第四十一条　银行保险机构董事、监事、高级管理人员及具有大额授信、资产转移、保险资金运用等核心业务审批或决策权的人员,应当自任职之日起 15 个工作日内,按本办法有关规定向银行保险机构报告其关联方情况。 持有银行保险机构 5% 以上股权,或持股不足 5% 但是对银行保险机构经营管理有重大影响的自然人、法人或非法人组织,应当在持股达到 5% 之日或能够施加重大影响之日起 15 个工作日内,按本办法有关规定向银行保险机构报告其关联方情况。 前款报告事项如发生变动,应当在变动后的 15 个工作日内向银行保险机构报告并更新关联方情况。	《银行保险机构关联交易管理办法》

第二节　关联交易管理

强化理财公司关联交易管理,是回归"代客理财"本源、落实受托人信义义务的应有之义。大量非公允的不公平交易恰是对投资者权益的褫夺和对投资信心的摧毁。从业务发展趋势看,随着理财产品净值化转型,同一管理人管理的理财产品之间、理财产品与关联法人以及其管理的资管产品的关联交易日益增多;从投资者类型看,理财产品认购门槛降低、以个人散户为主的投资者属性,都给理财产品关联交易管理带来新的挑战。理财公司利用管理人身份滥用关联交易必将引发合规风险,进而诱发产品流动性风险、公司声誉风险,严重影响投资者权益,扰乱行业健康发展。

一、认定标准

从关联交易的底层逻辑出发，关联交易指的是与"关联方"发生的"交易"。理财公司作为非银行金融机构，《银行保险机构关联交易管理办法》考虑到理财公司在适用性上以"资产"、"资金"及"中间服务"为基础的交易类型划分更为适合，因此不再规定适用于传统银行业务如"授信类关联交易"等类型。（见表9.4）

表9.4 关联交易认定标准合规要点

序号	合规事项	具体要求	文件名称
1	关联交易类型（原银保监会）	第二十二条 金融资产管理公司、金融租赁公司、汽车金融公司、消费金融公司（下称其他非银行金融机构）的关联交易包括以下类型： （一）以资产为基础的关联交易：包括资产买卖与委托（代理）处置、资产重组（置换）、资产租赁等； （二）以资金为基础的关联交易：包括投资、贷款、融资租赁、借款、拆借、存款、担保等； （三）以中间服务为基础的关联交易：包括评级服务、评估服务、审计服务、法律服务、拍卖服务、咨询服务、业务代理、中介服务等； （四）其他类型关联交易以及根据实质重于形式原则认定的可能引致其他非银行金融机构利益转移的事项。	《银行保险机构关联交易管理办法》
2	关联交易类型（交易所）	6.3.2 上市公司的关联交易，是指上市公司、控股子公司及控制的其他主体与上市公司关联人之间发生的转移资源或者义务的事项，包括：（一）本规则第6.1.1条规定的交易事项；（二）购买原材料、燃料、动力；（三）销售产品、商品；（四）提供或者接受劳务；（五）委托或者受托销售；（六）存贷款业务；（七）与关联人共同投资；（八）其他通过约定可能引致资源或者义务转移的事项。	《上海证券交易所股票上市规则》

续表

序号	合规事项	具体要求	文件名称
3	重大关联交易（原银保监会）	第二十三条……其他非银行金融机构重大关联交易是指其他非银行金融机构与单个关联方之间单笔交易金额达到其他非银行金融机构上季末资本净额1%以上，或累计达到其他非银行金融机构上季末资本净额5%以上的交易。金融租赁公司除外…… 其他非银行金融机构与单个关联方的交易金额累计达到前款标准后，其后发生的关联交易，每累计达到上季末资本净额1%以上，应当重新认定为重大关联交易。金融租赁公司除外……	《银行保险机构关联交易管理办法》
4	具体金额计算方式（原银保监会）	第二十四条 其他非银行金融机构的关联交易金额以交易对价或转移的利益计算，具体计算方式如下： （一）以资产为基础的关联交易以交易价格计算交易金额； （二）以资金为基础的关联交易以签订协议的金额计算交易金额； （三）以中间服务为基础的关联交易以业务收入或支出金额计算交易金额； （四）银保监会确定的其他计算口径。 第十一条 银行保险机构应当按照实质重于形式和穿透原则，识别、认定、管理关联交易及计算关联交易金额……	《银行保险机构关联交易管理办法》
5	关联交易（原银保监会）	第三十四条 商业银行与主要股东或其控股股东、实际控制人、关联方、一致行动人、最终受益人发生自用动产与不动产买卖或租赁；信贷资产买卖；抵债资产的接收和处置；信用增值、信用评估、资产评估、法律、信息、技术和基础设施等服务交易；委托或受托销售以及其他交易的，应当遵守法律法规和银监会有关规定，并按照商业原则进行，不应优于对非关联方同类交易条件，防止风险传染和利益输送。	《商业银行股权管理暂行办法》

续表

序号	合规事项	具体要求	文件名称
6	关联交易（原银保监会）	第二十六条　理财公司应当按照《指导意见》，以及银保监会关于关联交易管理和理财公司管理的相关规定，建立健全关联交易管理制度，全面准确识别关联方，完善关联交易内部评估和审批机制，规范管理关联交易行为。 　　理财公司以自有资金及理财产品投资本公司或托管机构的主要股东、实际控制人、一致行动人、最终受益人，托管机构，同一股东或托管机构控股的机构，或者与本公司或托管机构有重大利害关系的机构，以及银保监会关于关联交易管理相关规定中涉及的其他关联方发行或承销的证券、发行的资产管理产品，或者从事其他关联交易的，应当按照商业原则，以不优于对非关联方同类交易的条件进行。 　　理财公司以自有资金及理财产品开展关联交易的，应当在本机构官方网站或者行业统一渠道披露关联交易信息，在本机构年报中披露当年关联交易总体情况。以理财产品开展关联交易的，还应当符合理财产品投资目标、投资策略和投资者利益优先原则，并向投资者充分披露信息。 　　理财公司应当合理审慎设定重大关联交易判断标准。涉及重大关联交易的，理财公司应当提交董事会审批，并向银保监会及其派出机构报告。银保监会可以根据审慎监管原则，要求理财公司调整重大关联交易判断标准。 　　理财公司不得以自有资金或理财资金与关联方进行不正当交易、利益输送、内幕交易和操纵市场，包括但不限于投资关联方虚假项目、与关联方共同收购上市公司、向本机构注资等。	《理财公司内部控制管理办法》

二、主要类型及计算方法

（一）理财业务关联交易的主要表现类型

按照理财资金投资行为的不同，理财资金运用层面存在的关联交易可以分为三种：一是投资关联方发行证券的关联交易；二是投资关联方承销证券的关联交易；三是其他类型关联交易（包括投资关联方发行的金融产品或投资基础资产包含关联方资产的金融产品、理财产品与关联方开展现券/回购交易业务等）。

按照理财产品接受服务行为的不同，产品服务层面存在的关联交易主要可以分为四种：一是接受产品管理人的管理服务支付管理费；二是接受产品托管人的托管服务支付托管费；三是接受产品销售机构的销售服务支付销售服务手续费；四是接受产品托管人保管银行存款收取活期利息。

从理财公司以自有资金投资运作及公司日常经营的层面来看，主要类型与上述理财产品层面的交易类别基本一致。

（二）理财业务关联交易的金额计算

就"关联交易金额"而言，基于"交易对价或转移的利益"原则，《银行保险机构关联交易管理办法》针对保险机构的专门规定填补了理财公司适用规则的空白。实践中，"交易对价"及"转移的利益"往往同时存在，且交易对价远高于转移的利益，具体如何适用需要区分类型加以甄别。

与上述理财业务关联交易的主要表现形式一一对应，执行层面存在以下三种计算口径：一是理财资金投资行为以投资金额计算交易金额。其中，参照适用《银行保险机构关联交易管理办法》中保险资金"投资于关联方发行的金融产品且基础资产涉及其他关联方的，以投资金额计算交易金额；投资于关联方发行的金融产品且基础资产不涉及其他关联方的，以发行费或投资管理费计算交易金额；买入资产的，以交易价格计算交易金额"。二是理财产品接受服务以业务收入或支出金额计算交易金额。三是理财公司法人属性层面存在的交易以交易价格计算交易金额。参照适用上述规则较大程度贴合了理财公司业务实际，为规范计算口径提供了制度依据。

三、内部审批流程和信息披露程序

《银行保险机构关联交易管理办法》进一步严格关联交易的内部审批和信息披露程序，区分一般关联交易和重大关联交易明确各自的审批层级与流程。对于一般关联交易，按照理财公司内部管理制度和授权程序审查后报董事会关联交易控制委员会备案即可。对于重大关联交易必须经由董事会关联交易控制委员会审查后，提交董事会以非关联董事特别决议审议批准并向监管机构报告，同时，参照《银行保险机构关联交易管理办法》的要求，独立董事（如有）还应逐笔对重大关联交易的公允性、合规性以及内部审批程序履行情况发表书面意见。

在信息披露上，《银行保险机构关联交易管理办法》同样区分按季度合并披露和按规定期间内逐笔披露的不同要求，真实性、准确性、完整性、及时性持续提升。一是对于一般关联交易，按季度结束后30日内按交易类型合并披露。二是对于重大关联交易，应当在签订交易协议后15个工作日内逐笔披露，并向监管机构报告。三是就年度交易的整体情况，董事会每年向股东作出专项报告，并须在公司网站挂网的公司年报中披露当年关联交易的总体情况。四是就理财产品运作期的信息披露规定而言，按季度披露的理财产品定期报告会对关联交易向投资者进行充分披露。（见表9.5）

表9.5 关联交易管理合规要点

序号	合规事项	具体要求	文件名称
1	报告和披露的总体要求	第五十二条 银行保险机构及其关联方应当按照本办法有关规定，真实、准确、完整、及时地报告、披露关联交易信息，不得存在任何虚假记载、误导性陈述或重大遗漏。	《银行保险机构关联交易管理办法》
2	签订交易协议的披露和报告义务	第四十八条 统一交易协议的签订、续签、实质性变更，应按照重大关联交易进行内部审查、报告和信息披露。统一交易协议下发生的关联交易无需逐笔进行审查、报告和披露，但应当在季度报告中说明执行情况。统一交易协议应当明确或预估关联交易金额。 第五十三条 银行保险机构应当在签订以下交易协议后15个工作日内逐笔向银保监会或其派出机构报告： （一）重大关联交易；	《银行保险机构关联交易管理办法》

续表

序号	合规事项	具体要求	文件名称
2	签订交易协议的披露和报告义务	（二）统一交易协议的签订、续签或实质性变更； （三）银保监会要求报告的其他交易。 信托公司关联交易逐笔报告另有规定的，从其规定。	《银行保险机构关联交易管理办法》
3	公司季度报送要求	第五十四条　银行保险机构应当按照本办法有关规定统计季度全部关联交易金额及比例，并于每季度结束后30日内通过关联交易监管相关信息系统向银保监会或其派出机构报送关联交易有关情况。	《银行保险机构关联交易管理办法》
4	关联交易年度专项报告	第五十五条　银行保险机构董事会应当每年向股东（大）会就关联交易整体情况做出专项报告，并向银保监会或其派出机构报送。	《银行保险机构关联交易管理办法》
5	逐笔报告要求、公司年报披露要求	第五十六条　银行保险机构应当在公司网站中披露关联交易信息，在公司年报中披露当年关联交易的总体情况。按照本办法第五十三条规定需逐笔报告的关联交易应当在签订交易协议后15个工作日内逐笔披露，一般关联交易应在每季度结束后30日内按交易类型合并披露。 逐笔披露内容包括： （一）关联交易概述及交易标的情况； （二）交易对手情况。包括关联自然人基本情况，关联法人或非法人组织的名称、经济性质或类型、主营业务或经营范围、法定代表人、注册地、注册资本及其变化，与银行保险机构存在的关联关系； （三）定价政策； （四）关联交易金额及相应比例； （五）股东（大）会、董事会决议，关联交易控制委员会的意见或决议情况； （六）独立董事发表意见情况； （七）银保监会认为需要披露的其他事项。 合并披露内容应当包括关联交易类型、交易金额及相应监管比例执行情况。	《银行保险机构关联交易管理办法》

续表

序号	合规事项	具体要求	文件名称
6	豁免审议和披露情形	（一）与关联自然人单笔交易额在50万元以下或与关联法人单笔交易额在500万元以下的关联交易，且交易后累计未达到重大关联交易标准的； （二）一方以现金认购另一方公开发行的股票、公司债券或企业债券、可转换债券或其他衍生品种； （三）活期存款业务； （四）同一自然人同时担任银行保险机构和其他法人的独立董事且不存在其他构成关联方情形的，该法人与银行保险机构进行的交易； （五）交易的定价为国家规定的； （六）银保监会认可的其他情形。 银行保险机构关联交易信息涉及国家秘密、商业秘密或者银保监会认可的其他情形，银行保险机构可以向银保监会申请豁免按照本办法披露或履行相关义务。	《银行保险机构关联交易管理办法》

四、禁止性规定

关联交易应严格执行法律法规相关禁止性规定，包括但不限于：

1.不得接受以本公司的股权作为质押向关联方提供融资；

2.不得为关联方的融资行为提供担保，但关联方以银行存单、国债提供足额反担保的除外；

3.不得接受关联方控制的会计师事务所、专业评估机构、律师事务所提供的审计、评估等服务；

4.本公司不得通过掩盖关联关系、拆分交易等各种隐蔽方式规避重大关联交易审批或监管要求；

5.本公司不得利用各种嵌套交易拉长融资链条、模糊业务实质、规避监管规定，不得为股东及其关联方违规融资、腾挪资产、空转套利、隐匿风险等；

6.本公司不得直接或者间接投资于主要股东的信贷资产及其受（收）益

权,不得直接或者间接投资于主要股东发行的次级档资产支持证券;

7. 本公司不得以自有资金或理财资金与关联方进行不正当交易、利益输送、内幕交易和操作市场,包括但不限于投资于关联方虚假项目、与关联方共同收购上市公司、向本公司注资等。(见表9.6)

表9.6 关联交易禁止性规定

序号	具体要求	文件名称
1	第五十一条 ……银行保险机构不得聘用关联方控制的会计师事务所、专业评估机构、律师事务所为其提供审计、评估等服务。	《银行保险机构关联交易管理办法》
2	第二十七条 银行保险机构不得通过掩盖关联关系、拆分交易等各种隐蔽方式规避重大关联交易审批或监管要求。 银行保险机构不得利用各种嵌套交易拉长融资链条、模糊业务实质、规避监管规定,不得为股东及其关联方违规融资、腾挪资产、空转套利、隐匿风险等。	《银行保险机构关联交易管理办法》
3	第二十八条 银行机构不得直接通过或借道同业、理财、表外等业务,突破比例限制或违反规定向关联方提供资金。 银行机构不得接受本行的股权作为质押提供授信。银行机构不得为关联方的融资行为提供担保(含等同于担保的或有事项),但关联方以银行存单、国债提供足额反担保的除外。 银行机构向关联方提供授信发生损失的,自发现损失之日起二年内不得再向该关联方提供授信,但为减少该授信的损失,经银行机构董事会批准的除外。	《银行保险机构关联交易管理办法》
4	第二十六条 ……理财公司不得以自有资金或理财资金与关联方进行不正当交易、利益输送、内幕交易和操纵市场,包括但不限于投资关联方虚假项目、与关联方共同收购上市公司、向本机构注资等。	《理财公司内部控制管理办法》

第三节　内部交易

原银保监会《商业银行并表管理与监管指引》要求商业银行对整个银行集团实施并表管理，关注由此产生的不当利益输送、风险延迟暴露、监管套利、风险传染和其他对银行集团稳健经营的负面影响。

一、认定标准

《商业银行并表管理与监管指引》所称内部交易是指商业银行与其附属机构以及附属机构之间表内授信及表外类授信（贷款、同业、贴现、担保等）、交叉持股、金融市场交易和衍生交易、理财安排、资产转让、管理和服务安排（包括信息系统、后台清算、银行集团内部外包等）、再保险安排、服务收费以及代理交易等。（见表9.7）

表9.7　内部交易合规要点

序号	合规事项	具体要求	文件名称
1	内部交易	（1）是指银行与银行附属机构以及附属机构之间表内授信及表外类授信（贷款、同业、贴现、担保等）、交叉持股、金融市场交易和衍生交易、理财安排、资产转让、管理和服务安排（包括信息系统、后台清算、银行集团内部外包等）、再保险安排、服务收费以及代理交易等。 （2）银行集团是指银行及下设各级附属机构。附属机构包括但不限于银行控制的子公司、非银行金融机构、非金融机构，以及按照《商业银行并表管理与监管指引》应当纳入并表范围的其他机构。	《商业银行并表管理与监管指引》
2	一般内部交易	一般内部交易是指单笔交易金额占银行集团最近一期资本净额1%以下（含本数）的交易。	—
3	重大内部交易	重大内部交易是指单笔交易金额占银行集团最近一期资本净额1%以上（不含本数）的交易。	—

续表

序号	合规事项	具体要求		文件名称
4	与关联交易的区别和联系	内部交易	商业银行和理财公司之间	理财公司和商业银行其他附属公司之间	—
		关联交易	商业银行和商业银行的关联方之间	理财公司和商业银行的关联方之间	

二、监管原则

《商业银行并表管理与监管指引》强调以下三个方面的整体原则：一是银行集团内部交易应当按照商业原则进行。银行集团内部的授信和担保条件不得优于独立第三方。银行集团内部的资产转让、理财安排、同业往来、服务收费、代理交易等应当以市场价格为基础。二是商业银行应当对银行集团内部授信、担保、资产转让、理财安排、同业往来和服务收费等内部交易的交易背景真实性、合理性、交易目的和交易路线进行识别和判断，评估其对相关附属机构及银行集团整体资产负债结构、资产质量、收益以及监管指标的影响。三是商业银行应当关注银行集团内不同机构向同一客户提供不同性质的金融服务，识别和判断这类交易是否通过复杂产品结构设计、利益不当分层、风险定价转移、机构之间产品形态转换等形式构成了间接内部交易，形成不当利益输送，或导致风险延迟暴露、规避监管及监管套利，从而损害客户利益并对银行集团经营稳健性产生负面影响。

第四节 产品间交易

理财公司产品之间交易的底层逻辑是同一管理人管理下的不同产品均受到管理人的绝对控制和重大影响，虽然目前未明确规定指出产品间交易属于关联交易，但是产品间交易的本质是效率和公允性博弈的产物，应建立专门的交易管理约束机制。目前，《理财公司理财产品流动性风险管理办法》对于理财产品之间、理财产品与公司及其关联方之间的交易管理仅作出原则性要求，对产品间交易的定义，类型，计算口径等基本概念尚未出台指标化监管细则。

为了防范通过产品间交易"低买高卖""高买低卖"的人为调节收益、转移分摊风险资产，理财公司须时刻关注交易价格的公允性，保证不违背市场原则，公平对待不同产品持有人。（见表9.8）

表9.8 产品间交易合规要点

序号	合规事项	具体要求	文件名称
1	市场交易和公平交易原则	第二十条 商业银行开展理财业务，应当遵守市场交易和公平交易原则，不得在理财产品之间、理财产品投资者之间或者理财产品投资者与其他市场主体之间进行利益输送。	《商业银行理财业务监督管理办法》
2	公平交易制度和异常交易监控机制	第四十三条 银行理财子公司应当将投资管理职能与交易执行职能相分离，实行集中交易制度。 银行理财子公司应当建立公平交易制度和异常交易监控机制，对投资交易行为进行监控、分析、评估、核查，监督投资交易的过程和结果，不得开展可能导致不公平交易和利益输送的交易行为。 银行理财子公司应当对不同理财产品之间发生的同向交易和反向交易进行监控。同一理财产品不得在同一交易日内进行反向交易。确因投资策略或流动性等需要发生同日反向交易的，应当要求相关人员提供决策依据，并留存书面记录备查。国务院银行业监督管理机构另有规定的除外。	《商业银行理财子公司管理办法》
3	公平交易制度	第二十一条 理财公司开展投资交易活动，应当至少采取以下内部控制措施： （三）实行公平交易制度，不得在理财业务与自营业务、理财顾问和咨询服务等业务之间，理财产品之间，投资者之间或者与其他主体之间进行利益输送。	《理财公司内部控制管理办法》

续表

序号	合规事项	具体要求	文件名称
4	产品间交易相关原则	第四条　理财公司承担理财产品流动性风险管理的主体责任，应当按照本办法建立健全理财产品流动性风险管理体系，专业审慎、勤勉尽责地管理理财产品流动性风险，确保理财产品投资运作稳健、净值计价公允，保障投资者的合法权益不受损害并得到公平对待。 理财公司开展理财产品流动性风险管理，应当建立有效风险隔离机制，防范流动性风险传染。理财公司应当按照公平交易和价格公允原则，严格本公司理财产品之间、理财产品与本公司及其关联方之间的交易管理，并对相关交易行为实施专门的监控、分析、评估、授权、审批和核查，有效识别、监测、预警和防范各类不正当交易。	《理财公司理财产品流动性风险管理办法》

第十章

估 值 核 算

对理财产品而言，理财产品的净值又叫产品净值、产品资产净值、产品总净值等，是指产品资产总值减去产品负债后的价值，其中资产和负债的价值计算均以公允价值计量。单位净值，是指以公允价值计量的理财产品资产和负债相减后的资产总净值按理财产品份额分摊后得到的价值，是用于揭示理财产品当下的价值和风险的指标之一，投资者通常以产品单位净值进行申购、赎回以及产品终止时分配。

理财产品的净值化管理，就是将每一只理财产品按照产品单位净值来确认持有份额，由于单位净值需要使用资产和负债的公允价值计量，最后投资者获得的收益也是根据单位净值来计算的，因此单位净值会充分反映理财投资金融资产的收益和风险，从而致使理财产品没有固定预期收益率，而是要每天根据资产的公允价值计算净值，并按照净值申购赎回，不再保证客户收益，从而实现理财产品打破刚兑，由预期收益型向净值型转型。

在《关于规范金融机构资产管理业务的指导意见》推行净值化管理之前，银行理财产品通常以"预期收益+刚性兑付+资金池"等组合操作，来帮助投资者获得稳定收益，这在实现了理财业务快速扩张的同时，也产生了诸多问题。一是在"预期收益"和"刚性兑付"模式下，理财产品异化为存款替代品，脱离了资产管理业务本源。二是不同行业资管业务准入标准不同，助推了资金空转、加杠杆等套利行为，造成资金价格易上难下，实体经济融资难、融资贵问题更加突出。三是资金池操作模式下，银行期限错配、流动性错配风险加大，影子银行规模扩张，金融风险隐患增加。

自《关于规范金融机构资产管理业务的指导意见》推行以来，结合相关配套文件的实施，理财公司秉承对理财产品的"单独管理、单独建账、单独核算"管理要求，注重制度建设、流程建设、基础设施建设，推进运营体系建设，理财产品净值化转型取得明显成效。净值化产品比例显著提升，"刚性兑付"和"资金池运作"等问题显著改善。根据《中国银行业理财市场年度报告（2022年）》披露的数据，截至2022年年底，净值型理财产品存续规模26.40万亿元，占比为95.47%，较去年同期增加2.52个百分点。同时，理财公司成为银行理财业务发展的重要方式，截至2022年年末，获批成立的理财子公司共有31家，理财公司产品存续规模占比达到80.44%，且全部为净值型产品。

理财产品投资资产范围广，覆盖市场多元，投资标的几乎包含所有类型的资产，包括标准化资产和非标准化资产。标准化资产，是指在银行间市场及证券交易所市场上市交易的债权性金融产品或股权性金融产品。与标准化资产对应，非标准化资产主要是非标准化债权资产，其范围更为广泛，主要是指未在银行间市场及证券交易所市场交易的债权性资产，包括但不限于信贷资产、信托贷款、委托债权、承兑汇票、信用证、应收账款、各类受（收）益权、带回购条款的股权性融资等。不同类型资产核算的规则不同，公允价值计量的方式不同，都会对理财产品的净值产生影响。

理财产品净值化转型的同时需要更加完善的风险管理体系，在理财公司运转过程中涉及与估值核算相关的风险，如操作风险、合规风险、声誉风险、客户投诉风险等，从风险控制的角度，需要理财机构建立全视角、全流程、全方位的风险管理体系、提升风险计量、监测和控制能力，全面防控理财业务风险，牢守风险合规底线。

理财公司产品大规模净值化运作对产品运营、估值等环节提出了更高的要求。当前，理财公司在智能化运营、数字化转型、数据治理等领域仍基础弱、底子薄，部分工作流程尚未完全实现电子化、线上化、系统化，无法充分满足业务量大幅度增长下的运营需求。为此，理财公司亟须增强科技、运营等方面的能力及资源投入，打造高水平、专业化的运营团队。

第一节 总体要求

理财产品的净值化管理是一个集法规制度规则、净值计算与估值规则、会计核算规则于一体的制度体系，理财产品的净值化转型是一个动态的过程。目前，影响理财产品估值核算的制度背景主要有《关于规范金融机构资产管理业务的指导意见》、财政部发布的《资产管理产品相关会计处理规定》、企业会计准则以及原银保监会、中国银行业协会对理财业务的指导性规定等。根据政策要求，为了实现净值的准确计量，理财产品管理人内部应建立健全产品估值、会计核算、产品托管等业务管理制度，有相应的估值规则、估值团队；要严格遵守"单独管理、单独建账、单独核算"管理的要求，确保每只产品单独进行会计账务处理，有资产负债表、利润表、净资产变动表等财务会计报表等。对于现金管理类产品，则明确提出可以使用摊余成本法计算净值，并用影子定价跟踪净值波动风险并计算偏离度。此外，还要求理财产品实现实质性独立托管，托管机构与管理人应建立对账机制，复核、审查资产账目、资产净值，对理财产品的资产净值进行核对后才能对外发布等。（见表10.1）

表10.1 理财产品净值化管理总体合规要求

序号	合规事项	具体要求	文件名称
1	会计主体	第八条 （三）对所管理的不同产品受托财产分别管理、分别记账，进行投资。	《关于规范金融机构资产管理业务的指导意见》
2	会计主体	第十五条 金融机构应当做到每只资产管理产品的资金单独管理、单独建账、单独核算，不得开展或者参与具有滚动发行、集合运作、分离定价特征的资金池业务……	《关于规范金融机构资产管理业务的指导意见》
3		第一条 ……资产管理产品的管理人应当以所管理的单只资产管理产品为主体进行会计确认、计量和报告。资产管理产品启用侧袋机制的，侧袋账户与主袋账户仍属同一会计主体……	《资产管理产品相关会计处理规定》

续表

序号	合规事项	具体要求	文件名称
4	持续经营	第一条 ……资产管理产品的会计确认、计量和报告应当以持续经营为前提，除非资产管理产品以不同于产品说明书等文件初始载明的计划进行清算并导致资产无法按照公允价值处置。资产管理产品具有有限寿命本身不影响持续经营假设的成立……	《资产管理产品相关会计处理规定》
5	会计分期	第一条 ……资产管理产品的会计年度自公历1月1日起至12月31日止，首期会计期间的起始日为产品成立日，末期会计期间的结束日为产品终止日……	《资产管理产品相关会计处理规定》
6	货币计量	第一条 ……资产管理产品以人民币为记账本位币。以人民币以外的货币为主要募集和兑付币种的，可以按照企业会计准则的规定选定其中一种货币作为记账本位币并编制财务报表，同时应当将以人民币以外货币编制的财务报表折算为人民币财务报表……	《资产管理产品相关会计处理规定》
7	估值与计量	第十八条 金融机构对资产管理产品应当实行净值化管理，净值生成应当符合企业会计准则规定，及时反映基础金融资产的收益和风险，由托管机构进行核算并定期提供报告，由外部审计机构进行审计确认，被审计金融机构应当披露审计结果并同时报送金融管理部门……	《关于规范金融机构资产管理业务的指导意见》
8	估值与计量	第十八条 ……金融资产坚持公允价值计量原则，鼓励使用市值计量，符合下列条件之一的，可按照企业会计准则进行摊余成本计量： （一）资产管理产品为封闭式产品，且所投金融资产以收取合同现金流量为目的并持有至到期。 （二）资产管理产品为封闭式产品，且所投金融资产暂不具备活跃交易市场，或者在活跃市场中没有报价，也不能采用估值技术可靠计量公允价值。	《关于规范金融机构资产管理业务的指导意见》

续表

序号	合规事项	具体要求	文件名称
8	估值与计量	金融机构以摊余成本计量金融资产净值,应当采用适当的风险控制手段,对金融资产净值的公允性进行评估。当以摊余成本计量已不能真实公允反映金融资产净值时,托管机构应当督促金融机构调整会计核算和估值方法。金融机构前期以摊余成本计量的金融资产的加权平均价格与资产管理产品实际兑付时金融资产的价值的偏离度不得达到5%或以上,如果偏离5%或以上的产品数超过所发行产品总数的5%,金融机构不得再发行以摊余成本计量金融资产的资产管理产品。	《关于规范金融机构资产管理业务的指导意见》
9	财务报告	第八条 ……(五)进行产品会计核算并编制产品财务会计报告。	《关于规范金融机构资产管理业务的指导意见》
10	财务报告	第一条 ……资产管理产品的财务报表至少应当包括资产负债表、利润表、净资产变动表和附注。为满足母公司编制合并财务报表等需要的,资产管理产品应当编制并向母公司报送现金流量表。	《资产管理产品相关会计处理规定》
11	内控要求	第三十八条 理财公司应当建立健全会计核算和估值系统,严格执行《企业会计准则》和《指导意见》等规定,真实准确反映各项业务交易,确认和计量理财产品净值。 理财公司发行的每只理财产品应当作为单独的会计主体独立进行会计处理,定期编制包括资产负债表、利润表、产品净值变动表、会计报表附注在内的完整财务会计报告,保证不同理财产品之间在投资者信息登记、账户设置、资金划拨、账簿记录等方面相互独立。 理财公司应当对自营业务、理财产品实施分账管理、独立核算,确保会计信息真实、可靠、完整。	《理财公司内部控制管理办法》

第二节 会计核算

由于每一只理财产品均要求有资产负债表、利润表、净资产变动表甚至是每日均要有估值表等，因此在理财产品的会计核算问题上需要统一行业规则标准。

与金融资产计量相关的最新会计准则是财政部于2017年修订的《企业会计准则第22号——金融工具确认和计量》（CAS 22），该准则于2018年1月1日生效，资产管理产品于2022年1月1日正式执行。在此之前，财政部还出台了《企业会计准则第39号——公允价值计量》（CAS 39）等条文对资产计量予以规范。2022年财政部发布的《资产管理产品相关会计处理规定》明确了资产管理产品的会计确认、计量和报告应当遵循企业会计准则，是在现行企业会计准则体系下就资管产品的特定会计问题作出的细化规定，对资管产品更加强调估值公允、真实计量以及权责发生制等基本原则。统一的行业核算规则，为各机构理财产品会计报表选取的指标、净值计算奠定了统一标准，使净值具有可比的基础。（见表10.2）

表10.2 理财产品会计核算、会计分类相关合规要求

序号	合规事项	具体要求	文件名称
1	适用准则	一、关于总体要求 资产管理产品的会计确认、计量和报告应当遵循企业会计准则…… 二、关于持有投资适用的准则 资产管理产品属于《企业会计准则第33号——合并财务报表》（财会〔2014〕10号，以下简称33号准则）规定的投资性主体的，其持有的对不纳入合并财务报表的子公司的权益性投资以及对联营企业和合营企业的权益性投资，应当划分为以公允价值计量且其变动计入当期损益的金融资产，并适用《企业会计准则第22号——金融工具确认和计量》（财会〔2017〕7号，以下简称22号准则）。 资产管理产品不属于投资性主体的，其持有的投	《资产管理产品相关会计处理规定》

续表

序号	合规事项	具体要求	文件名称
1	适用准则	资应当分别按下列情形进行会计处理： （一）能够对被投资方实施控制的权益性投资，应当根据《企业会计准则第2号——长期股权投资》（财会〔2014〕14号，以下简称2号准则）的规定采用成本法核算，并根据33号准则的规定编制合并财务报表。 （二）能够对被投资方实施共同控制或重大影响的权益性投资，可以根据2号准则的规定采用权益法核算，也可以根据该准则第三条（二）的规定划分为以公允价值计量且其变动计入当期损益的金融资产，并适用22号准则。 （三）对于除能够对被投资方实施控制、共同控制或重大影响的权益性投资以外的金融资产投资，应当适用22号准则。	《资产管理产品相关会计处理规定》
2	会计科目的设置	一、关于总体要求 ……资产管理产品应当按照企业会计准则相关规定和本规定设置和使用会计科目。在不违反确认、计量和报告规定的前提下，可以根据实际情况自行增设、分拆或合并会计科目。对于不存在的交易或者事项，可以不设置相关科目……	《资产管理产品相关会计处理规定》
3	金融资产分类	三、关于持有金融资产的会计处理 （一）关于金融资产的分类。 资产管理产品应当根据金融资产的业务模式和金融资产的合同现金流量特征，将金融资产划分为以摊余成本计量的金融资产、以公允价值计量且其变动计入其他综合收益的金融资产和以公允价值计量且其变动计入当期损益的金融资产……	《资产管理产品相关会计处理规定》
4		第十六条 企业应当根据其管理金融资产的业务模式和金融资产的合同现金流量特征，将金融资产划分为以下三类：（一）以摊余成本计量的金融资产。（二）以公允价值计量且其变动计入其他综合收益的金融资产。（三）以公允价值计量且其变动计入当期损益的金融资产。企业管理金融资产的业务模式，是指企	《企业会计准则第22号》

续表

序号	合规事项	具体要求	文件名称
4	金融资产分类	业如何管理其金融资产以产生现金流量。业务模式决定企业所管理金融资产现金流量的来源是收取合同现金流量、出售金融资产还是两者兼有。企业管理金融资产的业务模式，应当以企业关键管理人员决定的对金融资产进行管理的特定业务目标为基础确定。企业确定管理金融资产的业务模式，应当以客观事实为依据，不得以按照合理预期不会发生的情形为基础确定。 　　金融资产的合同现金流量特征，是指金融工具合同约定的、反映相关金融资产经济特征的现金流量属性。企业分类为本准则第十七条和第十八条规范的金融资产，其合同现金流量特征，应当与基本借贷安排相一致。即相关金融资产在特定日期产生的合同现金流量仅为对本金和以未偿付本金金额为基础的利息的支付，其中，本金是指金融资产在初始确认时的公允价值，本金金额可能因提前还款等原因在金融资产的存续期内发生变动；利息包括对货币时间价值、与特定时期未偿付本金金额相关的信用风险、以及其他基本借贷风险、成本和利润的对价。其中，货币时间价值是利息要素中仅因为时间流逝而提供对价的部分，不包括为所持有金融资产的其他风险或成本提供的对价，但货币时间价值要素有时可能存在修正。在货币时间价值要素存在修正的情况下，企业应当对相关修正进行评估，以确定其是否满足上述合同现金流量特征的要求。此外，金融资产包含可能导致其合同现金流量的时间分布或金额发生变更的合同条款（如包含提前还款特征）的，企业应当对相关条款进行评估（如评估提前还款特征的公允价值是否非常小），以确定其是否满足上述合同现金流量特征的要求。	《企业会计准则第22号》
5		第十七条　金融资产同时符合下列条件的，应当分类为以摊余成本计量的金融资产：（一）企业管理该金融资产的业务模式是以收取合同现金流量为目标。（二）该金融资产的合同条款规定，在特定日期产生的现金流量，仅为对本金和以未偿付本金金额为基础的利息的支付。	《企业会计准则第22号》

续表

序号	合规事项	具体要求	文件名称
6	金融资产重分类	第二十七条　金融资产重分类： （1）改变其管理金融资产的业务模式时，应当按照本准则的规定对所有受影响的相关金融资产进行重分类。	《企业会计准则第22号》
		第二十九条　企业对金融资产进行重分类，应当自重分类日起采用未来适用法进行相关会计处理，不得对以前已经确认的利得、损失（包括减值损失或利得）或利息进行追溯调整。重分类日，是指导致企业对金融资产进行重分类的业务模式发生变更后的首个报告期间的第一天。	《企业会计准则第22号》
		第三十条　企业将一项以摊余成本计量的金融资产重分类为以公允价值计量且其变动计入当期损益的金融资产的，应当按照该资产在重分类日的公允价值进行计量。原账面价值与公允价值之间的差额计入当期损益。 企业将一项以摊余成本计量的金融资产重分类为以公允价值计量且其变动计入其他综合收益的金融资产的，应当按照该金融资产在重分类日的公允价值进行计量。原账面价值与公允价值之间的差额计入其他综合收益。该金融资产重分类不影响其实际利率和预期信用损失的计量。	《企业会计准则第22号》
		第三十一条　企业将一项以公允价值计量且其变动计入其他综合收益的金融资产重分类为以摊余成本计量的金融资产的，应当将之前计入其他综合收益的累计利得或损失转出，调整该金融资产在重分类日的公允价值，并以调整后的金额作为新的账面价值，即视同该金融资产一直以摊余成本计量。该金融资产重分类不影响其实际利率和预期信用损失的计量。 企业将一项以公允价值计量且其变动计入其他综合收的金融资产重分类为以公允价值计量且其变动计入当期损益的金融资产的，应当继续以公允价值计量	《企业会计准则第22号》

续表

序号	合规事项	具体要求	文件名称
6	金融资产重分类	该金融资产。同时，企业应当将之前计入其他综合收益的累计利得或损失从其他综合收益转入当期损益。	《企业会计准则第22号》
		第三十二条　企业将一项以公允价值计量且其变动计入当期损益的金融资产重分类为以摊余成本计量的金融资产的，应当以其在重分类日的公允价值作为新的账面余额。 企业将一项以公允价值计量且其变动计入当期损益的金融资产重分类为以公允价值计量且其变动计入其他综合收益的金融资产的，应当继续以公允价值计量该金融资产。 按照本条规定对金融资产重分类进行处理的，企业应当根据该金融资产在重分类日的公允价值确定其实际利率。同时，企业应当自重分类日起对该金融资产适用本准则关于金融资产减值的相关规定，并将重分类日视为初始确认日。	《企业会计准则第22号》
7	金融资产计量	第三条（二） 关于金融资产的计量： 应当按照22号准则的规定，对以摊余成本计量的金融资产和分类为以公允价值计量且其变动计入其他综合收益的金融资产，以预期信用损失为基础进行减值会计处理并确认损失准备……	《资产管理产品相关会计处理规定》
		第四十七条　预期信用损失，是指以发生违约的风险为权重的金融工具信用损失的加权平均值。 信用损失，是指企业按照原实际利率折现的、根据合同应收的所有合同现金流量与预期收取的所有现金流量之间的差额，即全部现金短缺的现值。其中，对于企业购买或源生的已发生信用减值的金融资产，应按照该金融资产经信用调整的实际利率折现。由于预期信用损失考虑付款的金额和时间分布，因此即使企业预计可以全额收款但收款时间晚于合同规定的到期期限，也会产生信用损失。	《企业会计准则第22号》

续表

序号	合规事项	具体要求	文件名称
7	金融资产计量	第三条 （二） ……应当按照《企业会计准则第39号——公允价值计量》（财会〔2014〕6号，以下简称39号准则）的规定，确定金融资产的公允价值。货币市场基金、现金管理类理财产品等按照监管规定采用影子定价和偏离度控制确定金融资产公允价值的，应当符合39号准则的规定……	《资产管理产品相关会计处理规定》
		第四条 ……资产管理产品持有的以公允价值计量且其变动计入当期损益的金融资产为债权投资的，在持有期间可以将按票面或合同利率计算的利息计入投资收益，将扣除该部分利息后的公允价值变动额计入公允价值变动损益；也可以将包含利息的公允价值变动额汇总计入公允价值变动损益。应当在初始确认债权投资时作出上述选择并一致应用于类似债权投资，不得随意变更……	《资产管理产品相关会计处理规定》
8	收入费用的会计处理	第四条 ……资产管理产品当期实现的利息等收入和发生的托管费、销售服务费、投资顾问费等费用，无论款项是否收付，均应当计入当期损益。 资产管理产品的管理人收取管理人报酬的，资产管理产品应当按照权责发生制原则，在管理人提供相关服务的期间，将当期发生的管理人报酬计入当期损益。 ……资产管理产品确认应税利息收入等的时点早于按照增值税制度确认增值税纳税义务发生时点的，应当在确认相关收入时确认相关应纳税额……	《资产管理产品相关会计处理规定》
9	产品认购、赎回等的处理	第四条 ……投资人认购、申购或转换转入产品份额的，资产管理产品应当按照实收资金、其他综合收益、未分配利润占净资产的比例，将认购款、申购款或转换转入款分别计入实收资金、其他综合收益和未分配利润。 投资人赎回或转换转出产品份额的，资产管理产	《资产管理产品相关会计处理规定》

续表

序号	合规事项	具体要求	文件名称
9	产品认购、赎回等的处理	品应当按照实收资金、其他综合收益、未分配利润占净资产的比例，将赎回款或转换转出款分别冲减实收资金、其他综合收益和未分配利润。	《资产管理产品相关会计处理规定》
10	列示和披露	第五条 ……资产管理产品应当按照《企业会计准则第30号——财务报表列报》（财会〔2014〕7号，以下简称30号准则）和《企业会计准则第37号——金融工具列报》（财会〔2017〕14号，以下简称37号准则）等相关准则的要求进行列报……	《资产管理产品相关会计处理规定》

第三节　估 值 管 理

一、估值基本方法

估值是指理财产品管理人或托管人按照《企业会计准则》的要求对理财产品所持有的金融工具的公允价值进行计量，确定金融工具的公允价值。

资产管理产品应当按照《企业会计准则第39号——公允价值计量》（财会〔2014〕6号）的规定，确定金融资产的公允价值。货币市场基金、现金管理类理财产品等按照监管规定采用影子定价和偏离度控制确定金融资产公允价值的，应当符合《企业会计准则第39号——公允价值计量》的规定。理财产品管理人在净值化的估值管理中，不仅要关注公允价值的计量，更要加强内部估值质量管理，要确保所采用估值技术和输入值的适当性以及估值结果的可靠性。（见表10.3）

表10.3　理财产品估值管理合规要求

序号	合规事项	具体要求	文件名称
1	计量	第十八条 ……金融资产坚持公允价值计量原则，鼓励使用市值计量……	《关于规范金融机构资产管理业务的指导意见》

续表

序号	合规事项	具体要求	文件名称
2	估值管理	第三条 ……应当加强金融资产的估值管理，确保所采用估值技术和输入值的适当性以及估值结果的可靠性，不得随意变更同一金融资产的估值技术。	《资产管理产品相关会计处理规定》
3		第六条 理财产品管理人应当对采用的估值技术和估值参数等定期开展评估，对估值结果进行检验，防范可能出现的偏差。	《商业银行理财产品估值操作指南（试行）》
4		第七条 理财产品管理人对管理的不同理财产品持有的具有相同特征的金融工具的估值原则、程序及技术应当保持一致。估值技术一经确定，不应随意变更，除非变更估值技术或其应用方法能使估值结果在当前情况下同样或者更能代表公允价值。理财产品管理人改变估值技术时，应本着最大限度保护理财产品投资人利益的原则及时进行公告。法律、法规、部门规章、中国人民银行和中国银行保险监督管理委员会及银行业协会有专门规定的按规定执行。	《商业银行理财产品估值操作指南（试行）》
5	总则	第八条 金融工具的公允价值确定应遵循以下基本原则： （一）对存在活跃市场且能够获取相同投资品种报价的金融工具，在估值日有报价的，除《企业会计准则》规定的例外情况外，应将该报价不加调整地应用于该金融工具的公允价值计量。估值日无报价且最近交易日后未发生影响公允价值计量的重大事件的，应采用最近交易日的报价确定金融工具的公允价值。与上述投资品种相同，但具有不同特征的，应以相同投资品种的公允价值为基础，并在估值技术中考虑不同特征因素的影响。特征是指对资产出售或使用的限制等，如果该限制是针对资产持有者的，那么在估值技术中不应将该限制作为特征考虑。此外，理财产品管理人不应考虑因其大量持有相关金融工具所产生的溢价或折价。	《商业银行理财产品估值操作指南（试行）》

续表

序号	合规事项	具体要求	文件名称
5	总则	（二）对存在活跃市场的投资品种，如估值日无报价且最近交易日后经济环境发生了重大变化的，或者有充足证据表明估值日或最近交易日的报价不能真实反映金融工具的公允价值的，应与托管人协商确定调整方法，对最近交易市价进行调整，确定公允价值。 （三）不存在活跃市场的投资品种，应当采用在当前情况下适用并且有足够可利用数据和其他信息支持的估值技术确定金融工具的公允价值。采用估值技术确定公允价值时，应优先使用可观察输入值，只有在无法取得相关金融工具可观察输入值或取得不切实可行的情况下，才可以使用不可观察输入值。	《商业银行理财产品估值操作指南（试行）》
6	总则	第九条　理财产品管理人在估值过程中可参考第三方估值机构提供的估值结果或估值参数。当采用第三方估值机构提供的价格数据估值时，理财产品管理人应选取可靠的、信誉良好的第三方估值机构，并充分了解第三方估值机构所使用的估值技术和估值结果的产生过程，通过定期对估值结果或估值参数进行检验评价其估值质量，防范可能出现的估值偏差。	《商业银行理财产品估值操作指南（试行）》
7		第十条　如果理财产品投资的金融工具采用的计价货币与理财产品的记账货币不同，理财产品管理人应当使用估值日的即期汇率将计价货币转换为记账货币。即期汇率可采用中国人民银行授权公布的人民币汇率中间价、人民币参考汇率等基准汇率。如未采用上述即期汇率，应当说明原因。	《商业银行理财产品估值操作指南（试行）》

二、金融工具常见估值方法

根据财政部 2014 年发布的《企业会计准则第 39 号——公允价值计量》中的定义：公允价值是指市场参与者在计量日发生的有序交易中，出售一项资产所能收到或者转移一项负债所需支付的价格。相关资产或负债在初始确认时的公允价值通常与其交易价格相等。而这在实际执行中会面临很多不确定性，因为成交价、报价、收盘价、估值价格等都能作为公允价值的来源，不同资产或负债的公允价值如何计算和估算成为净值计算的重要基础。

根据《中国银行业理财市场年度报告（2021年）》的规定，我国银行理财产品投资的资产可以分为货币市场工具类、债权类、股权类、基金和资产管理计划类、衍生品类、商品类等，几乎涵盖金融市场全部资产，并以标准化资产为主。但大多数资产无成交价或市场价，即使有成交价也多为非连续，公允价值难以从市场直接获得，通常需要理财产品管理人通过特定的估值技术自行估值，或直接采用第三方估值来计算产品净值。估值技术是通过资产的市场价格，借助可靠的模型、科学的工艺处理流程，估算资产和负债的价值。如果由管理人自行估值，那么估值技术和估值方法的选择十分重要。此外，如果管理人选择采用市场上独立第三方机构（如中债估值公司）提供的各类资产估值结果，需要明确自身是估值的第一责任人，需定期评估和检验估值质量。（见表10.4）

表10.4 各类资产公允价值估值方法

序号	类别	包含资产、负债	公允价值来源
1	货币市场类工具	现金及银行存款、拆放同业及买入返售、同业拆入及卖出回购	（1）成本 （2）市场价
2	债权类	同业存单、债券、理财直接融资工具、信贷资产流转项目、非标准化债权类资产	（1）第三方估值 （2）估值模型 （3）成本法
3	股权类	权益类投资	（1）市场价 （2）估值模型
4	基金和资管计划类	公募产品（基金）、私募产品（基金）、各类资管计划	（1）市场价 （2）净值
5	衍生品类	金融衍生品	（1）市场价 （2）估值模型

续表

序号	类别	包含资产、负债	公允价值来源
6	商品类	商品类资产、另类资产	（1）市场交易价格 （2）成本价
7	其他	其他类资产、结构复杂类资产且无任何交易的资产	估值或成本

第四节 托管规定

《关于规范金融机构资产管理业务的指导意见》规定，金融机构发行的资产管理产品资产应当由具有托管资质的第三方机构独立托管，法律、行政法规另有规定的除外。同时指出商业银行可以托管子公司发行的资产管理产品，但应当实现实质性的独立托管。独立托管有名无实的，由金融监督管理部门进行纠正和处罚。（见表10.5）

表10.5 理财产品托管合规要求

序号	合规事项	具体要求	文件名称
1	理财托管	第五十条　商业银行应当选择具有证券投资基金托管业务资格的金融机构、银行业理财登记托管机构或者国务院银行业监督管理机构认可的其他机构托管所发行的理财产品。 第五十一条　从事理财产品托管业务的机构应当履行下列职责，确保实现实质性独立托管： （一）安全保管理财产品财产； （二）为每只理财产品开设独立的托管账户，不同托管账户中的资产应当相互独立； （三）按照托管协议约定和理财产品发行银行的投资指令，及时办理清算、交割事宜； （四）建立与理财产品发行银行的对账机制，复核、审查理财产品资金头寸、资产账目、资产净值、认购和赎回价格等数据，及时核查认购、赎回以及	《商业银行理财业务监督管理办法》

续表

序号	合规事项	具体要求	文件名称
1	理财托管	投资资金的支付和到账情况； （五）监督理财产品投资运作，发现理财产品违反法律、行政法规、规章规定或合同约定进行投资的，应当拒绝执行，及时通知理财产品发行银行并报告银行业监督管理机构； （六）办理与理财产品托管业务活动相关的信息披露事项，包括披露理财产品托管协议、对理财产品信息披露文件中的理财产品财务会计报告等出具意见，以及在公募理财产品半年度和年度报告中出具理财托管机构报告等； （七）理财托管业务活动的记录、账册、报表和其他相关资料保存15年以上； （八）对理财产品投资信息和相关资料承担保密责任，除法律、行政法规、规章规定、审计要求或者合同约定外，不得向任何机构或者个人提供相关信息和资料； （九）国务院银行业监督管理机构规定的其他职责。 从事理财产品托管业务机构的董事、监事、高级管理人员和其他托管业务人员不得有本办法第二十四条第二款所列行为。 第五十二条　商业银行有下列情形之一的，国务院银行业监督管理机构可以要求其发行的理财产品由指定的机构进行托管： （一）理财产品未实现实质性独立托管的； （二）未按照穿透原则，在全国银行业理财信息登记系统中，向上穿透登记最终投资者信息，向下穿透登记理财产品投资的底层资产信息，或者信息登记不真实、准确、完整和及时的； （三）国务院银行业监督管理机构规定的其他情形。	《商业银行理财业务监督管理办法》

续表

序号	合规事项	具体要求	文件名称
2	理财托管	第二十八条 理财公司应当建立理财产品第三方独立托管制度，与托管机构签订书面合同，明确约定托管机构应当依法依规提供账户开立、财产保管、清算交割、会计核算、资产估值、信息披露、投资监督以及托管合同约定的相关服务。理财公司应当在本机构官方网站或者行业统一渠道公示托管机构信息。	《理财公司内部控制管理办法》
3	养老理财产品托管	第十六条 理财公司应当委托控股银行之外的第三方托管机构对养老理财产品进行独立托管，要求托管机构依法提供账户开立、财产保管、清算交割、会计核算、资产估值、信息披露、投资监督以及托管合同约定的相关服务。	《养老理财产品试点工作规程》
4	个人养老金理财产品托管	第四十二条 对于本办法施行后新发行的个人养老金理财产品，理财公司应当委托与本机构不存在关联关系且符合以下条件的商业银行为其提供托管服务： （一）具有全国社会保障基金、基本养老保险基金和企业年金基金托管业务资格； （二）具有养老理财产品托管业务经验； （三）具备与托管个人养老金理财产品相适应的信息系统，与理财行业平台对接，能够提供相应的技术支持和运营保障； （四）银保监会规定的其他条件。	《商业银行和理财公司个人养老金业务管理暂行办法》

对于公募基金，《证券投资基金法》第三十五条规定，基金托管人与基金管理人不得为同一机构，不得相互出资或者持有股份。可以看出公募基金的规定更加严格，但对于创新型的理财产品，监管已经开始明确理财公司应当委托与本机构不存在关联关系的商业银行为其提供托管服务。另外，对于公募基金的托管业务，中国证监会和原中国银保监会联合发布了《证券投资基金托管业务管理办法》，对于理财产品的托管业务，目前尚未有单独的法规规定。

第十一章

数据管理与数据安全

在数字经济时代，数据是最核心关键的生产要素，是未来推动理财产品营销、投研、风控、合规、运营数字化、智能化的重要基础，也是原银保监会对银行保险机构数字化转型指导意见的核心要义。银行业是典型的数据密集型行业，银行业数据安全治理任重道远，强化数据管理与数据安全治理能够充分激活数据要素潜能，有力提升金融服务质效。自2018年以来，国有银行、股份制银行、城商行、农信社等各类银行相继开展数据治理工作。本章主要对银行理财行业涉及的数据管理和数据安全问题的基本框架、内容进行分析。

第一节 金融数据治理能力建设的法律框架

2018年原银保监会出台的《银行业金融机构数据治理指引》（银保监发〔2018〕22号），要求银行全面开展数据治理工作。2021年原银保监会出台了新的《商业银行监管评级办法》（银保监发〔2021〕39号），其中数据治理占评级要素权重5%。2021年中国人民银行也出台了《金融业数据建设能力指引》（JR/T 0218—2021），提出了金融机构数据能力建设规范和要求，其中就规范了数据治理、数据保护等能力项的减少目标和思路。《金融业数据建设能力指引》规定了金融数据能力建设应遵循的基本原则。①

2022年，网络安全、数据安全与个人信息保护"三位一体"的数据合规监管在金融领域全面铺开。为进一步加强银行保险机构信息科技外包风险监管，促进银行保险机构提升信息科技外包风险管控能力，原银保监会发布《中国银保监会办公厅关于印发银行保险机构信息科技外包风险监管办法的通知》（银保监办发〔2021〕141号）。中国人民银行、原银保监会、证监会领导并推动了个人信息保护专项整治、个人征信业务整改过渡，也逐步强化了监管数据治理与数据安全防护工作。2022年开年，中国人民银行印发《金融科技发展规划（2022—2025年）》。仅在2022年一年，《关于银行业保险业数字化转型的指导意见》《金融机构客户尽职调查与客户身份资料及交易记录保存管理办法》《网络安全审查办法（2021年修订）》《数据出境安全评估办法》《反电信网络诈骗法》②《金融基础设施监督管理办法（征求意见稿）》《银行保险监管统计管理办法》《关于开展银行保险机构侵害个人信息权益乱象专项整治工作的通知》《银行保险机构消费者权益保护管理办法》先后发布。2022年11月，《银行业监督管理法（征求意见稿）》发布，新增条款将金融数据治理写入银行金融业"基本法"，法律地位进一步提升。

国家标准和行业标准方面，2022年一年，《信息安全技术 重要数据识别规则》《信息安全技术 移动互联网应用程序（App）收集个人信息基本要

---

① 一是用户授权。明确告知用户数据采集和使用的目的、方式以及范围，确保用户充分知情，获取用户自愿授权后方可采集使用，严格保障用户知情权和自主选择权。
二是安全合规。遵循国家法律法规、管理制度，符合国家及金融行业标准规范，建立健全数据安全管理长效机制和防护措施，通过技术手段将原始信息脱敏，并与关联性较高的敏感信息进行安全隔离、分散存储，严控访问权限，严防数据泄露、篡改、损毁与不当使用，依法依规保护数据主体隐私权在数据管理与应用过程中不受侵害。
三是分类施策。综合考量国家安全、公众权益、个人隐私和企业合法利益等因素，根据数据的保密性、完整性、可用性等属性受到破坏后的影响对象和影响程度，对数据进行分级分类管理。对不同级别数据进行分类施策，采取差异化控制措施，实现数据精细化管理。
四是最小够用。规范数据使用行为，严控数据获取和应用范围，确保数据专事专用、最小够用，杜绝过度采集、误用、滥用数据，切实保障数据主体的数据所有权和使用权。
五是可用不可见。建立数据规范共享机制，在保障原始数据可用不可见的前提下规范开展数据共享与融合应用，保证跨行业、跨机构的数据使用合规、范围可控，有效保护数据隐私安全，确保数据所有权不因共享应用而发生让渡。
② 参见《反电信网络诈骗法》"金融治理"专章。

求》《金融领域科技伦理指引》《证券期货业数据安全管理与保护指引》《信息安全技术　网络支付数据安全要求》《信息技术安全　关键信息基础设施安全保护要求》先后发布，标志着金融数据安全行业标准体系的框架已基本建立。

第二节　数据管理的基本内容

《关于规范金融机构资产管理业务的指导意见》过渡期结束后，原银保监会要求理财公司数据管理、监管统计工作"清洁起步"，对数据质量问题管理严、问责重，数据管理的重要性日益凸显。目前，现行的理财业务监管报送体系较为复杂，数据接收机构包括中国人民银行、原银保监会、理财登记中心等，报送内容不同、统计口径不同、报送频度不同，报送内容覆盖理财产品运作的全生命周期，包括产品端、资产端、销售端等各个业务环节，报送数据颗粒度越来越细，交叉校验维度越来越多，对数据质量的要求也越来越高。同时对于出现的数据质量问题，监管处罚也呈现越来越严格的趋势，2021年原银保监会开出的第一张罚单就直指银行机构的数据安全问题。2022年，数据质量与报送监管方面的处罚案例依旧常见。原银保监会于2022年上半年内进行两批次集中性执法，因监管标准化数据质量问题对21家银行机构处罚合计8760万元，后续继而通报45家银行保险机构存在监管信息系统数据错报、漏报、瞒报等突出问题。（见表11.1）

表11.1　产品数据、监管报送数据、数据管理能力建设要求

序号	合规事项	具体要求	文件名称
1	产品数据	二十五、建立资产管理产品统一报告制度。……金融机构应当将含债权投资的资产管理产品信息报送至金融信用信息基础数据库。 金融机构于每只资产管理产品成立后5个工作日内，向中国人民银行和金融监督管理部门同时报送产品基本信息和起始募集信息；于每月10日前报送存续期募集信息、资产负债信息，于产品终止后5个工作日内报送终止信息……	《关于规范金融机构资产管理业务的指导意见》

续表

序号	合规事项	具体要求	文件名称
2	产品数据	第十六条 ……理财产品销售信息和数据交换原则上应当通过银保监会认可的技术平台进行。参与信息和数据交换的相关机构应当符合技术平台相关规范要求，采取切实措施保障信息数据传输和存储的保密性、完整性、准确性、及时性、安全性。	《理财公司内部控制管理办法》
3		第十二条 ……商业银行不得发行未在全国银行业理财信息登记系统进行登记并获得登记编码的理财产品。商业银行应当在理财产品销售文件的显著位置列明该产品在全国银行业理财信息登记系统获得的登记编码，并提示投资者可以依据该登记编码在中国理财网查询产品信息……	《商业银行理财业务监督管理办法》
4		第三十八条 商业银行理财产品投资资产管理产品的，应当符合以下要求：……（四）充分披露底层资产的类别和投资比例等信息，并在全国银行业理财信息登记系统登记资产管理产品及其底层资产的相关信息。	《商业银行理财业务监督管理办法》
5		第四十二条 ……商业银行计算理财产品总资产时，应当按照穿透原则合并计算理财产品所投资的底层资产。理财产品投资资产管理产品的，应当按照理财产品持有资产管理产品的比例计算底层资产。	《商业银行理财业务监督管理办法》
6	监管统计数据	第十六条 银行保险机构应按照银保监会及其派出机构要求，完善监管统计数据填报审核工作机制和流程，确保数据的真实性、准确性、及时性、完整性……	《银行保险监管统计管理办法》
7		第十八条 银行保险机构法定代表人或主要负责人对监管统计数据质量承担最终责任。 银行保险法人机构及其县级及以上分支机构应分别指定一名高级管理人员（或主要负责人）为监管统计负责人，负责组织部署本机构监管统计工作，保障岗位、人员、薪酬、科技支持等资源配置。	《银行保险监管统计管理办法》

续表

序号	合规事项	具体要求	文件名称
8	监管统计数据	第十九条 …… （二）组织制定满足监管统计要求的内部管理制度和统计业务制度； （三）组织收集、编制、报送和管理监管统计数据； （四）组织开展对内部各部门、各分支机构的监管统计管理、考评、检查和培训工作，对不按规定提供或提供虚假监管统计数据的进行责任认定追溯……	《银行保险监管统计管理办法》
9	监管统计数据	第二十条 银行保险法人机构归口管理部门及其省级分支机构统计工作部门应设置监管统计专职岗位。地市级及以下分支机构可视实际情况设置监管统计专职或兼职岗位。相关岗位均应设立A、B角，人员数量、专业能力和激励机制应满足监管统计工作需要……	《银行保险监管统计管理办法》
10	监管统计数据	第二十一条 银行保险机构应及时制定并更新满足监管要求的监管统计内部管理制度和业务制度，在制度制定或发生重大修订后10个工作日内向银保监会或其派出机构备案。 管理制度应包括组织领导、部门职责、岗位人员、信息系统保障、数据编制报送、数据质量管控、检查评估、考核评价、问责与激励、资料管理、数据安全保护等方面。 业务制度应全面覆盖常规监管统计数据要求，对统计内容、口径、方法、分工和流程等方面做出统一规定。	《银行保险监管统计管理办法》
11	综合能力	第二十二条 银行保险机构应建立包括数据源管理、统计口径管理、日常监控、监督检查、问题整改、考核评价在内的监管统计数据质量全流程管理机制，明确各部门数据质量责任。	《银行保险监管统计管理办法》
12	综合能力	第十五条 银行业金融机构应当建立一支满足数据治理工作需要的专业队伍，至少按年度对人员进行系统培训，科学规划职业成长通道，确定合理薪酬水平。	《银行业金融机构数据治理指引》

续表

序号	合规事项	具体要求	文件名称
13	综合能力	四、数据能力建设 （十四）健全数据治理体系。制定大数据发展战略。确立企业级的数据管理部门，发挥数据治理体系建设组织推动和管理协调作用。完善数据治理制度，运用科技手段推动数据治理系统化、自动化和智能化。完善考核评价机制，强化数据治理检查、监督与问责。加强业务条线数据团队建设。	《中国银保监会办公厅关于银行业保险业数字化转型的指导意见》
14	综合能力	四、数据能力建设 （十五）增强数据管理能力。构建覆盖全生命周期的数据资产管理体系，优化数据架构，加强数据资产积累。建立企业级大数据平台，全面整合内外部数据，实现全域数据的统一管理、集中开发和融合共享。加强数据权限管控，完善数据权限审核规则和机制。	《中国银保监会办公厅关于银行业保险业数字化转型的指导意见》
15		第三十七条　理财公司应当健全数据质量控制制度和流程，指定专门部门负责数据质量管理，确保数据信息真实、完整、连续、准确和可追溯，不得迟报、漏报、错报或瞒报。	《理财公司内部控制管理办法》
16	信息科技外包风险	第二章　信息科技外包治理 第六条　银行保险机构应建立覆盖董（理）事会、高管层、信息科技外包风险主管部门、信息科技外包执行团队的信息科技外包及风险管理组织架构，明确相应层级的职责，确保信息科技外包治理架构权责清晰、运转高效、制衡充分。 第十一条　银行保险机构应当明确不能外包的信息科技职能。涉及信息科技战略管理、信息科技风险管理、信息科技内部审计及其他有关信息科技核心竞争力的职能不得外包。 附件2　信息科技外包服务类型参考。咨询规划类。包括但不限于：信息科技战略规划（含中长期规划）咨询，数据中心（机房）整体建设咨询和规划，信息科技治理（含数据治理）、信息科技风	《中国银保监会办公厅关于印发银行保险机构信息科技外包风险监管办法的通知》

续表

序号	合规事项	具体要求	文件名称
16	信息科技外包风险	管理体系、信息安全管理体系、业务连续性管理体系等管理类咨询和规划，重要信息系统架构和建设相关的咨询和规划，新兴技术应用咨询和规划。	《中国银保监会办公厅关于印发银行保险机构信息科技外包风险监管办法的通知》
17	信息科技风险管理	第十条　商业银行应设立或指派一个特定部门负责信息科技风险管理工作，并直接向首席信息官或首席风险官（风险管理委员会）报告工作。该部门应为信息科技突发事件应急响应小组的成员之一，负责协调制定有关信息科技风险管理策略，尤其是在涉及信息安全、业务连续性计划和合规性风险等方面，为业务部门和信息科技部门提供建议及相关合规性信息，实施持续信息科技风险评估，跟踪整改意见的落实，监控信息安全威胁和不合规事件的发生。 第十五条　商业银行应制定全面的信息科技风险管理策略，包括但不限于下述领域：（一）信息分级与保护。（二）信息系统开发、测试和维护。（三）信息科技运行和维护。（四）访问控制。（五）物理安全。（六）人员安全。（七）业务连续性计划与应急处置。 第十七条　商业银行应依据信息科技风险管理策略和风险评估结果，实施全面的风险防范措施。防范措施应包括： （一）制定明确的信息科技风险管理制度、技术标准和操作规程等，定期进行更新和公示。 第二十一条　商业银行信息科技部门应落实信息安全管理职能。该职能应包括建立信息安全计划和保持长效的管理机制，提高全体员工信息安全意识，就安全问题向其他部门提供建议，并定期向信息科技管理委员会提交本银行信息安全评估报告。信息安全管理机制应包括信息安全标准、策略、实施计划和持续维护计划……	《商业银行信息科技风险管理指引》

第三节　数据安全的基本内容

近年来，国家层面加快数据安全立法的进程，在2017年《网络安全法》的基础上出台了两项重要的数据安全立法，即《数据安全法》《个人信息保护法》。随后《关键信息基础设施安全保护条例》《中国银行保险监督管理委员会关于印发银行业金融机构数据治理指引的通知》《中国银保监会关于印发监管数据安全管理办法（试行）的通知》等配套规范，以及地方立法如《上海市数据条例》《深圳经济特区数据条例》的相继落地，企业特别是受高度监管的金融行业面临监管环境复杂、适用规则纷繁复杂的数据安全管理工作，各监管机构近年来在数据安全管理方面的监管工作趋严趋细，如原银保监会2022年专门就个人信息保护下发《关于开展银行保险机构侵害个人信息权益乱象专项整治工作的通知》，企业在行政处罚层面违规成本越来越高。2023年2月，《银行保险监管统计管理办法》发布，进一步落实《数据安全法》，明确数据安全在监管统计工作中的重要定位，有利于推动和加强银行保险机构监管统计管理，规范监管统计行为，提升监管统计数据质量，强化监管统计数据安全保护，促进监管统计工作持续高质量发展。银行业数据安全，必须严守数据安全合规的底线，建立健全数据安全治理体系，提高数据安全保障能力。

同时，民事方面，《个人信息保护法》亦对个人主体采倾向性保护，个人信息处理者不能证明自己没有过错的，应当承担损害赔偿等侵权责任，加大了机构在处理投资者个人信息方面的法律责任。

作为管理较大规模、掌握较大客户量的理财公司而言，通常掌握较大量级的投资敏感数据及客户个人信息，未来将可能是多方监管部门关注的重点，故尽早根据法律法规的要求，建立相应的数据安全、个人信息保护机制，理顺与投资者、合作机构、员工在个人信息处理上的各方权责，显得尤为重要及紧迫。（见表11.2）

表 11.2　数据安全合规管理相关主要要求

序号	具体要求	文件名称
1	一、本通知所称个人金融信息，是指银行业金融机构在开展业务时，或通过接入中国人民银行征信系统、支付系统以及其他系统获取、加工和保存的以下个人信息： （一）个人身份信息，包括个人姓名、性别、国籍、民族、身份证件种类号码及有效期限、职业、联系方式、婚姻状况、家庭状况、住所或工作单位地址及照片等； （二）个人财产信息，包括个人收入状况、拥有的不动产状况、拥有的车辆状况、纳税额、公积金缴存金额等； （三）个人账户信息，包括账号、账户开立时间、开户行、账户余额、账户交易情况等； （四）个人信用信息，包括信用卡还款情况、贷款偿还情况以及个人在经济活动中形成的、能够反映其信用状况的其他信息； （五）个人金融交易信息，包括银行业金融机构在支付结算、理财、保险箱等中间业务过程中获取、保存、留存的个人信息和客户在通过银行业金融机构与保险公司、证券公司、基金公司、期货公司等第三方机构发生业务关系时产生的个人信息等； （六）衍生信息，包括个人消费习惯、投资意愿等对原始信息进行处理、分析所形成的反映特定个人某些情况的信息； （七）在与个人建立业务关系过程中获取、保存的其他个人信息。 二、银行业金融机构在收集、保存、使用、对外提供个人金融信息时，应当严格遵守法律规定，采取有效措施加强对个人金融信息保护，确保信息安全，防止信息泄露和滥用。特别是在收集个人金融信息时，应当遵循合法、合理原则，不得收集与业务无关的信息或采取不正当方式收集信息。 三、银行业金融机构应当建立健全内部控制制度，对易发生个人金融信息泄露的环节进行充分排查，明确规定各部门、岗位和人员的管理责任，加强个人金融信息管理的权限设置，形成相互监督、相互制约的管理机制，切实防止信息泄露或滥用事件的发生。 银行业金融机构要完善信息安全技术防范措施，确保个人金融信息在收集、传输、加工、保存、使用等环节中不被泄露。	《中国人民银行关于银行业金融机构做好个人金融信息保护工作的通知》（已失效）

续表

序号	具体要求	文件名称
1	银行业金融机构要加强对从业人员的培训，强化从业人员个人金融信息安全意识，防止从业人员非法使用、泄露、出售个人金融信息。接触个人金融信息岗位的从业人员在上岗前，应当书面做出保密承诺。 四、银行业金融机构不得篡改、违法使用个人金融信息。使用个人金融信息时，应当符合收集该信息的目的，并不得进行以下行为： （一）出售个人金融信息； （二）向本金融机构以外的其他机构和个人提供个人金融信息，但为个人办理相关业务所必需并经个人书面授权或同意的，以及法律法规和中国人民银行另有规定的除外； （三）在个人提出反对的情况下，将个人金融信息用于产生该信息以外的本金融机构其他营销活动。 银行业金融机构通过格式条款取得客户书面授权或同意的，应当在协议中明确该授权或同意所适用的向他人提供个人金融信息的范围和具体情形。同时，还应当在协议的醒目位置使用通俗易懂的语言明确提示该授权或同意的可能后果，并在客户签署协议时提醒其注意上述提示。 五、银行业金融机构不得将客户授权或同意其将个人信息用于营销、对外提供等作为与客户建立业务关系的先决条件，但该业务关系的性质决定需要预先做出相关授权或同意的除外。 六、在中国境内收集的个人金融信息的储存、处理和分析应当在中国境内进行。除法律法规及中国人民银行另有规定外，银行业金融机构不得向境外提供境内个人金融信息。 七、银行业金融机构通过外包开展业务的，应当充分审查、评估外包服务供应商保护个人金融信息的能力，并将其作为选择外包服务供应商的重要指标。 银行业金融机构与外包服务供应商签订服务协议时，应当明确其保护个人金融信息的职责和保密义务，并采取必要措施保证外包服务供应商履行上述职责和义务，确保个人金融信息安全。银行业金融机构应要求外包服务供应商在外包业务终止后，及时销毁因外包业务而获得的个人金融信息。	《中国人民银行关于银行业金融机构做好个人金融信息保护工作的通知》（已失效）

续表

序号	具体要求	文件名称
1	八、银行业金融机构通过接入中国人民银行征信系统、支付系统以及其他系统获取的个人金融信息，应当严格按照系统规定的用途使用，不得违反规定查询和滥用。 九、银行业金融机构发生个人金融信息泄露事件的，或银行业金融机构的上级机构发现下级机构有违反规定对外提供个人金融信息及其他违反本通知行为的，应当在事件发生之日或发现下级机构违规行为之日起7个工作日内将相关情况及初步处理意见报告中国人民银行当地分支机构。 中国人民银行分支机构在收到银行业金融机构报告后，应视情况予以处理，并及时向中国人民银行报告。	《中国人民银行关于银行业金融机构做好个人金融信息保护工作的通知》（已失效）
2	四、加强基础设施建设，提升开发测试和运维管理水平 （一）加强数据中心基础设施建设。非银机构应结合业务发展需要和自身实际情况，科学选择数据中心（含中心机房）建设方式，实现数据中心的安全、高效与节能；为节约成本、提高专业化管理水平，规模较小的非银机构可考虑选择租用、托管、共享数据中心等建设方式，具有一定规模、信息科技基础较好、管理能力较强的非银机构可自建数据中心。数据中心选址应符合有关监管要求，在选址前应实施安全评估，充分考虑地理位置、环境、设施等各种因素影响，规避选址不当造成的风险。数据中心建筑物结构（如层高、承重、抗震等）应满足专用机房建设要求，电力供应、精密空调、网络通信线路等重要基础设施应具备冗余能力，机房应采取有效的防火、防雷、防水等保护措施。数据中心与其他机构（包括出资人）共用或托管至外包服务商的，应确保重要信息科技设备与其他机构的有效隔离，明确物理安全区域，严格控制物理访问权限。 五、健全信息科技风险管理体系，加强重点领域风险防控 （一）加强信息安全管理。非银机构应配备专职信息安全管理人员，制定完善的安全管理制度，严格落实国家网络安全政策法规的有关要求，定期开展安全教育，提高员工信息安全意识。加强安全技术保障体系建设，采取有效的防病毒、防攻击、防篡改、防泄密、防抵赖等措施，提高系统抵御内外部攻击破坏的能力。严格配置网络访问控制策略，实现开发、测试、生	《中国银监会办公厅关于加强非银行金融机构信息科技建设和管理的指导意见》

续表

序号	具体要求	文件名称
2	产、办公等不同网络安全域之间以及与出资人等外联单位、国际互联网之间的风险隔离。加强系统安全漏洞和补丁信息的监测、收集和评估，确保及时发现和处置重大安全隐患。开展应用系统安全检测，对官方网站等通过互联网提供服务的系统，在上线及重大投产变更前进行渗透测试，杜绝系统"带病"上线。对敏感数据实施分类分级管理，强化数据生命周期各阶段安全管理要求，严格控制生产系统访问权限，禁止未经授权查看、下载生产数据；采取符合要求的加密、脱敏等技术，提高数据存储、传输、测试的安全性。落实终端、移动存储介质安全控制措施，加强对非法外联等各类违规行为的监控、阻断和审计。	《中国银监会办公厅关于加强非银行金融机构信息科技建设和管理的指导意见》
3	第二十一条　国家实行网络安全等级保护制度。网络运营者应当按照网络安全等级保护制度的要求，履行下列安全保护义务，保障网络免受干扰、破坏或者未经授权的访问，防止网络数据泄露或者被窃取、篡改： （一）制定内部安全管理制度和操作规程，确定网络安全负责人，落实网络安全保护责任； （二）采取防范计算机病毒和网络攻击、网络侵入等危害网络安全行为的技术措施； （三）采取监测、记录网络运行状态、网络安全事件的技术措施，并按照规定留存相关的网络日志不少于六个月； （四）采取数据分类、重要数据备份和加密等措施； （五）法律、行政法规规定的其他义务。 第四十条　网络运营者应当对其收集的用户信息严格保密，并建立健全用户信息保护制度。 第四十一条　网络运营者收集、使用个人信息，应当遵循合法、正当、必要的原则，公开收集、使用规则，明示收集、使用信息的目的、方式和范围，并经被收集者同意。 网络运营者不得收集与其提供的服务无关的个人信息，不得违反法律、行政法规的规定和双方的约定收集、使用个人信息，并应当依照法律、行政法规的规定和与用户的约定，处理其保存的个人信息。	《网络安全法》

续表

序号	具体要求	文件名称
3	第四十二条　网络运营者不得泄露、篡改、毁损其收集的个人信息；未经被收集者同意，不得向他人提供个人信息。但是，经过处理无法识别特定个人且不能复原的除外。 网络运营者应当采取技术措施和其他必要措施，确保其收集的个人信息安全，防止信息泄露、毁损、丢失。在发生或者可能发生个人信息泄露、毁损、丢失的情况时，应当立即采取补救措施，按照规定及时告知用户并向有关主管部门报告。 第四十九条　网络运营者应当建立网络信息安全投诉、举报制度，公布投诉、举报方式等信息，及时受理并处理有关网络信息安全的投诉和举报。 网络运营者对网信部门和有关部门依法实施的监督检查，应当予以配合。	《网络安全法》
4	一、总体工作要求 （一）建立并落实网络安全责任制。各银行保险机构要切实承担起网络安全风险防范的主体责任，加强顶层设计和统筹规划，把网络安全纳入机构发展战略，列入重大工作事项。要建立本单位网络安全责任制，机构负责人作为网络安全第一责任人，分管网络安全的高管人员为直接责任人。要建立网络安全内部责任追究与考核制度，明确责任人考核指标，压实责任，确保网络安全责任层层落实。要完善信息安全组织架构，优化安全管理制度、流程。风险管理和审计部门要充分发挥网络安全风险评估与监督作用，加强风险提示和问题整改监督。 （二）加强重点领域安全治理。一是要加强安全运营体系建设。建立安全运营队伍，完善运营机制，夯实网络安全风险监控、安全分析、安全事件管理、安全应急响应能力基础。加强系统运行风险、网络安全事件、异常交易行为的预警研判和快速处置，完善网络安全纵深防御体系，提高系统抵御内外部攻击破坏的能力。二是强化客户信息保护。要制定数据安全分类分级标准，构建覆盖客户信息全生命周期的保护体系，防范数据被窃取。严格数据访问授权和审计，及时处置非授权访问、大流量数据异常外传等风险。加强与第三方机构的数据交互安全管理，建立数据交换安全规范，遵循"最小化"访问原则，确保不向合作机构提供、泄露客户敏感信息。三是建立开放银	《中国银保监会办公厅关于开展银行业和保险业网络安全专项治理工作的通知》

续表

序号	具体要求	文件名称
4	行体系下对合作伙伴、外部平台的安全管理规范，制定严格的外部应用接入标准，加强合作机构准入评估。按照"最小化"开放服务原则，加强开放银行接口安全管理，降低银行系统与第三方平台间的耦合度，做好应急隔离，降低合作方衍生的风险影响。四是建立新技术引入、开源技术应用安全评估与准入机制，加强科技创新、新技术应用的风险监测与处置，深入排查业务流程设计缺陷，推进网络安全风险监测与开发过程的联动，防止因业务创新而降低网络安全管控标准。 （三）加强业务连续性和外包风险管控。一是强化数据中心基础设施建设、业务数据备份管理和业务连续性管理规范化建设，尽快实现重要信息系统灾备全覆盖和"真实业务接管演练"，切实提升应急处置和灾备恢复能力。要严格执行信息科技突发事件报告要求，严格杜绝瞒报、迟报等违规行为。二是要加强对外包风险的统筹管理，充分识别科技外包风险，明确外包范围和责任边界，严守"安全管理责任不能外包、安全标准不能降低"的风险底线。加强对非驻场外包的风险评估、尽职调查和专项审计，规范外包合同管理。强化对外包服务机构和人员的安全管理，防止源代码等敏感信息外泄。三是进一步做好密码算法应用和软件正版化工作。深化密码应用，加强密码标准贯彻实施。加强软件正版化管理，防范使用盗版软件造成的技术、法律和声誉风险。	《中国银保监会办公厅关于开展银行业和保险业网络安全专项治理工作的通知》
5	第二十七条　开展数据处理活动应当依照法律、法规的规定，建立健全全流程数据安全管理制度，组织开展数据安全教育培训，采取相应的技术措施和其他必要措施，保障数据安全。利用互联网等信息网络开展数据处理活动，应当在网络安全等级保护制度的基础上，履行上述数据安全保护义务。 　　重要数据的处理者应当明确数据安全负责人和管理机构，落实数据安全保护责任。 　　第二十九条　开展数据处理活动应当加强风险监测，发现数据安全缺陷、漏洞等风险时，应当立即采取补救措施；发生数据安全事件时，应当立即采取处置措施，按照规定及时告知用户并向有关主管部门报告……	《数据安全法》

续表

序号	具体要求	文件名称
5	第三十条　重要数据的处理者应当按照规定对其数据处理活动定期开展风险评估，并向有关主管部门报送风险评估报告。 风险评估报告应当包括处理的重要数据的种类、数量，开展数据处理活动的情况，面临的数据安全风险及其应对措施等。 第三十六条　中华人民共和国主管机关根据有关法律和中华人民共和国缔结或者参加的国际条约、协定，或者按照平等互惠原则，处理外国司法或者执法机构关于提供数据的请求。非经中华人民共和国主管机关批准，境内的组织、个人不得向外国司法或者执法机构提供存储于中华人民共和国境内的数据。	《数据安全法》
6	第五十一条　个人信息处理者应当根据个人信息的处理目的、处理方式、个人信息的种类以及对个人权益的影响、可能存在的安全风险等，采取下列措施确保个人信息处理活动符合法律、行政法规的规定，并防止未经授权的访问以及个人信息泄露、篡改、丢失： （一）制定内部管理制度和操作规程； （二）对个人信息实行分类管理； （三）采取相应的加密、去标识化等安全技术措施； （四）合理确定个人信息处理的操作权限，并定期对从业人员进行安全教育和培训； （五）制定并组织实施个人信息安全事件应急预案； （六）法律、行政法规规定的其他措施。 第五十二条　处理个人信息达到国家网信部门规定数量的个人信息处理者应当指定个人信息保护负责人，负责对个人信息处理活动以及采取的保护措施等进行监督。 个人信息处理者应当公开个人信息保护负责人的联系方式，并将个人信息保护负责人的姓名、联系方式等报送履行个人信息保护职责的部门。 第五十四条　个人信息处理者应当定期对其处理个人信息遵守法律、行政法规的情况进行合规审计。 第五十五条　有下列情形之一的，个人信息处理者应当事前进行个人信息保护影响评估，并对处理情况进行记录： （一）处理敏感个人信息； （二）利用个人信息进行自动化决策；	《个人信息保护法》

续表

序号	具体要求	文件名称
6	（三）委托处理个人信息、向其他个人信息处理者提供个人信息、公开个人信息； （四）向境外提供个人信息； （五）其他对个人权益有重大影响的个人信息处理活动。 第五十六条　个人信息保护影响评估应当包括下列内容： （一）个人信息的处理目的、处理方式等是否合法、正当、必要； （二）对个人权益的影响及安全风险； （三）所采取的保护措施是否合法、有效并与风险程度相适应。 个人信息保护影响评估报告和处理情况记录应当至少保存三年。 第五十七条　发生或者可能发生个人信息泄露、篡改、丢失的，个人信息处理者应当立即采取补救措施，并通知履行个人信息保护职责的部门和个人。通知应当包括下列事项： （一）发生或者可能发生个人信息泄露、篡改、丢失的信息种类、原因和可能造成的危害； （二）个人信息处理者采取的补救措施和个人可以采取的减轻危害的措施； （三）个人信息处理者的联系方式。 个人信息处理者采取措施能够有效避免信息泄露、篡改、丢失造成危害的，个人信息处理者可以不通知个人；履行个人信息保护职责的部门认为可能造成危害的，有权要求个人信息处理者通知个人。 第五十九条　接受委托处理个人信息的受托人，应当依照本法和有关法律、行政法规的规定，采取必要措施保障所处理的个人信息的安全，并协助个人信息处理者履行本法规定的义务。	《个人信息保护法》
7	第三十六条　理财公司应当按照国家法律法规和银保监会关于信息科技监管的相关规定，加强网络安全和数据安全管理，采取身份鉴权、访问控制、日志审计、数据备份、交易反欺诈等技术措施，有效防范网络入侵、信息泄露、数据篡改、系统不可用等风险，确保各项业务环节数据的保密性、完整性、真实性和抗抵赖性。	《理财公司内部控制管理办法》

续表

序号	具体要求	文件名称
7	理财公司应当建立健全投资者信息处理管理制度，依法处理投资者个人信息，严格审批程序，明确处理范围，规范处理行为，保存处理记录，确保信息处理行为可回溯，保护投资者个人信息安全。	《理财公司内部控制管理办法》
8	第二十一条　……管理制度应包括组织领导、部门职责、岗位人员、信息系统保障、数据编制报送、数据质量管控、检查评估、考核评价、问责与激励、资料管理、数据安全保护等方面……	《银行保险监管统计管理办法》
9	第二十四条　银行保险机构应加强监管统计资料的存储管理，建立全面、严密的管理流程和归档机制，保证监管统计资料的完整性、连续性、安全性和可追溯性……	《银行保险监管统计管理办法》
10	第五条　银行保险机构在实施信息科技外包时应当坚持以下原则： （一）不得将信息科技管理责任、网络安全主体责任外包； （二）以不妨碍核心能力建设、积极掌握关键技术为导向； （三）保持外包风险、成本和效益的平衡； （四）保障网络和信息安全，加强重要数据和个人信息保护； （五）强调事前控制和事中监督； （六）持续改进外包策略和风险管理措施。 第十二条　银行保险机构应当建立信息科技外包活动分类管理机制，针对不同类型的外包活动建立相应的管理和风控策略。信息科技外包原则上划分为咨询规划类、开发测试类、运行维护类、安全服务类、业务支持类等类别。 第三十二条　银行保险机构应当制定和落实网络和信息安全管理措施…… （一）对服务提供商和外包人员进行网络和信息安全教育或培训，增强网络和信息安全意识，服务提供商应与银行保险机构签订安全保密协议，外包人员应签署安全保密承诺书； （二）明确外包活动需要访问或使用的信息资产，按"必须知道"和"最小授权"原则进行访问授权，严格管控远程维护行为；	《中国银保监会办公厅关于印发银行保险机构信息科技外包风险监管办法的通知》

续表

序号	具体要求	文件名称
10	（三）对信息系统开发交付物（含拥有知识产权的源代码）进行安全扫描和检查； （四）对客户信息、源代码和文档等敏感信息采取严格管控措施，对敏感信息泄露风险进行持续监测； （五）对服务提供商所提供的模型、算法及相关信息系统加强管理，确保模型和算法遵循可解释、可验证、透明、公平的原则； （六）定期对外包活动进行网络和信息安全评估。 附件2　信息科技外包服务类型参考。安全服务类。包括但不限于：安全运营服务，安全加固服务，安全设备运行维护，安全日志处理与分析，安全测试服务，密钥管理及运行维护，数据安全服务，以及涉及以上服务的人力外包。	《中国银保监会办公厅关于印发银行保险机构信息科技外包风险监管办法的通知》
11	第二十条　商业银行信息科技部门负责建立和实施信息分类和保护体系，商业银行应使所有员工都了解信息安全的重要性，并组织提供必要的培训，让员工充分了解其职责范围内的信息保护流程。 第二十一条　商业银行信息科技部门应落实信息安全管理职能。该职能应包括建立信息安全计划和保持长效的管理机制，提高全体员工信息安全意识，就安全问题向其他部门提供建议，并定期向信息科技管理委员会提交本银行信息安全评估报告。信息安全管理机制应包括信息安全标准、策略、实施计划和持续维护计划。 信息安全策略应涉及以下领域： （一）安全制度管理。 （二）信息安全组织管理。 （三）资产管理。 （四）人员安全管理。 （五）物理与环境安全管理。 （六）通信与运营管理。 （七）访问控制管理。 （八）系统开发与维护管理。 （九）信息安全事故管理。	《商业银行信息科技风险管理指引》

续表

序号	具体要求	文件名称
11	（十）业务连续性管理。 （十一）合规性管理。 　　第二十三条　商业银行应确保设立物理安全保护区域，包括计算机中心或数据中心、存储机密信息或放置网络设备等重要信息科技设备的区域，明确相应的职责，采取必要的预防、检测和恢复控制措施。 　　第二十四条　商业银行应根据信息安全级别，将网络划分为不同的逻辑安全域（以下简称为域）。应该对下列安全因素进行评估，并根据安全级别定义和评估结果实施有效的安全控制，如对每个域和整个网络进行物理或逻辑分区、实现网络内容过滤、逻辑访问控制、传输加密、网络监控、记录活动日志等…… 　　第二十六条　商业银行应通过以下措施，确保所有信息系统的安全： 　　（一）明确定义终端用户和信息科技技术人员在信息系统安全中的角色和职责。 　　（二）针对信息系统的重要性和敏感程度，采取有效的身份。 　　（三）加强职责划分，对关键或敏感岗位进行双重控制。 　　（四）在关键的接合点进行输入验证或输出核对。 　　（五）采取安全的方式处理保密信息的输入和输出，防止信息泄露或被盗取、篡改。 　　（六）确保系统按预先定义的方式处理例外情况，当系统被迫终止时向用户提供必要信息。 　　（七）以书面或电子格式保存审计痕迹。 　　（八）要求用户管理员监控和审查未成功的登录和用户账户的修改。	《商业银行信息科技风险管理指引》

　　除上述数据安全管理主要相关要求外，因在现行数据安全法律法规体系下，监管机构对于数据生命全周期安全规范已有非常细致的要求，理财公司对于数据（尤其是个人信息）的安全管理机制还需要注意匹配《个人金融信息保护技术规范》《金融数据安全数据安全分级指南》《金融数据安全数据生命周期安全规范》等相关国家/行业标准所要求的精细度。

第十二章

反洗钱、反恐怖融资

反洗钱，是指为了预防通过各种方式掩饰、隐瞒毒品犯罪、黑社会性质的组织犯罪、恐怖活动犯罪、走私犯罪、贪污贿赂犯罪、破坏金融管理秩序犯罪、金融诈骗犯罪等犯罪所得及其收益的来源和性质的洗钱活动，依照反洗钱相关法律法规的规定采取相关措施的行为。

反恐怖融资，是指打击和防范以下恐怖融资行为：恐怖组织、恐怖分子募集、占有、使用资金或者其他形式财产；以资金或者其他形式财产协助恐怖组织、恐怖分子以及恐怖主义、恐怖活动犯罪；为恐怖主义和实施恐怖活动犯罪占有、使用以及募集资金或者其他形式财产；为恐怖组织、恐怖分子占有、使用以及募集资金或者其他形式财产。

商业银行理财子公司作为在中华人民共和国境内设立的金融机构，应当依法采取预防、监控措施，建立健全客户身份识别制度、客户身份资料和交易记录保存制度、可疑交易报告制度，履行反洗钱、反恐怖融资义务。中国人民银行是国务院反洗钱行政主管部门，依法对金融机构的反洗钱工作进行监督管理；中国（原）银保监会在其职责范围内履行反洗钱监督管理职责；中国银行业协会作为行业自律组织指导商业银行理财子公司开展反洗钱工作。反洗钱监管机构先后出台了《反洗钱法》《反恐怖主义法》《国务院办公厅关于完善反洗钱、反恐怖融资、反逃税监管体制机制的意见》《金融机构反洗钱规定》《金融机构大额交易和可疑交易报告管理办法》《义务机构反洗钱交易监测标准建设工作指引》《中国人民银行关于修改〈金融机构大额交易和可疑交易报告管理办法〉的决定》《金融机构客户身份识别和客户身份资料及交易记录保存管理办法》《金融机构洗钱和恐怖融资风险评估及客户分类管理指引》《金融机构反洗钱监督管理办法（试行）》《涉及恐怖活动资产冻结管理办法》《法人金融机构反洗钱分类评级管理办法（试行）》《中国人民银行关于加强反洗钱客户身份识别有关工作的通知》《中国人民银行关于加强开户管理及可疑交易报告后续控制措施的通知》《中国人民银行关于落实执行联合国安理会相关决议的通知》《中国人民银行关于进一步做好受益所有人身份识别工作有关问题的通知》《中国人民银行办公厅关于进一步加强反洗钱和反恐怖融资工作的通知》《中国人民银行反洗钱局关于印发〈法人金融机构洗钱和恐怖融资风险管理指引（试行）〉的通知》《银行业金融机构反洗钱反恐怖融资管理办法》《互联网金融从业机构反洗钱和反恐怖融资管理办法（试行）》《金融机构反洗钱和反恐怖融资监督管理办法》《金融机构客户尽职调查和客户身份资料及交易记录保存管理办法》[①]等法律法规、监管规定，对商业银行理财子公司的反洗钱义务履行提出了明确要求。此外，中国人民银行反洗钱局对各金融机构在相关法律法规实施中遇到的问题进行回复，该类文件亦对反洗钱工作具有指导作用。本章根据金融机构的基本反洗钱义务分类梳理了反洗钱主要法律法规、监管规定的要求。

第一节 反洗钱工作基本要求

商业银行理财子公司应建立公司层面的反洗钱内部控制制度，健全洗钱风险管理体系与机制，深入实践风险为本的方法，应全面落实反洗钱监管要求，防范洗钱风险。（见表12.1）

表12.1 反洗钱管理基本合规要点

序号	具体要求	文件名称
1	第三条 在中华人民共和国境内设立的金融机构和按照规定应当履行反洗钱义务的特定非金融机构，应当依法采取预防、监控措施，建立健全客户身份识别制度、客户身份资料和交易记录保存制度、大额交易和可疑交易报告制度，履行反洗钱义务。	《反洗钱法》

---

① 因技术原因，该文件发文后暂缓执行，但各金融机构具体操作过程中已按该要求在持续完善客户尽职调查和客户身份资料及交易记录保存管理相关工作。

续表

序号	具体要求	文件名称
2	第三十四条　理财公司应当根据反洗钱、反恐怖融资及非居民金融账户涉税信息尽职调查等法律法规要求履行相关职责。	《理财公司内部控制管理办法》
3	第六条　金融机构应当在总部层面对客户尽职调查、客户身份资料及交易记录保存工作作出统一部署或者安排，制定反洗钱和反恐怖融资信息共享制度和程序，以保证客户尽职调查、洗钱和恐怖融资风险管理工作有效开展。 　　金融机构应当对其分支机构执行客户尽职调查制度、客户身份资料及交易记录保存制度的情况进行监督管理……	《金融机构客户尽职调查和客户身份资料及交易记录保存管理办法》【因技术原因，该文发文后暂缓执行】
4	第八条　金融机构及其分支机构应当依法建立健全反洗钱内部控制制度，设立反洗钱专门机构或者指定内设机构负责反洗钱工作，制定反洗钱内部操作规程和控制措施，对工作人员进行反洗钱培训，增强反洗钱工作能力。 　　金融机构及其分支机构的负责人应当对反洗钱内部控制制度的有效实施负责。	《金融机构反洗钱规定》
5	第十五条　金融机构应当依照本法规定建立健全反洗钱内部控制制度，金融机构的负责人应当对反洗钱内部控制制度的有效实施负责。 　　金融机构应当设立反洗钱专门机构或者指定内设机构负责反洗钱工作。	《反洗钱法》
6	第四条　有效的洗钱风险管理是法人金融机构安全、稳健运行的基础，法人金融机构及其全体员工应当勤勉尽责，牢固树立合规意识和风险意识，建立健全洗钱风险管理体系，按照风险为本方法，合理配置资源，对本机构洗钱风险进行持续识别、审慎评估、有效控制及全程管理，有效防范洗钱风险。 　　法人金融机构应当考虑洗钱风险与声誉、法律、流动性等风险之间的关联性和传导性，审慎评估洗钱风险对声誉、运营、财务等方面的影响，防范洗钱风险传导与扩散。	《法人金融机构洗钱和恐怖融资风险管理指引（试行）》

续表

序号	具体要求	文件名称
7	第五条　法人金融机构洗钱风险管理应当遵循以下主要原则： （一）全面性原则。洗钱风险管理应当贯穿决策、执行和监督的全过程；覆盖各项业务活动和管理流程；覆盖所有境内外分支机构及相关附属机构，以及相关部门、岗位和人员。 （二）独立性原则。洗钱风险管理应当在组织架构、制度、流程、人员安排、报告路线等方面保持独立性，对业务经营和管理决策保持合理制衡。 （三）匹配性原则。洗钱风险管理资源投入应当与所处行业风险特征、管理模式、业务规模、产品复杂程度等因素相适应，并根据情况变化及时调整。 （四）有效性原则。洗钱风险管理应当融入日常业务和经营管理，根据实际风险情况采取有针对性的控制措施，将洗钱风险控制在自身风险管理能力范围内。	《法人金融机构洗钱和恐怖融资风险管理指引（试行）》
8	第二十六条　法人金融机构应当制定科学、清晰、可行的洗钱风险管理策略，完善相关制度和工作机制，合理配置、统筹安排人员、资金、系统等反洗钱资源，并定期评估其有效性。洗钱风险管理策略应当根据洗钱风险状况及市场变化及时进行调整。	《法人金融机构洗钱和恐怖融资风险管理指引（试行）》
9	第三十条　法人金融机构应当制定洗钱风险管理政策和程序，包括但不限于反洗钱内部控制制度（含流程、操作指引）；洗钱风险管理的方法；应急计划；反洗钱措施；信息保密和信息共享。	《法人金融机构洗钱和恐怖融资风险管理指引（试行）》
10	第四十三条　法人金融机构按照反洗钱法律法规和监管要求所采取的客户身份识别、客户身份资料和交易记录保存、大额交易和可疑交易报告等措施是满足反洗钱合规性要求的最低标准，情节严重的违法行为将受到处罚。为有效管理洗钱风险，法人金融机构应当在此基础上，采取更有针对性、更严格、更有效的措施。	《法人金融机构洗钱和恐怖融资风险管理指引（试行）》

续表

序号	具体要求	文件名称
11	一、金融机构应科学评估洗钱风险（含恐怖融资风险，下同）与市场风险、操作风险等其他风险的关联性，确保各项风险管理政策协调一致……	《中国人民银行关于加强金融从业人员反洗钱履职管理及相关反洗钱内控建设的通知》
12	二、反洗钱风险控制体系要全面覆盖各项金融产品或金融服务。金融机构应从全流程管理的角度对各项金融业务进行系统性的洗钱风险评估，并按照风险为本的原则，强化风险较高领域的反洗钱合规管理措施，防范金融从业人员的专业知识和专业技能被不法分子所利用。金融机构在研发创新型金融产品过程中，应进行洗钱风险评估，并书面记录风险评估情况。	《中国人民银行关于加强金融从业人员反洗钱履职管理及相关反洗钱内控建设的通知》
13	三、金融机构应定期开展反洗钱内部审计，加强对业务条线（部门）或其分支机构反洗钱工作的检查，及时发现并纠正反洗钱工作中出现的不合规问题。	《中国人民银行关于加强金融从业人员反洗钱履职管理及相关反洗钱内控建设的通知》
14	第三十一条　法人金融机构应当建立健全反洗钱内部控制制度，加强统一管理，规范制度制定和审批程序，明确发文种类、层级和对象。 反洗钱内部控制制度应当全面覆盖反洗钱法律法规和监管要求，并与本机构业务实际相适应。在反洗钱法律法规、监管要求或业务发展情况发生变化时，法人金融机构应当及时更新反洗钱内部控制制度。	《法人金融机构洗钱和恐怖融资风险管理指引（试行）》
15	第三十九条　法人金融机构应当制定应急计划，确保能够及时应对和处理重大洗钱风险事件、境内外有关反洗钱监管措施、重大洗钱负面新闻报道等紧急、危机情况，做好舆情监测，避免引发声誉风险。应急计划应当说明可能出现的重大风险情况及应当采取的措施。法人金融机构的应急计划应当涵盖对境内外分支机构和相关附属机构的应急安排。	《法人金融机构洗钱和恐怖融资风险管理指引（试行）》

续表

序号	具体要求	文件名称
16	第四十二条 出于洗钱风险管理需要，法人金融机构应当建立内部信息共享制度和程序，根据信息敏感度及其与洗钱风险管理的相关性确定信息共享的范围和程度，制定适当的信息共享机制，明确信息安全和保密要求，建立健全信息共享保障措施，确保信息的及时、准确、完整传递。 法人金融机构反洗钱管理部门、审计部门等部门为履行反洗钱工作职责，有权要求境内外分支机构和相关附属机构提供客户、账户、交易信息及其他与洗钱风险管理相关的信息。	《法人金融机构洗钱和恐怖融资风险管理指引（试行）》
17	第二十条 金融机构应当设立专职的反洗钱岗位，配备专职人员负责大额交易和可疑交易报告工作，并提供必要的资源保障和信息支持。	《金融机构大额交易和可疑交易报告管理办法》
18	五、金融机构聘用人员时，应对聘用对象提出必要的职业道德、资质、经验、专业素质及其他个人素质标准要求，看其是否具备履行所在岗位反洗钱职责所需的基本能力。此外，金融机构应对新聘用金融从业人员进行必要的反洗钱培训，使其了解并掌握反洗钱义务及其所在岗位的反洗钱工作要求。	《中国人民银行关于加强金融从业人员反洗钱履职管理及相关反洗钱内控建设的通知》
19	第六条 银行业金融机构应当将洗钱和恐怖融资风险管理纳入全面风险管理体系，将反洗钱和反恐怖融资要求嵌入合规管理、内部控制制度，确保洗钱和恐怖融资风险管理体系能够全面覆盖各项产品及服务。	《银行业金融机构反洗钱和反恐怖融资管理办法》
20	第七条 银行业金融机构应当依法建立反洗钱和反恐怖融资内部控制制度，并对分支机构和附属机构的执行情况进行管理。反洗钱和反恐怖融资内部控制制度应当包括下列内容： （一）反洗钱和反恐怖融资内部控制职责划分； （二）反洗钱和反恐怖融资内部控制措施； （三）反洗钱和反恐怖融资内部控制评价机制； （四）反洗钱和反恐怖融资内部控制监督制度；	《银行业金融机构反洗钱和反恐怖融资管理办法》

续表

序号	具体要求	文件名称
20	（五）重大洗钱和恐怖融资风险事件应急处置机制； （六）反洗钱和反恐怖融资工作信息保密制度； （七）国务院银行业监督管理机构及国务院反洗钱行政主管部门规定的其他内容。	《银行业金融机构反洗钱和反恐怖融资管理办法》
21	第八条　银行业金融机构应当建立组织架构健全、职责边界清晰的洗钱和恐怖融资风险治理架构，明确董事会、监事会、高级管理层、业务部门、反洗钱和反恐怖融资管理部门和内审部门等在洗钱和恐怖融资风险管理中的职责分工。	《银行业金融机构反洗钱和反恐怖融资管理办法》

第二节　客户身份识别和客户身份资料及交易记录保存

《金融机构客户尽职调查和客户身份资料及交易记录保存管理办法》（中国人民银行、中国银行保险监督管理委员会、中国证券监督管理委员会〔2022〕第1号令）[①]明确将理财公司纳入该制度的适用范围，需要履行相关反洗钱义务。

商业银行理财子公司在办理相关业务时应当勤勉尽责，遵循"了解你的客户"的原则，识别并核实客户及其受益所有人身份，针对具有不同洗钱或者恐怖融资风险特征的客户、业务关系或者交易，采取相应的尽职调查措施。商业银行理财子公司应当按照安全、准确、完整、保密的原则，妥善保存客户身份资料及交易记录，确保足以重现每笔交易，以提供客户尽职调查、监测分析交易、调查可疑交易活动以及查处洗钱和恐怖融资案件所需的信息。（见表12.2）

[①] 因技术原因，该文件发文后暂缓执行，但各金融机构具体操作过程中已按该要求在持续完善客户尽职调查和客户身份资料及交易记录保存管理相关工作。

表 12.2 反洗钱客户身份识别和客户身份资料及交易记录保存合规要点

序号	具体要求	文件名称
1	第三条　金融机构应当勤勉尽责，遵循"了解你的客户"的原则，识别并核实客户及其受益所有人身份，针对具有不同洗钱或者恐怖融资风险特征的客户、业务关系或者交易，采取相应的尽职调查措施。 　　金融机构在与客户业务存续期间，应当采取持续的尽职调查措施。针对洗钱或者恐怖融资风险较高的情形，金融机构应当采取相应的强化尽职调查措施，必要时应当拒绝建立业务关系或者办理业务，或者终止已经建立的业务关系。	《金融机构客户尽职调查和客户身份资料及交易记录保存管理办法》【因技术原因，发文后暂缓执行】
2	第四条　金融机构应当按照安全、准确、完整、保密的原则，妥善保存客户身份资料及交易记录，确保足以重现每笔交易，以提供客户尽职调查、监测分析交易、调查可疑交易活动以及查处洗钱和恐怖融资案件所需的信息。	《金融机构客户尽职调查和客户身份资料及交易记录保存管理办法》【因技术原因，发文后暂缓执行】
3	第七条　金融机构在与客户建立业务关系、办理规定金额以上一次性交易和业务关系存续期间，怀疑客户及其交易涉嫌洗钱或恐怖融资的，或者对先前获得的客户身份资料的真实性、有效性或完整性存疑的，应当开展客户尽职调查，采取以下尽职调查措施： 　　（一）识别客户身份，并通过来源可靠、独立的证明材料、数据或者信息核实客户身份； 　　（二）了解客户建立业务关系和交易的目的和性质，并根据风险状况获取相关信息； 　　（三）对于洗钱或者恐怖融资风险较高的情形，了解客户的资金来源和用途，并根据风险状况采取强化的尽职调查措施； 　　（四）在业务关系存续期间，对客户采取持续的尽职调查措施，审查客户状况及其交易情况，以确认为客户提供的各类服务和交易符合金融机构对客户身份背景、业务需求、风险状况以及对其资金来源和用途等方面的认识； 　　（五）对于客户为法人或者非法人组织的，识别并采取合理措施核实客户的受益所有人。 　　金融机构应当根据风险状况差异化确定客户尽职调查措施的程度和具体方式，不应采取与风险状况明显不符的尽职调查措施，把握好防范风险与优化服务的平衡。	《金融机构客户尽职调查和客户身份资料及交易记录保存管理办法》【因技术原因，发文后暂缓执行】

续表

序号	具体要求	文件名称
4	第八条　金融机构不得为身份不明的客户提供服务或者与其进行交易，不得为客户开立匿名账户或者假名账户，不得为冒用他人身份的客户开立账户。	《金融机构客户尽职调查和客户身份资料及交易记录保存管理办法》【因技术原因，发文后暂缓执行】
5	第十二条　证券公司、期货公司、证券投资基金管理公司以及其他从事基金销售业务的机构在为客户办理以下业务时，应当开展客户尽职调查，并登记客户身份基本信息，留存客户有效身份证件或者其他身份证明文件的复印件或者影印件： （一）经纪业务； （二）资产管理业务； （三）向不在本机构开立账户的客户销售各类金融产品且交易金额单笔人民币5万元以上或者外币等值1万美元以上的； （四）融资融券、股票质押、约定购回等信用交易类业务； （五）场外衍生品交易等柜台业务； （六）承销与保荐、上市公司并购重组财务顾问、公司债券受托管理、非上市公众公司推荐、资产证券化等业务； （七）中国人民银行和中国证券监督管理委员会规定的应当开展客户尽职调查的其他证券业务。	《金融机构客户尽职调查和客户身份资料及交易记录保存管理办法》【因技术原因，发文后暂缓执行】
6	第二十一条　保险资产管理公司、金融资产管理公司、企业集团财务公司、金融租赁公司、汽车金融公司、消费金融公司、货币经纪公司、贷款公司、理财公司以及中国人民银行确定的其他金融机构，在与客户建立业务关系时，应当识别并核实客户身份，登记客户身份基本信息，并留存客户有效身份证件或者其他身份证明文件的复印件或者影印件。 金融机构通过其他机构开展上述业务时，应当符合本办法第三十九条的规定。	《金融机构客户尽职调查和客户身份资料及交易记录保存管理办法》【因技术原因，发文后暂缓执行】

续表

序号	具体要求	文件名称
7	第二十二条 金融机构开展客户尽职调查时，对于客户为法人或者非法人组织的，应当识别并核实客户身份，了解客户业务性质、所有权和控制权结构，识别并采取合理措施核实客户的受益所有人，即通过以下方式最终拥有或者实际控制法人或者非法人组织的一个或者多个自然人： （一）直接或者间接拥有法人或者非法人组织25%（含）以上股权或合伙权益的自然人； （二）单独或者联合对法人或者非法人组织进行实际控制的自然人，包括但不限于通过协议约定、亲属关系等方式实施控制，如决定董事或者高级管理人员的任免，决定重大经营、管理决策的制定或者执行，决定财务收支，长期实际支配使用重要资产或者主要资金等； （三）直接或者间接享有法人或者非法人组织25%（含）以上收益权的自然人。 金融机构应当综合使用上述三种方式识别并核实客户的受益所有人，当使用上述方式均无法识别受益所有人时，识别法人或者非法人组织的高级管理人员。	《金融机构客户尽职调查和客户身份资料及交易记录保存管理办法》【因技术原因，发文后暂缓执行】
8	第二十四条 金融机构应当通过来源可靠、独立的证明材料、数据或者信息核实客户身份，包括以下一种或者几种方式： （一）通过公安、市场监督管理、民政、税务、移民管理等部门或者其他政府公开渠道获取的信息核实客户身份； （二）通过外国政府机构、国际组织等官方认证的信息核实客户身份； （三）客户补充其他身份资料或者证明材料； （四）中国人民银行认可的其他信息来源。 银行履行客户尽职调查义务时，按照法律、行政法规、部门规章的规定需核实相关自然人的第二代居民身份证的，应当通过中国人民银行建立的联网核查公民身份信息系统进行核查。	《金融机构客户尽职调查和客户身份资料及交易记录保存管理办法》【因技术原因，发文后暂缓执行】

续表

序号	具体要求	文件名称
9	第二十五条　金融机构应当在建立业务关系或者办理一次性交易时，核实客户及其受益所有人身份。在有效管理洗钱和恐怖融资风险的情况下，对于难以中断的正常交易，金融机构可以在建立业务关系后尽快完成客户及其受益所有人身份核实工作。金融机构在未完成客户及其受益所有人身份核实工作前为客户办理业务的，应当采取适当的风险管理措施。	《金融机构客户尽职调查和客户身份资料及交易记录保存管理办法》【因技术原因，发文后暂缓执行】
10	第二十六条　金融机构应当采取合理方式确认代理关系存在，在按照本办法的有关要求对被代理人采取客户尽职调查措施时，应当识别并核实代理人身份，登记代理人的姓名或者名称、联系方式、有效身份证件或者其他身份证明文件的种类、号码，并留存代理人有效身份证件或者其他身份证明文件的复印件或者影印件。	《金融机构客户尽职调查和客户身份资料及交易记录保存管理办法》【因技术原因，发文后暂缓执行】
11	第二十八条　金融机构与客户业务存续期间，应当持续关注并审查客户身份状况及交易情况，发生以下情形时，金融机构应当审核本机构保存的客户身份信息，及时更新或者补充客户身份证件或者其他身份证明文件、身份信息或者其他资料，以确认为客户提供的各类服务和交易符合金融机构对客户身份背景、业务需求、风险状况以及对客户资金来源和用途等方面的认识： （一）客户有关行为或者交易出现异常，或者客户风险状况发生变化的； （二）金融机构怀疑先前获得的客户身份资料的真实性、有效性、完整性的； （三）客户要求变更姓名或者名称、身份证件或者其他身份证明文件种类、身份证件号码、经营范围、法定代表人或者受益所有人的； （四）客户申请变更保险合同投保人、被保险人或者受益人； （五）客户先前提交的身份证件或者其他身份证明文件已过有效期的；	《金融机构客户尽职调查和客户身份资料及交易记录保存管理办法》【因技术原因，发文后暂缓执行】

续表

序号	具体要求	文件名称
11	（六）其他需要关注并审查客户身份状况及交易情况的。 客户先前提交的身份证件或者其他身份证明文件已过有效期，金融机构在履行必要的告知程序后，客户未在合理期限内更新且未提出合理理由的，金融机构应当中止为客户办理业务。	《金融机构客户尽职调查和客户身份资料及交易记录保存管理办法》【因技术原因，发文后暂缓执行】
12	第二十九条　金融机构与客户建立业务关系时或者业务存续期间，综合考虑客户特征、业务关系、交易目的、交易性质、资金来源和用途等因素，对于存在较高洗钱或者恐怖融资风险情形的，或者客户为国家司法、执法和监察机关调查、发布的涉嫌洗钱或者恐怖融资及相关犯罪人员的，应当根据风险状况采取强化尽职调查措施。	《金融机构客户尽职调查和客户身份资料及交易记录保存管理办法》【因技术原因，发文后暂缓执行】
13	第三十条　对于洗钱或者恐怖融资风险较高的情形以及高风险客户，金融机构应当根据风险情形采取相匹配的以下一种或者多种强化尽职调查措施： （一）获取业务关系、交易目的和性质、资金来源和用途的相关信息，必要时，要求客户提供证明材料并予以核实； （二）通过实地查访等方式了解客户的经济状况或者经营状况； （三）加强对客户及其交易的监测分析； （四）提高对客户及其受益所有人信息审查和更新的频率； （五）与客户建立、维持业务关系，或者为客户办理业务，需要获得高级管理层的批准。 金融机构采取强化尽职调查措施后，认为需要对客户的洗钱或者恐怖融资风险进行风险管理的，应当对客户的交易方式、交易规模、交易频率等实施合理限制，认为客户的洗钱或者恐怖融资风险超出金融机构风险管理能力的，应当拒绝交易或者终止已经建立的业务关系。	《金融机构客户尽职调查和客户身份资料及交易记录保存管理办法》【因技术原因，发文后暂缓执行】

续表

序号	具体要求	文件名称
14	第三十一条　金融机构参考以下信息，结合客户特征、业务关系或者交易目的和性质，经过风险评估且具有充足理由判断某类客户、业务关系或者交易的洗钱和恐怖融资风险较低时，可以采取相匹配的简化尽职调查措施： （一）国家洗钱风险评估报告； （二）中国人民银行发布的反洗钱、反恐怖融资以及账户管理相关规定及指引、风险提示、洗钱类型分析报告和风险评估报告； （三）其他法律、行政法规有相关规定的。 　　金融机构采取简化尽职调查措施时，应当至少识别并核实客户身份，登记客户的姓名或者名称、联系方式、有效身份证件或者其他身份证明文件的种类、号码和有效期限等信息，留存客户尽职调查过程中必要的身份资料。对已采取简化尽职调查措施的客户、业务关系或者交易，金融机构应当定期审查其风险状况，根据风险高低调整所提供的服务范围和业务功能；客户、业务关系或者交易存在洗钱和恐怖融资嫌疑或者高风险的情形时，金融机构不得采取简化尽职调查措施。	《金融机构客户尽职调查和客户身份资料及交易记录保存管理办法》【因技术原因，发文后暂缓执行】
15	第三十二条　金融机构无法完成本办法规定的客户尽职调查措施的，应当拒绝建立业务关系，采取必要的限制措施或者拒绝交易，或者终止已经建立的业务关系，并根据风险情形提交可疑交易报告。	《金融机构客户尽职调查和客户身份资料及交易记录保存管理办法》【因技术原因，发文后暂缓执行】
16	第三十三条　如果怀疑客户涉嫌洗钱或者恐怖融资，并且开展客户尽职调查会导致发生泄密事件的，金融机构可以不开展客户尽职调查，但应当提交可疑交易报告。	《金融机构客户尽职调查和客户身份资料及交易记录保存管理办法》【因技术原因，发文后暂缓执行】

续表

序号	具体要求	文件名称
17	第三十四条　金融机构与境外金融机构建立代理行或者类似业务关系，或者接受委托为境外经纪机构或其客户提供境内证券期货交易时，应当了解境外机构所在国家或地区洗钱和恐怖融资风险状况，充分收集境外机构代理业务性质、声誉、内部控制、接受监管和调查等方面的信息，评估境外机构接受反洗钱和反恐怖融资监管和调查的情况，以及反洗钱和反恐怖融资措施的健全性和有效性，明确本机构与境外机构在客户尽职调查、客户身份资料及交易记录保存方面的职责。 　　金融机构与境外金融机构建立代理行或者类似业务关系，或者接受委托为境外经纪机构或其客户提供境内证券期货交易时，应当获得董事会或者向董事会负责的高级管理层的批准。金融机构不得与空壳银行建立代理行或者类似业务关系，同时应当确保代理行不提供账户供空壳银行使用。 　　金融机构应当持续关注并审查境外机构接受反洗钱和反恐怖融资监管情况，以及境外机构所在国家或地区洗钱和恐怖融资风险状况，评定境外机构风险等级，并实施动态管理。	《金融机构客户尽职调查和客户身份资料及交易记录保存管理办法》【因技术原因，发文后暂缓执行】
18	第三十五条　金融机构应当采取合理措施确定客户及其受益所有人是否为外国政要、国际组织高级管理人员、外国政要或者国际组织高级管理人员的特定关系人。如客户或者其受益所有人为上述人员，金融机构应当采取风险管理措施了解客户及其受益所有人资金或者财产的来源和用途，与客户建立、维持业务关系还应当获得高级管理层批准，并对客户及业务关系采取强化的持续监测措施。 　　如人寿保险保单受益人或者其受益所有人为外国政要、国际组织高级管理人员、外国政要或者国际组织高级管理人员的特定关系人，保险公司应当在赔偿或者给付保险金时获得高级管理层批准，并对投保人及业务关系采取强化尽职调查措施。	《金融机构客户尽职调查和客户身份资料及交易记录保存管理办法》【因技术原因，发文后暂缓执行】

续表

序号	具体要求	文件名称
19	第三十八条　金融机构运用互联网和移动通信等信息通信技术，依法以非面对面形式与客户建立业务关系或者为客户提供金融服务时，应当建立有效的客户身份认证机制，通过有效措施识别并核实客户身份，以确认客户身份的真实性和交易的合理性。	《金融机构客户尽职调查和客户身份资料及交易记录保存管理办法》【因技术原因，发文后暂缓执行】
20	第三十九条　金融机构通过第三方开展本办法第七条第一款第一项、第二项、第五项尽职调查措施的，应当符合下列要求，并承担未履行客户尽职调查义务的责任： （一）第三方接受反洗钱和反恐怖融资监管或者监测； （二）评估第三方的风险状况及其履行反洗钱和反恐怖融资义务的能力，并确保第三方根据反洗钱和反恐怖融资法律法规和本办法的有关要求采取客户尽职调查、客户身份资料及交易记录保存措施；第三方具有较高风险情形或者不具备履行反洗钱和反恐怖融资义务能力的，金融机构不得通过第三方识别客户身份； （三）金融机构能够立即从第三方获取客户尽职调查的必要信息； （四）金融机构在需要时能够立即获得第三方开展客户尽职调查获取的身份证件或者其他身份证明文件以及其他资料的复印件或者影印件。 第三方应当严格按照法律规定和合同约定履行相应的客户尽职调查义务，并向金融机构提供必要的客户身份信息；金融机构对客户身份信息的真实性、准确性或者完整性有疑问的，或者怀疑客户涉嫌洗钱或恐怖融资的，第三方应当配合金融机构开展客户尽职调查。第三方未按照规定配合金融机构履行客户尽职调查义务的，应当承担相应责任。 金融机构通过金融机构以外的第三方识别客户身份的，应当符合第一款第二项至第四项要求。	《金融机构客户尽职调查和客户身份资料及交易记录保存管理办法》【因技术原因，发文后暂缓执行】

续表

序号	具体要求	文件名称
21	第四十一条　金融机构应当建立健全工作机制，及时获取涉嫌恐怖活动的组织和人员名单以及中国人民银行要求关注的其他涉嫌洗钱及相关犯罪人员名单。有合理理由怀疑客户或其交易对手，以及客户或其交易对手的资金或者其他资产与名单相关的，应当采取相应的尽职调查和风险管理措施。法律、行政法规、规章另有规定的，从其规定。	《金融机构客户尽职调查和客户身份资料及交易记录保存管理办法》【因技术原因，发文后暂缓执行】
22	第四十二条　金融机构应当建立健全工作机制，及时获取国际反洗钱组织和我国有关部门发布的高风险国家或地区以及强化监控国家或地区名单。对于来自高风险国家或地区的客户或交易，金融机构应当结合业务关系和交易的风险状况采取强化尽职调查措施和必要的风险管理措施。对于来自强化监控国家或地区的客户，金融机构在开展客户尽职调查及划分客户风险等级时，应当关注客户所在国家或地区的风险状况。 金融机构通过境外第三方开展客户尽职调查的，应当充分考虑第三方所在国家或地区的风险状况，不得通过来自高风险国家或地区的第三方开展客户尽职调查。	《金融机构客户尽职调查和客户身份资料及交易记录保存管理办法》【因技术原因，发文后暂缓执行】
23	第四十四条　金融机构应当保存的客户身份资料包括记载客户身份信息以及反映金融机构开展客户尽职调查工作情况的各种记录和资料。 金融机构应当保存的交易记录包括关于每笔交易的数据信息、业务凭证、账簿以及有关规定要求的反映交易真实情况的合同、业务凭证、单据、业务函件和其他资料。	《金融机构客户尽职调查和客户身份资料及交易记录保存管理办法》【因技术原因，发文后暂缓执行】
24	第四十五条　金融机构应当采取必要的管理措施和技术措施，逐步实现以电子化方式完整、准确保存客户身份资料及交易信息，依法保护商业秘密和个人信息，防止客户身份资料及交易记录缺失、损毁，防止泄漏客户身份信息及交易信息。 金融机构客户身份资料及交易记录的保存方式和管理机制，应当确保足以重现和追溯每笔交易，便于金融机构反洗钱工作开展，以及反洗钱调查和监督管理。	《金融机构客户尽职调查和客户身份资料及交易记录保存管理办法》【因技术原因，发文后暂缓执行】

续表

序号	具体要求	文件名称
25	第四十六条　金融机构应当按照下列期限保存客户身份资料及交易记录： （一）客户身份资料自业务关系结束后或者一次性交易结束后至少保存 5 年； （二）交易记录自交易结束后至少保存 5 年。 如客户身份资料及交易记录涉及正在被反洗钱调查的可疑交易活动，且反洗钱调查工作在前款规定的最低保存期限届满时仍未结束的，金融机构应当将相关客户身份资料及交易记录保存至反洗钱调查工作结束。 同一介质上存有不同保存期限客户身份资料或者交易记录的，应当按最长保存期限保存。同一客户身份资料或者交易记录采用不同介质保存的，应当按照上述期限要求至少保存一种介质的客户身份资料或者交易记录。 法律、行政法规对客户身份资料及交易记录有更长保存期限要求的，从其规定。	《金融机构客户尽职调查和客户身份资料及交易记录保存管理办法》【因技术原因，发文后暂缓执行】
26	第四十七条　金融机构破产或者解散时，应当将客户身份资料、交易记录以及包含客户身份资料、交易记录的介质移交给中国人民银行、中国银行保险监督管理委员会或者中国证券监督管理委员会指定的机构。	《金融机构客户尽职调查和客户身份资料及交易记录保存管理办法》【因技术原因，发文后暂缓执行】
27	第三十八条　金融机构运用互联网和移动通信等信息通信技术，依法以非面对面形式与客户建立业务关系或者为客户提供金融服务时，应当建立有效的客户身份认证机制，通过有效措施识别并核实客户身份，以确认客户身份的真实性和交易的合理性。	《金融机构客户尽职调查和客户身份资料及交易记录保存管理办法》【因技术原因，发文后暂缓执行】

续表

序号	具体要求	文件名称
28	第二十八条　金融机构与客户业务存续期间，应当持续关注并审查客户身份状况及交易情况，发生以下情形时，金融机构应当审核本机构保存的客户身份信息，及时更新或者补充客户身份证件或者其他身份证明文件、身份信息或者其他资料，以确认客户提供的各类服务和交易符合金融机构对客户身份背景、业务需求、风险状况以及对客户资金来源和用途等方面的认识：…… 客户先前提交的身份证件或者其他身份证明文件已过有效期，金融机构在履行必要的告知程序后，客户未在合理期限内更新且未提出合理理由的，金融机构应当中止为客户办理业务。	《金融机构客户尽职调查和客户身份资料及交易记录保存管理办法》【因技术原因，发文后暂缓执行】
29	第二十四条　金融机构应当通过来源可靠、独立的证明材料、数据或者信息核实客户身份，包括以下一种或者几种方式： （一）通过公安、市场监督管理、民政、税务、移民管理等部门或者其他政府公开渠道获取的信息核实客户身份； （二）通过外国政府机构、国际组织等官方认证的信息核实客户身份； （三）客户补充其他身份资料或者证明材料； （四）中国人民银行认可的其他信息来源。 银行履行客户尽职调查义务时，按照法律、行政法规、部门规章的规定需核实相关自然人的第二代居民身份证的，应当通过中国人民银行建立的联网核查公民身份信息系统进行核查。	《金融机构客户尽职调查和客户身份资料及交易记录保存管理办法》【因技术原因，发文后暂缓执行】
30	第十三条　银行业金融机构应当按照规定建立健全和执行客户身份资料和交易记录保存制度，妥善保存客户身份资料和交易记录，确保能重现该项交易，以提供监测分析交易情况、调查可疑交易活动和查处洗钱案件所需的信息。	《银行业金融机构反洗钱和反恐怖融资管理办法》
31	第九条　金融机构应当按照规定建立和实施客户身份识别制度。 （一）对要求建立业务关系或者办理规定金额以上的一次性金融业务的客户身份进行识别，要求客户出示真实有效的	《金融机构反洗钱规定》

续表

序号	具体要求	文件名称
31	身份证件或者其他身份证明文件，进行核对并登记，客户身份信息发生变化时，应当及时予以更新； （二）按照规定了解客户的交易目的和交易性质，有效识别交易的受益人； （三）在办理业务中发现异常迹象或者对先前获得的客户身份资料的真实性、有效性、完整性有疑问的，应当重新识别客户身份； （四）保证与其有代理关系或者类似业务关系的境外金融机构进行有效的客户身份识别，并可从该境外金融机构获得所需的客户身份信息。 前款规定的具体实施办法由中国人民银行会同中国银行业监督管理委员会、中国证券监督管理委员会和中国保险监督管理委员会制定。	《金融机构反洗钱规定》
32	第四十四条 法人金融机构应当按照规定建立健全和执行客户身份识别制度……客户身份识别措施包括但不限于以下方面：在建立业务关系时的客户身份识别措施、在业务关系存续期间的持续识别和重新识别措施、非自然人客户受益所有人的识别措施、对特定自然人和特定类别业务的客户身份识别措施以及客户洗钱风险分类管理措施等。 在建立业务关系时，法人金融机构为不影响正常交易，可以在建立业务关系后完成对客户的身份核实，但应当建立相应的风险管理机制和程序，确保客户洗钱和恐怖融资风险可控。在业务关系存续期间，法人金融机构应详细审查保存的客户资料和交易，及时更新客户身份信息，确保当前进行的交易与客户身份背景相匹配。	《法人金融机构洗钱和恐怖融资风险管理指引（试行）》
33	第五十二条 法人金融机构应当制定并执行清晰的客户接纳政策和程序，明确禁止建立业务关系的客户范围，有效识别高风险客户或高风险账户，并对其进行定期评估、动态调整。	《法人金融机构洗钱和恐怖融资风险管理指引（试行）》

续表

序号	具体要求	文件名称
34	第十二条　从业机构在与客户建立业务关系或者开展法律法规、规章、规范性文件和行业规则规定的特定类型交易时，应当履行以下客户身份识别程序： （一）…… （二）核对客户有效身份证件或者其他身份证明文件，或者按照法律法规、规章、规范性文件和行业规则要求客户提供资料并通过合法、安全、可信的渠道取得客户身份确认信息，识别客户、账户持有人及交易操作人员的身份。 （三）按照法律法规、规章、规范性文件和行业规则通过合法、安全且信息来源独立的外部渠道验证客户、账户持有人及交易操作人员的身份信息，并确保外部渠道反馈的验证信息与被验证信息之间具有一致性和唯一对应性。 （四）按照法律法规、规章、规范性文件和行业规则登记并保存客户、账户持有人及交易操作人员的身份基本信息。 （五）按照法律法规、规章、规范性文件和行业规则保存客户有效身份证件或者其他身份证明文件的影印件或者复印件，或渠道反馈的客户身份确认信息。	《互联网金融从业机构反洗钱和反恐怖融资管理办法（试行）》
35	一、……义务机构应当按照《金融机构客户身份识别和客户身份资料及交易记录保存管理办法》（中国人民银行　中国银行业监督管理委员会　中国证券监督管理委员会　中国保险监督管理委员会令〔2007〕第2号发布）的规定，有效开展非自然人客户的身份识别，提高受益所有人信息透明度，加强风险评估和分类管理，防范复杂股权或者控制权结构导致的洗钱和恐怖融资风险。 （一）义务机构应当加强对非自然人客户的身份识别，在建立或者维持业务关系时，采取合理措施了解非自然人客户的业务性质与股权或者控制权结构，了解相关的受益所有人信息。 （二）义务机构应当根据实际情况以及从可靠途径、以可靠方式获取的相关信息或者数据，识别非自然人客户的受益所有人，并在业务关系存续期间，持续关注受益所有人信息变更情况。	《中国人民银行关于加强反洗钱客户身份识别有关工作的通知》

续表

序号	具体要求	文件名称
35	（三）对非自然人客户受益所有人的追溯，义务机构应当逐层深入并最终明确为掌握控制权或者获取收益的自然人，判定标准如下： 　　1. 公司的受益所有人应当按照以下标准依次判定：直接或者间接拥有超过25%公司股权或者表决权的自然人；通过人事、财务等其他方式对公司进行控制的自然人；公司的高级管理人员。 　　2. 合伙企业的受益所有人是指拥有超过25%合伙权益的自然人。 　　3. 信托的受益所有人是指信托的委托人、受托人、受益人以及其他对信托实施最终有效控制的自然人。 　　4. 基金的受益所有人是指拥有超过25%权益份额或者其他对基金进行控制的自然人。对风险较高的非自然人客户，义务机构应当采取更严格的标准判定其受益所有人。 （四）义务机构应当核实受益所有人信息，并可以通过询问非自然人客户、要求非自然人客户提供证明材料、查询公开信息、委托有关机构调查等方式进行。 （五）义务机构应当登记客户受益所有人的姓名、地址、身份证件或者身份证明文件的种类、号码和有效期限。 （六）义务机构在充分评估下述非自然人客户风险状况基础上，可以将其法定代表人或者实际控制人视同为受益所有人： 　　1. 个体工商户、个人独资企业、不具备法人资格的专业服务机构。 　　2. 经营农林渔牧产业的非公司制农民专业合作组织。对于受政府控制的企事业单位，参照上述标准执行。 （七）义务机构可以不识别下述非自然人客户的受益所有人： 　　1. 各级党的机关、国家权力机关、行政机关、司法机关、军事机关、人民政协机关和人民解放军、武警部队、参照公务员法管理的事业单位。 　　2. 政府间国际组织、外国政府驻华使领馆及办事处等机构及组织。	《中国人民银行关于加强反洗钱客户身份识别有关工作的通知》

续表

序号	具体要求	文件名称
35	（八）义务机构应当在识别受益所有人的过程中，了解、收集并妥善保存以下信息和资料： 1. 非自然人客户股权或者控制权的相关信息，主要包括：注册证书、存续证明文件、合伙协议、信托协议、备忘录、公司章程以及其他可以验证客户身份的文件。 2. 非自然人客户股东或者董事会成员登记信息，主要包括：董事会、高级管理层和股东名单、各股东持股数量以及持股类型（包括相关的投票权类型）等。 （九）银行业金融机构应当将登记保存的受益所有人信息报送中国人民银行征信中心运营管理的相关信息数据库。义务机构可以依照相关规定查询非自然人客户的受益所有人信息。受益所有人信息登记、查询、使用及保密办法，由中国人民银行另行制定。	《中国人民银行关于加强反洗钱客户身份识别有关工作的通知》
36	三、义务机构应当根据非自然人客户的法律形态和实际情况，逐层深入并判定受益所有人。按照规定开展受益所有人身份识别工作的，每个非自然人客户至少有一名受益所有人。 （一）公司：对公司实施最终控制不限于直接或间接拥有超过25%（含，下同）公司股权或者表决权，还包括其他可以对公司的决策、经营、管理形成有效控制或者实际影响的任何形式。 1. 直接或者间接拥有超过25%公司股权或者表决权的自然人是判定公司受益所有人的基本方法。需要计算间接拥有股权或者表决权的，按照股权和表决权孰高原则，将公司股权层级及各层级实际占有的股权或者表决权比例相乘求和计算。 2. 如果未识别出直接或者间接拥有超过25%公司股权或者表决权的自然人，或者对满足前述标准的自然人是否为受益所有人存疑的，应当考虑将通过人事、财务等方式对公司进行控制的自然人判定为受益所有人，包括但不限于：直接或者间接决定董事会多数成员的任免；决定公司重大经营、管理决策的制定或者执行；决定公司的财务预算、人事任免、投融资、担保、兼并重组；长期实际支配使用公司重大资产或者巨额资金等。	《中国人民银行关于进一步做好受益所有人身份识别工作有关问题的通知》

续表

序号	具体要求	文件名称
36	3. 如果不存在通过人事、财务等方式对公司进行控制的自然人的，应当考虑将公司的高级管理人员判定为受益所有人。 对依据《中华人民共和国公司法》、《中华人民共和国证券法》等法律法规将高级管理人员判定为受益所有人存疑的，应当考虑将高级管理人员之外的对公司形成有效控制或者实际影响的其他自然人判定为受益所有人。 （二）合伙企业：拥有超过25%合伙权益的自然人是判定合伙企业受益所有人的基本方法。不存在拥有超过25%合伙权益的自然人的，义务机构可以参照公司受益所有人标准判定合伙企业的受益所有人。采取上述措施仍无法判定合伙企业受益所有人的，义务机构至少应当将合伙企业的普通合伙人或者合伙事务执行人判定为受益所有人。 （三）信托：义务机构应当将对信托实施最终有效控制、最终享有信托权益的自然人判定为受益所有人，包括但不限于信托的委托人、受托人、受益人。信托的委托人、受托人、受益人为非自然人的，义务机构应当逐层深入，追溯到对信托实施最终有效控制、最终享有信托权益的自然人，并将其判定为受益所有人。设立信托时或者信托存续期间，受益人为符合一定条件的不特定自然人的，可以在受益人确定后，再将受益人判定为受益所有人。 （四）基金：拥有超过25%权益份额的自然人是判定基金受益所有人的基本方法。不存在拥有超过25%权益份额的自然人的，义务机构可以将基金经理或者直接操作管理基金的自然人判定为受益所有人。基金尚未完成募集，暂时无法确定权益份额的，义务机构可以暂时将基金经理或者直接操作管理基金的自然人判定为受益所有人；基金完成募集后，义务机构应当及时按照规定标准判定受益所有人。 （五）其他：对规定情形之外的其他类型的机构、组织，义务机构可以参照公司受益所有人的判定标准执行；受益所有人身份识别工作涉及理财产品、定向资产管理计划、集合资产管理计划、专项资产管理计划、资产支持专项计划、员工持股计划等未单独列举的情形的，义务机构可以参照基金受益所有人判定标准执行；无法参照执行的，义务机构可以将其主要负责人、主要管理人或者主要发起人等判定为受益所有人。	《中国人民银行关于进一步做好受益所有人身份识别工作有关问题的通知》

续表

序号	具体要求	文件名称
37	四、义务机构应当根据洗钱和恐怖融资风险，在受益所有人身份识别工作中分别采取强化、简化或者豁免等措施，建立或者维持与本机构风险管理能力相适应的业务关系。 （一）受益所有人涉及外国政要的，义务机构与非自然人客户建立或者维持业务关系前应当经高级管理层批准或者授权，进一步深入了解客户财产和资金来源，并在业务关系存续期间提高交易监测分析的频率和强度。 （二）外国政要、国际组织高级管理人员等特定自然人既包括外国政要、国际组织高级管理人员，也包括其父母、配偶、子女等近亲亲属，以及义务机构知道或者应当知道的通过工作、生活等产生共同利益关系的其他自然人。 （三）非自然人客户的股权或者控制权结构异常复杂，存在多层嵌套、交叉持股、关联交易、循环出资、家族控制等复杂关系的，受益所有人来自洗钱和恐怖融资高风险国家或者地区等情形，或者受益所有人信息不完整或无法完成核实的，义务机构应当综合考虑成本收益、合规控制、风险管理、国别制裁等因素，决定是否与其建立或者维持业务关系。决定与上述非自然人客户建立或者维持业务关系的，义务机构应当采取调高客户风险等级、加强资金交易监测分析、获取高级管理层批准等严格的风险管理措施。无法进行受益所有人身份识别工作，或者经评估超过本机构风险管理能力的，不得与其建立或者维持业务关系，并应当考虑提交可疑交易报告。 （四）在洗钱与恐怖融资风险得到有效管理的前提下，例如非自然人客户为股权结构或者控制权简单的公司，为避免妨碍或者影响正常交易，义务机构可以在与非自然人客户建立业务关系后，尽快完成受益所有人身份识别工作。 （五）义务机构应当按照《中国人民银行关于加强反洗钱客户身份识别有关工作的通知》相关规定，严格判断非自然人客户是否属于简化或者豁免受益所有人识别的范畴。无法做出准确判断的，义务机构不得简化或者豁免受益所有人识别；非自然人客户出现高风险情形的，不得简化或者豁免受益所有人识别。	《中国人民银行关于进一步做好受益所有人身份识别工作有关问题的通知》

续表

序号	具体要求	文件名称
38	五、义务机构应当积极主动开展受益所有人身份识别工作，履行受益所有人识别义务。 （一）义务机构按照规定负有客户身份识别义务的，应当积极开展受益所有人身份识别工作。受益所有人身份识别工作涉及不同义务机构的，义务机构之间应当就相关信息的提供、核实等提供必要协助或者做出事先约定。…… （三）发行信托、基金、理财、资产管理计划等需要开立账户的，发行机构应当向开立账户的义务机构披露受益所有人信息，开立账户的义务机构可以采信发行机构提供的受益所有人信息。发现或者有合理理由怀疑受益所有人信息有误的，开立账户的义务机构应当自行独立开展受益所有人身份识别工作。	《中国人民银行关于进一步做好受益所有人身份识别工作有关问题的通知》
39	六、义务机构应当充分利用从可靠途径、以可靠方式获取的信息、数据或者资料识别和核实受益所有人信息。 （一）政府主管部门、非自然人客户以及有关自然人依法应当提供、披露的法定信息、数据或者资料，是义务机构开展受益所有人身份识别工作的重要基础。上述法定信息、数据或者资料可以独立作为识别、核实受益所有人身份的证明材料。 询问非自然人客户、要求非自然人客户提供证明材料、收集权威媒体报道、委托商业机构调查等方式只能作为识别、核实受益所有人身份的辅助手段，获取的非法定信息、数据或者资料不得独立作为识别、核实受益所有人身份的证明材料。 （二）义务机构应当根据非自然人客户的法律形态，确定了解、收集并妥善保存与受益所有人身份识别工作有关的信息、数据或者资料的具体范围，并对其采取规定的保密措施。	《中国人民银行关于进一步做好受益所有人身份识别工作有关问题的通知》
40	二、……义务机构在与客户建立或者维持业务关系时，对下列特定自然人客户，应当按照《金融机构客户身份识别和客户身份资料及交易记录保存管理办法》的规定，有效开展身份识别。 （一）对于外国政要，义务机构除采取正常的客户身份识别措施外，还应当采取以下强化的身份识别措施：	《中国人民银行关于加强反洗钱客户身份识别有关工作的通知》

续表

序号	具体要求	文件名称
40	1. 建立适当的风险管理系统，确定客户是否为外国政要。 2. 建立（或者维持现有）业务关系前，获得高级管理层的批准或者授权。 3. 进一步深入了解客户财产和资金来源。 4. 在业务关系持续期间提高交易监测的频率和强度。 （二）对于国际组织的高级管理人员，义务机构为其提供服务或者办理业务出现较高风险时，应当采取本条第一项第2目至第4目所列强化的客户身份识别措施。 （三）上述特定自然人客户身份识别的要求，同样适用于其特定关系人。 （四）如果非自然人客户的受益所有人为上述特定自然人客户，义务机构应当对该非自然人客户采取相应的强化身份识别措施。	《中国人民银行关于加强反洗钱客户身份识别有关工作的通知》
41	三、……义务机构应当根据产品、业务的风险评估结果，结合业务关系特点开展客户身份识别，将客户身份识别工作作为有效防范洗钱和恐怖融资风险的基础。…… （二）义务机构采取有效措施仍无法进行客户身份识别的，或者经过评估超过本机构风险管理能力的，不得与客户建立业务关系或者进行交易；已建立业务关系的，应当中止交易并考虑提交可疑交易报告，必要时可终止业务关系。 义务机构怀疑交易与洗钱或者恐怖融资有关，但重新或者持续识别客户身份将无法避免泄密时，可以终止身份识别措施，并提交可疑交易报告。 （三）对来自金融行动特别工作组（FATF）、亚太反洗钱组织（APG）、欧亚反洗钱和反恐怖融资组织（EAG）等国际反洗钱组织指定高风险国家或者地区的客户，义务机构应当根据其风险状况，采取相应的强化身份识别措施。 （四）义务机构委托境外第三方机构开展客户身份识别的，应当充分评估该机构所在国家或者地区的风险状况，并将其作为对客户身份识别、风险评估和分类管理的基础。 当义务机构与委托的境外第三方机构属于同一金融集团，且集团层面采取的客户身份识别等反洗钱内部控制措施	《中国人民银行关于加强反洗钱客户身份识别有关工作的通知》

续表

序号	具体要求	文件名称
41	能有效降低境外国家或者地区的风险水平，则义务机构可以不将境外的风险状况纳入对客户身份识别、风险评估和分类管理的范畴。 （五）出于反洗钱和反恐怖融资需要，集团（公司）应当建立内部信息共享制度和程序，明确信息安全和保密要求。集团（公司）合规、审计和反洗钱部门可以依法要求分支机构和附属机构提供客户、账户、交易信息及其他相关信息。	《中国人民银行关于加强反洗钱客户身份识别有关工作的通知》
42	四、……（一）义务机构应当进一步完善客户身份识别的内部控制制度和操作规范，并按照《金融机构客户身份识别和客户身份资料及交易记录保存管理办法》的规定保存上述身份识别工作记录和获取的身份资料，切实履行个人金融信息保护义务。（二）义务机构应当向客户充分说明本机构需履行的身份识别义务，不得明示、暗示或者帮助客户隐匿身份信息。（三）义务机构应当按照本通知要求，对新建立业务关系客户有效开展客户身份识别。同时，有序对存量客户组织排查，于 2018 年 6 月 30 日前完成存量客户的身份识别工作。	《中国人民银行关于加强反洗钱客户身份识别有关工作的通知》
43	第五十二条　……对于高风险客户或高风险账户持有人，包括客户属于政治公众人物、国际组织高级管理人员及其特定关系人或来自高风险国家（地区）的，法人金融机构应当在客户身份识别要求的基础上采取强化措施，包括但不限于进一步获取客户及其受益所有人身份信息，适当提高信息的收集或更新频率，深入了解客户经营活动状况、财产或资金来源，询问与核实交易的目的和动机，适度提高交易监测的频率及强度，提高审批层级等，并加强对其金融交易活动的跟踪监测和分析排查。	《法人金融机构洗钱和恐怖融资风险管理指引（试行）》
44	二、义务机构应当建立健全并有效实施受益所有人身份识别制度。 （一）将受益所有人身份识别的内部管理制度和操作规程，作为完整有效的客户身份识别制度一项重要内容，并在实施过程中不断完善。根据非自然人客户风险状况和本机构合规管理需要，可以执行比监管规定更为严格的受益所有人身份识别标准。	《中国人民银行关于进一步做好受益所有人身份识别工作有关问题的通知》

续表

序号	具体要求	文件名称
44	（二）在与非自然人客户建立业务关系时以及业务关系存续期间，按照规定应当开展客户身份识别的，义务机构应当同时开展受益所有人身份识别工作。 在与非自然人客户业务关系存续期间，义务机构采取持续的客户身份识别措施或者重新识别客户身份的，应当同时开展受益所有人身份识别工作，确保受益所有人信息完整性、准确性和时效性。 （三）加强受益所有人身份识别工作与客户分类管理、交易监测分析、反洗钱名单监控等工作的有效衔接。开展受益所有人身份识别工作发现股权或者控制权复杂等高风险情形的，应当及时主动调整客户洗钱风险等级，提高交易监测分析的频率和强度；发现或者有合理理由怀疑受益所有人与恐怖活动组织及恐怖活动人员名单相关的，应当按规定提交可疑交易报告。	《中国人民银行关于进一步做好受益所有人身份识别工作有关问题的通知》
45	七、义务机构应当制定切实可行的工作方案，排查、清理异常账户、休眠账户、非实名账户等，按时完成存量客户的受益所有人身份识别工作。存量客户是指 2017 年 10 月 20 日之前建立业务关系，且截至 2018 年 6 月 30 日业务关系仍然正常存续的非自然人客户。受益所有人登记查询办法由中国人民银行另行制定。	《中国人民银行关于进一步做好受益所有人身份识别工作有关问题的通知》

第三节　可疑交易管理

可疑交易，是指一些在通常情况下认为符合逻辑的交易，但在某些方面未知或者有可能被欺骗，而该交易的背后可能涉及洗钱的交易。因此可疑交易管理的逻辑基础便是"合理怀疑"，而交易特征或者说交易模型是可疑交易分析的重要工具。理财公司应制定可疑交易报告制度，为可疑交易报告工作提供充足的人力保障和资源支持，建立健全自主定义的交易监测标准，建立功能完善、运行良好的监测系统，做好涉恐名单监控，加强对系统预警的异常交易的人工分析、识别，保留相关工作记录，并遵守保密要求等。在建立

好交易监测标准和监测名单后应该对之前的交易记录和客户名单进行回溯性调查。（见表12.3）

表12.3 反洗钱可疑交易管理合规要点

序号	具体要求	文件名称
1	第十一条　金融机构发现或者有合理理由怀疑客户、客户的资金或者其他资产、客户的交易或者试图进行的交易与洗钱、恐怖融资等犯罪活动相关的，不论所涉资金金额或者资产价值大小，应当提交可疑交易报告。	《金融机构大额交易和可疑交易报告管理办法》
2	第十二条　金融机构应当制定本机构的交易监测标准，并对其有效性负责。交易监测标准包括并不限于客户的身份、行为，交易的资金来源、金额、频率、流向、性质等存在异常的情形，并应当参考以下因素： （一）中国人民银行及其分支机构发布的反洗钱、反恐怖融资规定及指引、风险提示、洗钱类型分析报告和风险评估报告。 （二）公安机关、司法机关发布的犯罪形势分析、风险提示、犯罪类型报告和工作报告。 （三）本机构的资产规模、地域分布、业务特点、客户群体、交易特征，洗钱和恐怖融资风险评估结论。 （四）中国人民银行及其分支机构出具的反洗钱监管意见。 （五）中国人民银行要求关注的其他因素。	《金融机构大额交易和可疑交易报告管理办法》
3	第十三条　金融机构应当定期对交易监测标准进行评估，并根据评估结果完善交易监测标准。如发生突发情况或者应当关注的情况的，金融机构应当及时评估和完善交易监测标准。	《金融机构大额交易和可疑交易报告管理办法》
4	第十四条　金融机构应当对通过交易监测标准筛选出的交易进行人工分析、识别，并记录分析过程；不作为可疑交易报告的，应当记录分析排除的合理理由；确认为可疑交易的，应当在可疑交易报告理由中完整记录对客户身份特征、交易特征或行为特征的分析过程。	《金融机构大额交易和可疑交易报告管理办法》
5	第十五条　金融机构应当在按本机构可疑交易报告内部操作规程确认为可疑交易后，及时以电子方式提交可疑交易报告。	《金融机构大额交易和可疑交易报告管理办法》

续表

序号	具体要求	文件名称
6	第四十六条　法人金融机构应当构建以客户为基本单位的交易监测体系，交易监测范围应当覆盖全部客户和业务领域，包括客户的交易、企图进行的交易及客户身份识别的整个过程。法人金融机构应当根据本行业、本机构反洗钱工作实践和真实数据，重点参考本行业发生的洗钱案件及风险信息，结合客户的身份特征、交易特征或行为特征，建立与其面临的洗钱风险相匹配的监测标准，并根据客户、业务（含产品、服务）和洗钱风险变化情况及时调整。	《法人金融机构洗钱和恐怖融资风险管理指引（试行）》
7	第四十七条　……法人金融机构应当结合实际探索符合本机构特点的可疑交易报告分析处理模式，运用信息系统与人工分析相结合的方式，完整记录可疑交易分析排除或上报的全过程，完善可疑交易报告流程，提高可疑交易报告质量。 法人金融机构在报送可疑交易报告后，应当根据中国人民银行的相关规定采取相应的后续风险控制措施，包括对可疑交易所涉客户及交易开展持续监控、提升客户风险等级、限制客户交易、拒绝提供服务、终止业务关系、向相关金融监管部门报告、向相关侦查机关报案等。	《法人金融机构洗钱和恐怖融资风险管理指引（试行）》
8	第十四条　银行业金融机构应当按照规定建立健全和执行大额交易和可疑交易报告制度。	《银行业金融机构反洗钱和反恐怖融资管理办法》
9	三、……（三）义务机构应当不断完善可疑交易报告操作流程。对异常交易的分析，义务机构应当至少设置初审和复核两个岗位；复核岗位应当逐份复核初审后拟上报的交易，并按合理比例对初审后排除的交易进行复核。	《中国人民银行关于〈金融机构大额交易和可疑交易报告管理办法〉有关执行要求的通知》
10	三、……（五）义务机构应当勤勉尽责，合理采取内部尽职调查，回访，实地查访，向公安部门、工商行政管理部门、税务部门核实，向居委会、街道办、村委会了解等措施，进一步审核客户的身份、资金、资产和交易等相关信息，结合客户身份特征、交易特征或行为特征开展交易监测分析，准确采集、规范填写可疑交易报告要素，并按照规定留存交易监测分析工作记录，确保可疑交易报告工作履职情况的可追溯性。	《中国人民银行关于〈金融机构大额交易和可疑交易报告管理办法〉有关执行要求的通知》

续表

序号	具体要求	文件名称
11	第四十三条 金融机构在开展客户尽职调查时，应当根据风险情形向中国反洗钱监测分析中心和中国人民银行当地分支机构报告以下可疑行为： （一）客户拒绝提供有效身份证件或者其他身份证明文件的； （二）有明显理由怀疑客户建立业务关系的目的和性质与洗钱和恐怖融资等违法犯罪活动相关的； （三）对向境内汇入资金的境外机构提出要求后，仍无法完整获得汇款人姓名或者名称、账号和住所的； （四）采取必要措施后，仍怀疑先前获得的客户身份资料的真实性、有效性、完整性的； （五）履行客户尽职调查义务时发现其他可疑行为的。 金融机构报告上述可疑行为按照中国人民银行关于金融机构大额交易和可疑交易报告的相关规定执行。	《金融机构客户尽职调查和客户身份资料及交易记录保存管理办法》【因技术原因，发文后暂缓执行】
12	二、加强可疑交易报告后续控制措施，切实提高洗钱风险防控能力和水平（一）注重人工分析、识别，合理确认可疑交易。对于通过可疑监测标准筛选出的异常交易，各金融机构和支付机构应当注重挖掘客户身份资料和交易记录价值，发挥客户尽职调查的重要作用，采取有效措施进行人工分析、识别。这些措施包括但不限于： 1. 重新识别、调查客户身份，包括客户的职业、年龄、收入等信息。 2. 采取合理措施核实客户实际控制人或交易实际受益人，了解法人客户的股权或控制权结构。 3. 调查分析客户交易背景、交易目的及其合理性，包括客户经营状况和收入来源、关联客户基本信息和交易情况、开户或交易动机等。 4. 整体分析与客户的业务关系，对客户全部开户及交易情况进行详细审查，判断客户交易与客户及其业务、风险状况、资金来源等是否相符。 5. 涉嫌利用他人账户实施犯罪活动的，与账户所有人核实交易情况。	《中国人民银行关于加强开户管理及可疑交易报告后续控制措施的通知》

续表

序号	具体要求	文件名称
13	第十九条 金融机构应当根据本办法制定大额交易和可疑交易报告内部管理制度和操作规程，对本机构的大额交易和可疑交易报告工作做出统一要求，并对分支机构、附属机构大额交易和可疑交易报告制度的执行情况进行监督管理。 金融机构应当将大额交易和可疑交易报告制度向中国人民银行或其总部所在地的中国人民银行分支机构报备。	《金融机构大额交易和可疑交易报告管理办法》
14	第二十条 金融机构应当设立专职的反洗钱岗位，配备专职人员负责大额交易和可疑交易报告工作，并提供必要的资源保障和信息支持。	《金融机构大额交易和可疑交易报告管理办法》
15	第二十一条 金融机构应当建立健全大额交易和可疑交易监测系统，以客户为基本单位开展资金交易的监测分析，全面、完整、准确地采集各业务系统的客户身份信息和交易信息，保障大额交易和可疑交易监测分析的数据需求。	《金融机构大额交易和可疑交易报告管理办法》
16	第二十二条 金融机构应当按照完整准确、安全保密的原则，将大额交易和可疑交易报告、反映交易分析和内部处理情况的工作记录等资料自生成之日起至少保存5年。 保存的信息资料涉及正在被反洗钱调查的可疑交易活动，且反洗钱调查工作在前款规定的最低保存期届满时仍未结束的，金融机构应将其保存至反洗钱调查工作结束。	《金融机构大额交易和可疑交易报告管理办法》
17	第十六条 既属于大额交易又属于可疑交易的交易，金融机构应当分别提交大额交易报告和可疑交易报告。	《金融机构大额交易和可疑交易报告管理办法》
18	第十七条 可疑交易符合下列情形之一的，金融机构应当在向中国反洗钱监测分析中心提交可疑交易报告的同时，以电子形式或书面形式向所在地中国人民银行或者其分支机构报告，并配合反洗钱调查： （一）明显涉嫌洗钱、恐怖融资等犯罪活动的。 （二）严重危害国家安全或者影响社会稳定的。 （三）其他情节严重或者情况紧急的情形。	《金融机构大额交易和可疑交易报告管理办法》

续表

序号	具体要求	文件名称
19	第十五条　金融机构应当在按本机构可疑交易报告内部操作规程确认为可疑交易后，及时以电子方式提交可疑交易报告。	关于修改《金融机构大额交易和可疑交易报告管理办法》的决定
20	第十八条　金融机构应当对下列恐怖活动组织及恐怖活动人员名单开展实时监测，有合理理由怀疑客户或者其交易对手、资金或者其他资产与名单相关的，应当在立即向中国反洗钱监测分析中心提交可疑交易报告的同时，以电子形式或书面形式向所在地中国人民银行或者其分支机构报告，并按照相关主管部门的要求依法采取措施。 （一）中国政府发布的或者要求执行的恐怖活动组织及恐怖活动人员名单。 （二）联合国安理会决议中所列的恐怖活动组织及恐怖活动人员名单。 （三）中国人民银行要求关注的其他涉嫌恐怖活动的组织及人员名单。 恐怖活动组织及恐怖活动人员名单调整的，金融机构应当立即开展回溯性调查，并按前款规定提交可疑交易报告。法律、行政法规、规章对上述名单的监控另有规定的，从其规定。	《金融机构大额交易和可疑交易报告管理办法》
21	第四十八条　法人金融机构应当建立反洗钱和反恐怖融资监控名单库，并及时进行更新和维护。监控名单包括但不限于以下内容： （一）公安部等我国有权部门发布的恐怖活动组织及恐怖活动人员名单； （二）联合国发布的且得到我国承认的制裁决议名单； （三）其他国际组织、其他国家（地区）发布的且得到我国承认的反洗钱和反恐怖融资监控名单； （四）中国人民银行要求关注的其他反洗钱和反恐怖融资监控名单； （五）洗钱风险管理工作中发现的其他需要监测关注的组织或人员名单。	《法人金融机构洗钱和恐怖融资风险管理指引（试行）》

续表

序号	具体要求	文件名称
22	第四十九条　法人金融机构应当对监控名单开展实时监测涉及资金交易的应当在资金交易完成前开展监测，不涉及资金交易的应当在办理相关业务后尽快开展监测。在名单调整时，法人金融机构应当立即对存量客户以及上溯三年内的交易开展回溯性调查，并按规定提交可疑交易报告。 法人金融机构在洗钱风险管理工作中发现的其他需要监测关注的组织或人员名单，可以根据洗钱风险管理需要自主决定是否开展实时监测和回溯性调查。 实时监测和回溯性调查应当运用信息系统与人工分析相结合的方式，通过信息系统实现监控名单精准匹配的自动识别工作，或先通过信息系统实现监控名单模糊匹配的初步筛查，再通过人工分析完成监控名单模糊匹配的最终识别工作。交易的回溯性调查可以采取信息系统实时筛查与后台数据库检索查询相结合的方式开展。	《法人金融机构洗钱和恐怖融资风险管理指引（试行）》
23	第五十条　有合理理由怀疑客户或其交易对手、资金或其他资产与监控名单相关的，应当按照规定立即提交可疑交易报告。客户与监控名单匹配的，应当立即采取相应措施并于当日将有关情况报告中国人民银行和其他相关部门。具体措施包括但不限于停止金融账户的开立、变更、撤销和使用，暂停金融交易，拒绝转移、转换金融资产，停止提供出口信贷、担保、保险等金融服务，依法冻结账户资产。暂时无法准确判断客户与监控名单是否相匹配的，法人金融机构应当按照风险管理原则，采取相应的风险控制措施并进行持续交易监控。	《法人金融机构洗钱和恐怖融资风险管理指引（试行）》
24	（二）高风险国家或地区的管控要求 义务机构应当建立工作机制，及时获取金融行动特别工作组（FATF）发布和更新的高风险国家或地区名单。在与来自FATF名单所列的高风险国家或地区的客户建立业务关系或进行交易时，义务机构应采取与高风险相匹配的强化身份识别、交易监测等控制措施，发现可疑情形时应当及时提交可疑交易报告，必要时拒绝提供金融服务乃至终止业务关系。 已经与高风险国家或地区的机构建立代理行关系的，义务机构应当进行重新审查，必要时终止代理行关系。对于在	《中国人民银行关于进一步加强反洗钱和反恐怖融资工作的通知》

续表

序号	具体要求	文件名称
24	高风险国家或地区设立的分支机构或附属机构，义务机构应当提高内部监督检查或审计的频率和强度，确保所属分支机构或附属机构严格履行反洗钱和反恐怖融资义务。 义务机构应当采取合理方式，关注其他国家或地区的反洗钱和反恐怖融资体系缺陷。上述"合理方式"应当参照《中国人民银行关于印发〈金融机构洗钱和恐怖融资风险评估及客户分类管理指引〉的通知》（银发〔2013〕2号）中关于"地域风险"子项所列的内容。	《中国人民银行关于进一步加强反洗钱和反恐怖融资工作的通知》
25	第二十八条　中国反洗钱监测分析中心发现金融机构报送的大额交易报告或者可疑交易报告内容要素不全或者存在错误的，可以向提交报告的金融机构发出补正通知，金融机构应当在接到补正通知之日起5个工作日内补正。	《金融机构大额交易和可疑交易报告管理办法》
26	三、关于可疑交易报告的履职要求……（六）义务机构提交可疑交易报告后，应当对相关客户、账户及交易进行持续监测，仍不能排除洗钱、恐怖融资或其他犯罪活动嫌疑，且经分析认为可疑特征没有发生显著变化的，应当自上一次提交可疑交易报告之日起每3个月提交一次接续报告。接续报告应当涵盖3个月监测期内的新增可疑交易，并注明首次提交可疑交易报告号、报告紧急程度和追补次数。经分析认为可疑特征发生显著变化的，义务机构应当按照规定提交新的可疑交易报告。	《中国人民银行关于〈金融机构大额交易和可疑交易报告管理办法〉有关执行要求的通知》
27	三、关于可疑交易报告的履职要求……（七）对于可疑交易报告涉及的客户或账户，义务机构应当适时采取合理的后续控制措施，包括但不限于调高客户洗钱和恐怖融资风险等级，以客户为单位限制账户功能、调低交易限额等。后续控制措施的具体要求由人民银行另行制定。	《中国人民银行关于〈金融机构大额交易和可疑交易报告管理办法〉有关执行要求的通知》
28	第二章　标准设计 二、案例特征化 案例特征化，是指义务机构通过收集存在行业普遍性、具有典型特征以及具有本机构个性化特点的案例，对案例进行分析、对洗钱类型进行归纳、对洗钱特征进行总结的过程。	《义务机构反洗钱交易监测标准建设工作指引》

续表

序号	具体要求	文件名称
28	（一）案例收集。 　　义务机构收集的案例，其中案件应当来自本行业、本机构发生或发现的洗钱案例，风险信息应当与当前洗钱风险及其发展变化相吻合，并具有一定的前瞻性。相关案例应当少体现该洗钱类型的主要特征，具有较强的代表性、规律性和普遍性。 　　满足以上要求的案例，来源于但不限于： 　　1. 本行业、本区域、本机构发生的洗钱及其上游犯罪案例。 　　2. 结合本机构资产规模、地域分布、业务特点、客户群体、交易特征等，对本行业、本机构及跨市场、交叉性产品和业务开展洗钱风险评估的结论。 　　3. 中国人民银行及其分支机构发布的反洗钱、反恐怖融资规定及指引、风险提示、洗钱类型分析报告和风险评估报告，要求关注的案例。 　　4. 公安机关、司法机关发布的犯罪形势分析、风险提示、犯罪类型报告、工作报告以及洗钱案件。 　　5. 有关国际组织的建议或指引、境内外同业实践经验。 （二）特征分析。 　　义务机构对所收集的案例，应当以客户为监测单位，从客户的身份、行为、及其交易的资金来源、金额、频率、流向、性质等方面，抽象出案例中具有典型代表性、规律性或普遍适用性的可识别异常特征，分析维度包括但不限于： 　　1. 客户身份。具有典型可识别的特征包括所处地域、年龄、职业、联系方式、收入（财富）主要来源、监控名单匹配、实际控制客户的自然人和交易的实际受益人等。 　　2. 客户行为。具有典型可识别的特征包括客户对某些业务和产品的偏好、对某些交易渠道的偏好、金融服务使用的偏好、故意掩饰和隐瞒等行为特征。 　　3. 交易特征。具有典型可识别的特征包括资金来源、交易时间、交易流量、交易频率、交易流向，以及跨市场、跨机构的交叉性交易等特征。	《义务机构反洗钱交易监测标准建设工作指引》

续表

序号	具体要求	文件名称
29	第二章　标准设计 三、特征指标化 特征指标化，是指义务机构将所收集案例中可识别的特征抽取和量化的过程，设计出可识别、可衡量或可反映案例中异常特征的指标，包括但不限于指标代码、指标名称、指标规则、指标阈值等形式要件。 （一）指标要素。 义务机构可将依法履行反洗钱职责获得的客户身份资料和交易信息，以及在为客户办理业务过程中生成的各种会计业务信息等，用于设计本机构的监测指标。其中： 1. 客户身份指标要素，来源包括但不限于义务机构依据《金融机构客户身份识别和客户身份资料及交易记录保存管理办法》（中国人民银行令〔2007〕第2号发布），登记收集的客户身份基本信息。 2. 客户行为指标要素，来源包括但不限于依据《金融机构客户身份识别和客户身份资料及交易记录保存管理办法》，在履行客户身份识别等义务时可识别和可获取的客户异常行为。 3. 交易指标要素，来源包括但不限于《管理办法》规定的大额交易和可疑交易报告要素，以及对相关交易要素加工处理，所形成的交易流量、流速、流向、频率、累计金额、余额、交易对手类型等信息。 （二）指标设计。 义务机构应当将基础性、单元性的指标要素组合设计成为识别、衡量或反映相关案例异常特征的指标，通过指标规则设置、指标阈值调整和指标组合使用，可指向某些异常的客户或交易特征。例如： 1. 自然人客户特征：姓名、证件号码、性别、国籍等要素，可组合指向于涉恐名单监控。证件号码、身份证件住址、实际居住地址、联系电话等要素，可组合指向于客户所处地域。证件种类、证件有效期、职业、年龄和工作单位等要素，可组合指向于客户身份背景和收入（财富）主要来源、交易偏好等。代理人信息、联系方式等要素，可组合指向于客户身份及交易背景、控制客户的自然人和交易的实际受益人。	《义务机构反洗钱交易监测标准建设工作指引》

续表

序号	具体要求	文件名称
29	2. 法人、其他组织和个体工商户客户特征：名称、证件号码等要素，可组合指向于涉恐名单监控。证件种类、证件有效期、注册资金、经营范围等要素，可组合指向于客户身份背景和收入（财富）主要来源。控股股东、法人代表、负责人和授权办理人员等指标要素，可组合指向于控制客户的自然人和交易的实际受益人。 3. 客户行为特征：与客户"面对面"接触时，客户行为及其交易环境等主观指标要素，对某些客户试图故意掩饰和隐瞒的行为特征具有较强指向性。一定时间段内，客户使用金融服务的次数和类型、使用金融服务的地点、IP地址和MAC地址所在、单次金融服务交易金额、一定时间区间累计交易金额等指标要素，可组合指向于客户对某些业务和产品、对某些交易渠道和金融服务使用的偏好等。 4. 交易特征。账户名称、账号等指标要素，可组合指向于涉恐名单监控。交易对手、IP地址、MAC地址等指标要素，可组合指向于资金网络中的群体性特征。交易用途、渠道等指标要素，可组合指向于客户交易偏好。交易对手、发生地等指标要素，可组合指向于判断资金来源和去向。对金额、日期、时间等指标设置区间要素，可组合指向于交易流量、流速、频率。代理人信息等指标，可指向于客户交易背景。	《义务机构反洗钱交易监测标准建设工作指引》
30	第二章　标准设计 四、指标模型化 　　指标模型化，是指义务机构通过将能反映特定洗钱及相关犯罪类型的不同指标排列组合形成模型，进而实现对特定洗钱类型更具有指向性的监测。指标和模型共生构成监测标准，可独立或组合运用。 　　模型可运用于监测涉及面宽、相对复杂隐蔽、客户及交易可疑特征较为典型的洗钱活动。义务机构可参考中国人民银行已经发布的洗钱犯罪类型和可疑交易识别点等提示和指引性文件，结合本机构防控洗钱风险的需要建立模型。义务机构应当遵循以下设计原则实现指标模型化，包括但不限于：	《义务机构反洗钱交易监测标准建设工作指引》

续表

序号	具体要求	文件名称
30	（一）体现组合指标的位阶。对于组成模型的不同指标，应当将其中能反映犯罪类型主要特征的指标赋予更高的位阶，在模型构建中赋予较大权重；可通过分值配比和预警阈值设置等方式提高监测敏感度。 （二）具有一定的灵活度。对于各个位阶的指标，应当给予一定的容错区间，区间内发生的指标值均应当被捕获，以避免过度局限性的指标阈值造成较大的监测漏洞。 （三）具备一定的时效性。针对特定洗钱犯罪类型的监测模型，应当跟进该类洗钱类型的特征变化，适时调整。	《义务机构反洗钱交易监测标准建设工作指引》
31	第三章　系统开发 义务机构可选择自主开发、共享开发或市场采购等方式建设大额交易和可疑交易监测系统（以下简称监测系统），但无论采取何种开发方式，开发前应当在监测标准设计等方面提出适合本机构的监测系统建设需求，开发完成后监测系统能有效满足监测标准运行的数据需求。如存在部分业务或产品无法通过系统进行监测，或部分监测标准无法通过系统运行，义务机构应当进行充分论证，采取必要的人工监测等辅助手段开展可疑交易报告工作，并保留相关工作记录。 义务机构通过评估，证明通过人工等主要手段能够完全开展交易监测分析和报告工作的，经高级管理层同意并获得中国人民银行或总部（总行、总公司，下同）所在地中国人民银行分支机构批准，可暂不进行系统开发。	《义务机构反洗钱交易监测标准建设工作指引》
32	第三章　系统开发 一、数据支持 义务机构开发建设监测系统，应当以客户为基本单位，全面、完整、准确地采集各业务系统的客户身份信息和交易信息，保障监测标准运行的数据需求。 反洗钱数据接口规范应当成为各业务系统信息采集和数据传输的基础标准之一，数据完整性和逻辑验证应当成为各业务系统信息采集、反洗钱数据传输流程中的基础环节。反洗钱数据传输流程应当包括数据规则计算、数据分析、数据审批、数据补录补正、数据报送和回执处理等。	《义务机构反洗钱交易监测标准建设工作指引》

续表

序号	具体要求	文件名称
33	第三章　系统开发 三、功能建设 　　监测系统应当至少具有交易筛选、甄别分析和人工增补报送三类功能模块。交易筛选模块应当充分满足监测标准的运行需求。甄别分析模块应当至少包括初审、复核、审定意见填写等功能。人工增补报送模块应当满足对系统监测以外其他渠道发现的异常交易进行填报、复核和审定等功能。 　　监测系统应当具有可追溯性，确保足以完整、准确地重现交易筛选、分析及报送过程。监测系统应当与核心业务系统、监控名单库等对接或实现信息交互，确保在分析异常交易时，能及时、便利、完整地获取相关客户尽职调查、风险等级划分、涉恐名单、有关部门调查可疑交易活动和查处洗钱案件等相关信息。	《义务机构反洗钱交易监测标准建设工作指引》
34	第三章　系统开发 四、用户权限 　　监测系统的用户层级应当覆盖义务机构内部相关部门或分支机构，能支持不同作业模式下用户权限的配置，能支持对业务端的信息查询，并具备必要的保密和稽核（审计）功能。	《义务机构反洗钱交易监测标准建设工作指引》
35	第四章　测试评估 　　义务机构在监测系统上线运行前，应当对所设计的监测标准及其系统开发、支持和运行情况进行全方位测试和评估，经测试评估合格的监测标准和监测系统方可投入生产。 一、测试要求 　　义务机构应当建立监测系统与各业务系统运行的模拟环境，通过数据输入、输出等方式对系统运行及各项监测标准运行情况进行测试。测试工作中应当重点关注的问题和环节包括但不限于： 　　（一）数据准备。义务机构应当尽量以本机构的真实客户和交易数据为基础进行测试，且数据来源全面覆盖所有业务系统。对于真实数据不能满足或无法实现对相关监测标准测试需求的，可通过模拟数据进行。	《义务机构反洗钱交易监测标准建设工作指引》

续表

序号	具体要求	文件名称
35	（二）功能测试。功能测试应当以监测标准运行、流程配套和用户体验为核心内容，包括所设计监测指标运行和实现情况，系统运行与人工干预流程互动，以及各个层级用户的功能体验。例如：对于系统维护用户，应当测试对监测标准设计、参数配置和管理、名单维护管理等功能。对于系统管理用户，应当测试对系统的查询、统计、录入、保存、回退、审批、报送、督办以及相关用户互动等功能。对于系统使用客户，应当测试数据输出、分析、向业务系统推送信息并取得反馈、定向提示等功能。 （三）性能测试。在功能测试的同时，应当对系统进行必要的负载测试和压力测试等，确保在功能实现的基础上不影响系统性能稳定，监测系统运行不影响业务系统正常运行。	《义务机构反洗钱交易监测标准建设工作指引》
36	第四章　测试评估 二、评估要求 义务机构应当依据测试结果，对监测标准设计和系统功能实际运行效果进行统计分析，实施效能评价和效益评估，对于评价和评估中发现缺陷和不足，应当及时进行优化、改进和完善。评估内容包括且不限于： （一）全面性评估。是指对监测标准的系统功能实现进行评估，内容包括但不限于： 1.监测范围的全面性。监测系统能否实现对本机构的客户全覆盖、产品线全覆盖、业务数据全覆盖、管理流程全覆盖等要求。 2.监测结果的全面性。监测标准能否通过系统运行得以实现，反馈过程及结果能否满足监测标准运行及其时限等设计要求，无法或不能完全通过系统实现的替代方式和路径等。 （二）准确性评估。是指以系统反馈输出为评估对象，验证本机构所设计的监测标准及其适用的准确性，内容包括但不限于： 1.系统反馈的准确性。能否较为准确地实现监测标准中对有关指标和模型的设计要求。	《义务机构反洗钱交易监测标准建设工作指引》

续表

序号	具体要求	文件名称
36	2. 标准指向的准确性。能否较为准确地指向对应类型的案例，或案例中可能涉及的客户和交易。 （三）灵活性评估。是指对监测标准系统实现的拓展性和弹性评估，能否灵活跟进洗钱风险发展而变化，内容包括但不限于： 1. 动态调整的灵活性。法律法规修订和发生突发情况或者应当关注的情况后，能否及时设计、开发出有针对性的监测标准，并通过系统反馈输出预期结果等。 2. 及时回溯的灵活性。监测标准设计变化后，能否按照有关风险管理要求对前期客户及其交易进行回溯审查，反馈是否及时等。	《义务机构反洗钱交易监测标准建设工作指引》
37	第五章　动态优化 一、优化要求 　　义务机构应当至少每年对监测标准及其运行效果进行一次全面评估，并根据评估结果完善监测标准。如发生法律法规修订、突发情况或者应当关注的情况，义务机构应当及时评估和完善监测标准，有关情况包括但不限于： 　　（一）义务机构推出新产品或新业务。 　　（二）接收到中国人民银行及其分支机构发布的反洗钱、反恐怖融资规定及指引、风险提示、洗钱类型分析报告和风险评估报告。 　　（三）接收到公安机关、司法机关发布的犯罪形势分析、风险提示、犯罪类型报告和工作报告。 　　（四）接收到中国人民银行及其分支机构出具的反洗钱监管意见。 　　（五）本行业或本机构发生或发现的洗钱案件，但本机构系统未能提示或预警相关风险。 　　义务机构在推出新产品或新业务之前，应当完成相关监测标准的评估、完善和上线运行工作。在上述其他情况发生之日起3个月内，义务机构应当完成相关监测标准的评估、完善和上线运行工作。	《义务机构反洗钱交易监测标准建设工作指引》

续表

序号	具体要求	文件名称
38	第五章 动态优化 二、评估指标 义务机构至少可用以下指标评估自身监测标准的指标规则、参数阈值、模型结构、乃至整个可疑交易报告机制运行等是否科学、合理、有效。 （一）预警率：监测预警的交易量／全部交易量 该指标主要反映义务机构监测标准设置的敏感度。若该比率过高，表示监测标准设置较为宽泛，缺乏针对性，预警交易中正常交易占比较大。过低，则反映监测标准设置较为严苛，可能存在监测漏洞，会错失对某些异常交易的监测和预警。 出现以下情形之一的，义务机构可参考监测标准阈值是否有效、监测标准设置是否合理等因素进行调整： 1. 某些监测标准一年内未被触发。 2. 某些监测标准触发过于集中。 3. 某些监测标准触发交易后的排除量过高。 （二）报告率：可疑交易报告数／监测预警报告数 该指标主要反映义务机构监测标准有效性以及可疑交易报告风险偏好度。若该比率较高，可能表示义务机构监测标准较为有效，预警交易为可疑交易报告提供较大贡献，也可能表示义务机构可疑交易报告风险偏好度较低，甚至将某些未经确认为可疑交易的进行了报告。 对于某些监测标准预警交易后的排除量过高的，义务机构可考虑标准设置是否合理。对于某些监测标准预警后上报量过高的，义务机构则可考虑对交易的人工分析、识别是否到位，是否存在防御性报告等，是否需要完善和强化对监测预警的人工处理。 （三）成案率：被移交或立案的可疑交易报告数／可疑交易报告数 该指标主要反映义务机构监测标准的有效性以及可疑交易报告质量，该比率越高，表示义务机构的监测标准越有效，可疑交易报告质量及其情报价值越高。	《义务机构反洗钱交易监测标准建设工作指引》

续表

序号	具体要求	文件名称
38	义务机构应当结合自身资产规模、地域分布、业务特点、客户群体、交易特征等，特别关注成案率长期为0的情况。必要时，应当对包括监测标准在内的反洗钱制度和管理体系进行全面评估，并根据评估结果对监测指标进行动态优化。 此外，义务机构还可通过同行业交流、分支机构实践反馈等多种途径，不断优化、更新和完善监测标准及其指标规则和参数阈值等。	《义务机构反洗钱交易监测标准建设工作指引》
39	第五章　动态优化 二、组织实施 义务机构应当建立并完善反洗钱监测工作流程，指定专门的条线（部门）及人员负责监测标准的建设、运行和维护等工作，并至少应当组织科技、相关业务条线专业人员和开发团队技术人员等负责监测标准建设和运行工作。义务机构应当确保交易监测工作流程具有可稽核性、可追溯性。	《义务机构反洗钱交易监测标准建设工作指引》
40	第六章　管理与保障措施 四、保障措施 （二）资源保障 义务机构应当设立专职的反洗钱岗位，配备专职人员负责大额交易和可疑交易报告工作，并提供必要的资源保障和信息支持。监测标准建设作为大额交易和可疑交易报告的基础性、专业性和技术性工作环节，义务机构要在资源保障和信息支持方面重点保障，确保组织、制度、人员和系统配备到位，提供专项经费用于监测指标建设和系统开发、运营维护等工作，给予反洗钱部门必要的考核管理、数据查询、客户调查等权限。	《义务机构反洗钱交易监测标准建设工作指引》
41	二、加强可疑交易报告后续控制措施，切实提高洗钱风险防控能力和水平 （二）区分情形，采取适当后续控制措施。各金融机构和支付机构应当遵循"风险为本"和"审慎均衡"原则，合理评估可疑交易的可疑程度和风险状况，审慎处理账户（或资金）管控与金融消费者权益保护之间的关系，在报送可疑交	《中国人民银行关于加强开户管理及可疑交易报告后续控制措施的通知》

续表

序号	具体要求	文件名称
41	易报告后，对可疑交易报告所涉客户、账户（或资金）和金融业务及时采取适当的后续控制措施，充分减轻本机构被洗钱、恐怖融资及其他违法犯罪活动利用的风险。这些后续控制措施包括但不限于： 1.对可疑交易报告所涉客户及交易开展持续监控，若可疑交易活动持续发生，则定期（如每3个月）或额外提交报告。 2.提升客户风险等级，并根据《金融机构洗钱和恐怖融资风险评估及客户分类管理指引》（银发〔2013〕2号文印发）及相关内控制度规定采取相应的控制措施。 3.经机构高层审批后采取措施限制客户或账户的交易方式、规模、频率等，特别是客户通过非柜面方式办理业务的金额、次数和业务类型。	《中国人民银行关于加强开户管理及可疑交易报告后续控制措施的通知》

第四节 客户洗钱风险评估

商业银行理财子公司在与客户建立业务关系时，应当根据客户尽职调查所获得的信息，及时评估客户风险，划分风险等级，进行客户风险等级划分时，需综合考虑客户身份、地域、行业或职业、交易特征及其所接受金融产品、服务的特性等因素。并应当持续关注客户的风险状况、交易情况和身份信息变化，及时调整客户洗钱和恐怖融资风险等级。（见表12.4）

表12.4 反洗钱客户风险评估管理合规要点

序号	具体要求	文件名称
1	第一章 一、基本原则 （一）风险相当原则。金融机构应依据风险评估结果科学配置反洗钱资源，在洗钱风险较高的领域采取强化的反洗钱措施，在洗钱风险较低的领域采取简化的反洗钱措施。	《金融机构洗钱和恐怖融资风险评估及客户分类管理指引》

续表

序号	具体要求	文件名称
1	（二）全面性原则。除本指引所列的例外情形外，金融机构应全面评估客户及地域、业务、行业（职业）等方面的风险状况，科学合理地为每一名客户确定风险等级。 （三）同一性原则。金融机构应建立健全洗钱风险评估及客户风险等级划分流程，赋予同一客户在本金融机构唯一的风险等级，但同一客户可以被同一集团内的不同金融机构赋予不同的风险等级。 （四）动态管理原则。金融机构应根据客户风险状况的变化，及时调整其风险等级及所对应的风险控制措施。 （五）自主管理原则。金融机构经评估论证后认定，自行确定的风险评估标准或风险控制措施的实施效果不低于本指引或其中某项要求，即可决定不遵循本指引或其中某项要求，但应书面记录评估论证的方法、过程及结论。 （六）保密原则。金融机构不得向客户或其他与反洗钱工作无关的第三方泄露客户风险等级信息。	《金融机构洗钱和恐怖融资风险评估及客户分类管理指引》
2	第二章　风险评估指标体系 （一）客户特征风险子项 1. 客户信息的公开程度； 2. 金融机构与客户建立或维持业务关系的渠道； 3. 客户所持身份证件或身份证明文件的种类； 4. 反洗钱交易监测记录； 5. 非自然人客户的股权或控制权结构； 6. 涉及客户的风险提示信息或权威媒体报道信息； 7. 自然人客户年龄； 8. 非自然人客户的存续时间。	《金融机构洗钱和恐怖融资风险评估及客户分类管理指引》
3	第二章　风险评估指标体系 （二）地域风险子项 1. 某国（地区）受反洗钱监控或制裁的情况； 2. 对某国（地区）进行反洗钱风险提示的情况； 3. 国家（地区）的上游犯罪状况； 4. 特殊的金融监管风险。	《金融机构洗钱和恐怖融资风险评估及客户分类管理指引》

续表

序号	具体要求	文件名称
4	第二章 风险评估指标体系 （三）业务（含金融产品、金融服务）风险子项 1. 与现金的关联程度； 2. 非面对面交易； 3. 跨境交易； 4. 代理交易； 5. 特殊业务类型的交易频率。	《金融机构洗钱和恐怖融资风险评估及客户分类管理指引》
5	第二章 风险评估指标体系 （四）行业（含职业）风险子项 1. 公认具有较高风险的行业（职业）； 2. 与特定洗钱风险的关联度； 3. 行业现金密集程度。	《金融机构洗钱和恐怖融资风险评估及客户分类管理指引》
6	第二章 风险评估指标体系 三、指标使用方法 本指引运用权重法，以定性分析与定量分析相结合的方式来计量风险、评估等级。中国人民银行鼓励金融机构研发其他风险计量工具或方法，金融机构自主研发的风险计量工具或方法应能全面覆盖本指引所列风险子项，并有书面文件对其设计原理和使用方法进行说明。 （一）金融机构应对每一基本要素及其风险子项进行权重赋值，各项权重均大于0，总和等于100…… （二）金融机构应逐一对照每个风险子项进行评估…… （三）金融机构应建立客户风险等级总分（区间）与风险等级之间的映射规则，以确定每个客户具体的风险评级，引导资源配置。金融机构确定的风险评级不得少于三级……	《金融机构洗钱和恐怖融资风险评估及客户分类管理指引》
7	第三章 风险评估及客户等级划分操作流程 一、时机 （一）对于新建立业务关系的客户，金融机构应在建立业务关系后的10个工作日内划分其风险等级。 （二）对于已确立过风险等级的客户，金融机构应根据其风险程度设置相应的重新审核期限，实现对风险的动态追踪。原则上，风险等级最高的客户的审核期限不得超	《金融机构洗钱和恐怖融资风险评估及客户分类管理指引》

续表

序号	具体要求	文件名称
7	过半年，低一等级客户的审核期限不得超出上一级客户审核期限时长的两倍。对于首次建立业务关系的客户，无论其风险等级高低，金融机构在初次确定其风险等级后的三年内至少应进行一次复核。 （三）当客户变更重要身份信息、司法机关调查本金融机构客户、客户涉及权威媒体的案件报道等可能导致风险状况发生实质性变化的事件发生时，金融机构应考虑重新评定客户风险等级。	《金融机构洗钱和恐怖融资风险评估及客户分类管理指引》
8	第三章　风险评估及客户等级划分操作流程 二、操作步骤 （一）收集信息。金融机构应根据反洗钱风险评估需要，确定各类信息的来源及其采集方法。信息来源渠道通常有： 　　1. 金融机构在与客户建立业务关系时，客户向金融机构披露的信息； 　　2. 金融机构客户经理或柜面人员工作记录； 　　3. 金融机构保存的交易记录； 　　4. 金融机构委托其他金融机构或中介机构对客户进行尽职调查工作所获信息； 　　5. 金融机构利用商业数据库查询信息； 　　6. 金融机构利用互联网等公共信息平台搜索信息。 金融机构在风险评估过程中应遵循勤勉尽责的原则，依据所掌握的事实材料，对部分难以直接取得或取得成本过高的风险要素信息进行合理评估。为统一风险评估尺度，金融机构应当事先确定本机构可预估信息列表及其预估原则，并定期审查和调整。 （二）筛选分析信息。评估人员应认真对照风险评估基本要素及其子项，对所收集的信息进行归类，逐项评分。如果同一基本要素或风险子项对应有多项相互重复或交叉的关联性信息存在时，评估人员应进行甄别和合并。如果同一基本要素或风险子项对应有多项相互矛盾或抵触的关联性信息存在时，评估人员应在调查核实的基础上，	《金融机构洗钱和恐怖融资风险评估及客户分类管理指引》

续表

序号	具体要求	文件名称
8	删除不适用信息，并加以注释。 金融机构工作人员整理完基础信息后，应当整体性梳理各项风险评估要素及其子项。如发现要素项下有内容空缺或信息内容不充分的，可在兼顾风险评估需求与成本控制要求的前提下，确定是否需要进一步收集补充信息。 金融机构可将上述工作流程嵌入相应业务流程中，以减少执行成本。例如，从客户经理或营销人员开始寻找目标客户或与客户接触起，即可在自身业务范围采集信息，并随着业务关系的逐步确立，由处在业务链条上的各类人员在各自职责范围内负责相应的资料收集工作。 （三）初评。除存在前述例外情形的客户外，金融机构工作人员应逐一分析每个风险评估基本要素项及其子项所对应的信息，确定出相应的得分。对于材料不全或可靠性存疑的要素信息，评估人员应在相应的要素项下进行标注，并合理确定相应分值。在综合分析要素信息的基础上，金融机构工作人员累计计算客户评分结果，相应确定其初步评级。 金融机构可利用计算机系统等技术手段辅助完成部分初评工作。 （四）复评。初评结果均应由初评人以外的其他人员进行复评确认。初评结果与复评结果不一致的，可由反洗钱合规管理部门决定最终评级结果。	《金融机构洗钱和恐怖融资风险评估及客户分类管理指引》
9	第四章　风险分类控制措施 金融机构应在客户风险等级划分的基础上，采取相应的客户尽职调查及其他风险控制措施。 一、对风险较高客户的控制措施 金融机构应对高风险客户采取强化的客户尽职调查及其他风险控制措施，有效预防风险。可酌情采取的措施包括但不限于： （一）进一步调查客户及其实际控制人、实际受益人情况。 （二）进一步深入了解客户经营活动状况和财产来源。 （三）适度提高客户及其实际控制人、实际受益人信息的收集或更新频率。 （四）对交易及其背景情况做更为深入的调查，询问	《金融机构洗钱和恐怖融资风险评估及客户分类管理指引》

续表

序号	具体要求	文件名称
9	客户交易目的，核实客户交易动机。 （五）适度提高交易监测的频率及强度。 （六）经高级管理层批准或授权后，再为客户办理业务或建立新的业务关系。 （七）按照法律规定或与客户的事先约定，对客户的交易方式、交易规模、交易频率等实施合理限制。 （八）合理限制客户通过非面对面方式办理业务的金额、次数和业务类型。 （九）对其交易对手及经办业务的金融机构采取尽职调查措施。 二、对风险较低客户的控制措施 金融机构可对低风险客户采取简化的客户尽职调查及其他风险控制措施，可酌情采取的措施包括但不限于： （一）在建立业务关系后再核实客户实际受益人或实际控制人的身份。 （二）适当延长客户身份资料的更新周期。 （三）在合理的交易规模内，适当降低采用持续的客户身份识别措施的频率或强度。例如，逐步建立对低风险客户异常交易的快速筛选判断机制。对于经分析排查后决定不提交可疑交易报告的低风险客户，金融机构仅发现该客户重复性出现与之前已排除异常交易相同或类似的交易活动时，可运用技术性手段自动处理预警信息。对于风险等级较低客户异常交易的对手方仅涉及各级党的机关、国家权力机关、行政机关、司法机关、军事机关、人民政协机关和人民解放军、武警部队等低风险客户的，可直接利用技术手段予以筛除。 （四）在风险可控情况下，允许金融机构工作人员合理推测交易目的和交易性质，而无需收集相关证据材料。	《金融机构洗钱和恐怖融资风险评估及客户分类管理指引》
10	二、加强洗钱或恐怖融资高风险领域的管理 （三）不得简化客户身份识别措施的情形义务机构怀疑客户涉嫌洗钱、恐怖融资等违法犯罪活动的，无论其交易金额大小，不得采取简化的客户身份识别措施，并应采取与其风险状况相称的管理措施。	《中国人民银行关于进一步加强反洗钱和反恐怖融资工作的通知》

续表

序号	具体要求	文件名称
11	第二十七条　金融机构在与客户建立业务关系时,应当根据客户尽职调查所获得的信息,及时评估客户风险,划分风险等级,并根据客户风险状况确定业务存续期间对客户身份状况的定期审核频次和方式。对洗钱或者恐怖融资风险等级最高的客户,金融机构应当至少每年进行1次审核。 金融机构应当持续关注客户的风险状况、交易情况和身份信息变化,及时调整客户洗钱和恐怖融资风险等级。	《金融机构客户尽职调查和客户身份资料及交易记录保存管理办法》【因技术原因,发文后暂缓执行】
12	第十七条　银行业金融机构应当按照客户特点或者账户属性,以客户为单位合理确定洗钱和恐怖融资风险等级,根据风险状况采取相应的控制措施,并在持续关注的基础上适时调整风险等级。	《银行业金融机构反洗钱和反恐怖融资管理办法》
13	第三十五条　法人金融机构应当从国家/地域、客户及业务(含产品、服务)等维度进行综合考虑,确立风险因素,设置风险评估指标…… 客户风险因素应当考虑:1.非居民客户数量占比;2.离岸客户数量占比;3.政治公众人物客户数量占比;4.使用不可核查证件开户客户数量占比;5.职业不明确客户数量占比;6.高风险职业(行业)客户数量占比;7.由第三方代理建立业务关系客户数量占比;8.来自高风险国家(地区)的客户情况;9.被国家机关调查的客户情况等……	《法人金融机构洗钱和恐怖融资风险管理指引(试行)》

第五节　业务洗钱风险评估

商业银行理财子公司应当评估各项业务(包括产品)面临的洗钱风险,采取有效措施,管控业务洗钱风险。本节所称的业务,是指为满足客户需求,理财公司对外提供的所有金融产品或服务。业务洗钱风险,是指公司提供的产品或服务被利用进行洗钱或恐怖融资活动的风险。业务洗钱风险评估,是指理财公司根据产品属性和服务特点,通过定性与定量分析,合理确

定业务的洗钱风险等级，同时予以持续关注、定期调整，并针对不同风险等级采取相应风险控制措施的行为。（见表 12.5）

表 12.5　业务洗钱风险评估管理合规要点

序号	具体要求	文件名称
1	第三条　法人金融机构开展洗钱风险自评估应当遵循以下原则： （一）全面性原则。覆盖本机构所有经营地域、客户群体、产品业务（含服务）、交易或交付渠道；覆盖境内外所有与洗钱风险管理相关的分支机构及总部有关部门；充分考虑各方面风险因素，贯穿决策、执行和监督的全部管理环节。	《法人金融机构洗钱和恐怖融资风险自评估指引》
2	第十条　法人金融机构在评估产品业务的固有风险时，应当全面考虑本机构向客户提供的各类产品业务（或服务）。产品业务划分原则上应在本机构产品业务管理结构的基础上进一步细化，如私人银行业务、国际金融业务、个人银行卡、理财产品等。业务模式、性质相同且洗钱风险因素不存在重大差异的，可作为同一类产品业务进行评估。 对各类产品业务的固有风险评估可考虑以下因素： （一）产品业务规模，如账户数量、管理资产总额，年度交易量等； （二）是否属于已知存在洗钱案例、洗钱类型手法的产品业务； （三）产品业务面向的主要客户群体，以及高风险客户数量和相应资产规模、交易金额和比例； （四）产品业务销售、办理渠道及相应渠道的风险程度，是否允许他人代办或难以识别是否本人办理； （五）产品业务记录跟踪资金来源、去向的程度，与现金的关联程度，现金交易金额和比例； （六）产品业务是否可向他人转移价值，包括资产（合约）所有权、受益权转移，以及转移的便利程度，是否有额度限制，是否可跨境转移； （七）产品业务是否可作为客户的资产（如储蓄存款、理财产品等），是否有额度限制，保值程度和流动性如何，是否可便利、快速转换为现金或活期存款；	《法人金融机构洗钱和恐怖融资风险自评估指引》

续表

序号	具体要求	文件名称
2	（八）产品业务是否可作为收付款工具（如结算账户），使用范围、额度、便利性如何，是否可跨境使用； （九）产品业务是否可作为其他业务的办理通道或身份认证手段，身份识别措施是否比原有通道和手段更为简化，是否有额度限制或使用范围限制； （十）产品业务是否应用可能影响客户尽职调查和资金交易追踪的新技术。	《法人金融机构洗钱和恐怖融资风险自评估指引》
3	第七条　金融机构应当在总部层面建立洗钱和恐怖融资风险自评估制度，定期或不定期评估洗钱和恐怖融资风险，经董事会或者高级管理层审定之日起10个工作日内，将自评估情况报送中国人民银行或者所在地中国人民银行分支机构。 金融机构洗钱和恐怖融资风险自评估应当与本机构经营规模和业务特征相适应，充分考虑客户、地域、业务、交易渠道等方面的风险要素类型及其变化情况，并吸收运用国家洗钱和恐怖融资风险评估报告、监管部门及自律组织的指引等。金融机构在采用新技术、开办新业务或者提供新产品、新服务前，或者其面临的洗钱或者恐怖融资风险发生显著变化时，应当进行洗钱和恐怖融资风险评估。	《金融机构反洗钱和反恐怖融资监督管理办法》
4	第二章　风险评估指标体系 （三）业务（含金融产品、金融服务）风险子项。 金融机构应当对各项金融业务的洗钱风险进行评估，制定高风险业务列表，并对该列表进行定期评估、动态调整。金融机构进行风险评级时，不仅要考虑金融业务的固有风险，而且应结合当前市场的具体运行状况，进行综合分析。风险子项包括但不限于： 1. 与现金的关联程度。现金业务容易使交易链条断裂，难于核实资金真实来源、去向及用途，因此现金交易或易于让客户取得现金的金融业务（以下简称关联业务）具有较高风险。考虑到我国金融市场运行现状和居民的现金交易偏好，现金及其关联业务的普遍存在具有一定的合理性，金融机构可重点关注客户在单位时间内累计发生的金额较大的现金交易情况或是	《金融机构洗钱和恐怖融资风险评估及客户分类管理指引》

续表

序号	具体要求	文件名称
4	具有某些异常特征的大额现金交易情况。此项标准如能结合客户行业或职业特性一并考虑将更为合理。 2. 非面对面交易。非面对面交易方式（如网上交易）使客户无需与工作人员直接接触即可办理业务，增加了金融机构开展客户尽职调查的难度，洗钱风险相应上升。金融机构在关注此类交易方式固有风险的同时，需酌情考虑客户选择或偏好此类交易方式所具有的一些现实合理性，特别是在以互联网为主要交易平台的细分金融领域（如证券市场的二级市场交易），要结合反洗钱资金监测和自身风险控制措施情况，灵活设定风险评级指标。例如，可重点审查以下交易： （1）由同一人或少数人操作不同客户的金融账户进行网上交易； （2）网上金融交易频繁且IP地址分布在非开户地或境外； （3）使用同一IP地址进行多笔不同客户账户的网银交易； （4）金额特别巨大的网上金融交易； （5）公司账户与自然人账户之间发生的频繁或大额交易； （6）关联企业之间的大额异常交易。 3. 跨境交易。跨境开展客户尽职调查难度大，不同国家（地区）的监管差异又可能直接导致反洗钱监控漏洞产生。金融机构可重点结合地域风险，关注客户是否存在单位时间内多次涉及跨境异常交易报告等情况。 4. 代理交易。由他人（非职业性中介）代办业务可能导致金融机构难以直接与客户接触，尽职调查有效性受到限制。鉴于代理交易在现实中的合理性，金融机构可将关注点集中于风险较高的特定情形，例如： （1）客户的账户是由经常代理他人开户人员或经常代理他人转账人员代为开立的； （2）客户由他人代办的业务多次涉及可疑交易报告； （3）同一代办人同时或分多次代理多个账户开立； （4）客户信息显示紧急联系人为同一人或者多个客户预留电话为同一号码等异常情况。 5. 特殊业务类型的交易频率。对于频繁进行异常交易的客户，金融机构应考虑提高风险评级。	《金融机构洗钱和恐怖融资风险评估及客户分类管理指引》

续表

序号	具体要求	文件名称
4	银行业金融机构可关注开（销）户数量、非自然人与自然人大额转账汇款频率、涉及自然人的跨境汇款频率等。 证券业金融机构可关注交易所预警交易、大宗交易、转托管和指定（撤指）、因第三方存款单客户多银行业务而形成的资金跨银行或跨地区划转等。 期货业金融机构可关注盗码交易、自然人客户违规持仓、对倒、对敲等异常行为。 保险业金融机构可关注投保频率、退保频率、团险投保人数明显与企业人员规模不匹配、团险保全业务发生率、申请保单质押贷款（保单借款）金额或频率、生存保险受益人变更频率、万能险追加保费金额或频率等。 信托公司可关注客户购买、转让信托产品的频率或金额等。 在业务关系建立之初，金融机构可能无法准确预估出客户使用的全部业务品种，但可在重新审核客户风险等级时审查客户曾选择过的金融业务类别。	《金融机构洗钱和恐怖融资风险评估及客户分类管理指引》
5	第五章 管理与保障措施 一、风险管理政策 ……金融机构应对自身金融业务及其营销渠道，特别是在推出新金融业务、采用新营销渠道、运用新技术前，进行系统全面的洗钱风险评估，按照风险可控原则建立相应的风险管理措施。	《金融机构洗钱和恐怖融资风险评估及客户分类管理指引》
6	第五章 管理与保障措施 四、代理业务管理 金融机构委托其他机构开展客户风险等级划分等洗钱风险管理工作时，应与受托机构签订书面协议，并由高级管理层批准。受托机构应当积极协助委托机构开展洗钱风险管理。由委托机构对受托机构进行的洗钱风险管理工作承担最终法律责任。 金融机构应建立专门机制，审核受托机构确定的客户风险等级。	《金融机构洗钱和恐怖融资风险评估及客户分类管理指引》
7	第十一条 ……银行业金融机构应当明确相关业务部门的反洗钱和反恐怖融资职责，保证反洗钱和反恐怖融资内部控制制度在业务流程中的贯彻执行。	《银行业金融机构反洗钱和反恐怖融资管理办法》

续表

序号	具体要求	文件名称
8	第十八条 ……银行业金融机构开展新业务、应用新技术之前应当进行洗钱和恐怖融资风险评估。	《银行业金融机构反洗钱和反恐怖融资管理办法》
9	第二十七条 银行业金融机构应当对跨境业务开展尽职调查和交易监测工作，做好跨境业务洗钱风险、制裁风险和恐怖融资风险防控，严格落实代理行尽职调查与风险分类评级义务。	《银行业金融机构反洗钱和反恐怖融资管理办法》
10	第四十三条 银行业金融机构开展新业务需要经银行业监督管理机构批准的，应当提交新业务的洗钱和恐怖融资风险评估报告。银行业监督管理机构在进行业务准入时，应当对新业务的洗钱和恐怖融资风险评估情况进行审核。	《银行业金融机构反洗钱和反恐怖融资管理办法》

第六节　机构洗钱风险自评估

根据《法人金融机构洗钱和恐怖融资风险管理指引（试行）》《法人金融机构洗钱和恐怖融资风险自评估指引》等要求，商业银行理财子公司应当基于风险为本原则建立洗钱风险自评估制度，对本机构洗钱风险进行分析研判，评估本机构风险控制机制的有效性，查找风险漏洞和薄弱环节，有效运用评估结果，合理配置反洗钱资源，采取有针对性的风险控制措施。（见表12.6）

表12.6　机构洗钱风险自评估管理合规要点

序号	具体要求	文件名称
1	第三十二条 洗钱风险识别与评估是有效的洗钱风险管理的基础。法人金融机构应当建立洗钱风险评估制度，对本机构内外部洗钱风险进行分析研判，评估本机构风险控制机制的有效性，查找风险漏洞和薄弱环节，有效运用评估结果，合理配置反洗钱资源，采取有针对性的风险控制措施。	《法人金融机构洗钱和恐怖融资风险管理指引（试行）》

续表

序号	具体要求	文件名称
1	评估结果的运用包括但不限于以下方面：调整经营策略、发布风险提示、完善制度流程、增强资源投入、加强账户管理和交易监测、强化名单监控、严格内部检查和审计等。 法人金融机构应当确保洗钱风险评估的流程具有可稽核性或可追溯性，并对洗钱风险评估的流程和方法进行定期审查和调整。 法人金融机构可以在充分论证可行性的基础上委托独立第三方开展风险评估。	《法人金融机构洗钱和恐怖融资风险管理指引（试行）》
2	第三十三条 法人金融机构在广泛收集信息的基础上，采取定性与定量分析相结合的方法，建立洗钱风险评估指标体系和模型对洗钱风险进行识别和评估。	《法人金融机构洗钱和恐怖融资风险管理指引（试行）》
3	第三十四条 法人金融机构应当根据风险评估需要，统筹确定各类信息的来源及其采集方法。信息来源应当考虑国家、行业、客户、地域、机构等方面，包括但不限于以下来源： （一）金融行动特别工作组（FATF）、亚太反洗钱组织（APG）、欧亚反洗钱与反恐融资组织（EAG）、巴塞尔银行监管委员会（BIS）、国际证券监管委员会组织（IOSCO）、国际保险监督官协会（IAIS）等国际组织、国家和行业的风险评估报告、研究成果、形势分析、工作数据等； （二）国家相关部门通报的上游犯罪形势、案例或监管信息； （三）中国人民银行、银保监会、证监会、外汇局等金融监管部门发布的洗钱风险提示和业务风险提示； （四）在与客户建立业务关系时和业务关系存续期间，客户披露的信息、客户经理或柜面人员工作记录、保存的交易记录、委托其他金融机构或第三方对客户进行尽职调查工作所获取的合法信息； （五）内部管理或业务流程中获取的信息，包括内部审计结果。 法人金融机构应当将信息采集嵌入相应业务流程，由各业务条线工作人员依据岗位职责、权限设置等开展信息采集。必要时通过问卷调查等方式，开展针对性的信息采集。	《法人金融机构洗钱和恐怖融资风险管理指引（试行）》

续表

序号	具体要求	文件名称
4	第三十五条　法人金融机构应当从国家/地域、客户及业务（含产品、服务）等维度进行综合考虑，确立风险因素，设置风险评估指标。 国家/地域风险因素应当考虑： 1. 在高风险国家（地区）设立境外分支机构情况； 2. 交易对手或对方金融机构涉及高风险国家（地区）情况； 3. 境外分支机构数量及地域分布情况； 4. 高风险国家（地区）经营收入占比等。 客户风险因素应当考虑： 1. 非居民客户数量占比； 2. 离岸客户数量占比； 3. 政治公众人物客户数量占比； 4. 使用不可核查证件开户客户数量占比； 5. 职业不明确客户数量占比； 6. 高风险职业（行业）客户数量占比； 7. 由第三方代理建立业务关系客户数量占比； 8. 来自高风险国家（地区）的客户情况； 9. 被国家机关调查的客户情况等。 业务（含产品、服务）风险因素应当考虑： 1. 现金交易情况； 2. 非面对面交易情况； 3. 跨境交易情况； 4. 代理交易情况； 5. 公转私交易情况； 6. 私人银行业务情况； 7. 特约商户业务情况； 8. 一次性交易情况； 9. 通道类资产管理业务情况； 10. 场外交易情况； 11. 大宗交易情况； 12. 新三板协议转让业务； 13. 场外衍生品业务； 14. 保单贷款业务等。	《法人金融机构洗钱和恐怖融资风险管理指引（试行）》

第十二章 反洗钱、反恐怖融资

续表

序号	具体要求	文件名称
4	法人金融机构应从制度体系、组织架构和洗钱风险管理文化的建设情况、洗钱风险管理策略、风险评估制度和风险控制措施的制定和执行情况等维度进行综合考虑，设置风险控制措施有效性的评估指标。 评估指标的具体比重及分值设置由法人金融机构根据有效的洗钱风险管理需要自主确定。	《法人金融机构洗钱和恐怖融资风险管理指引（试行）》
5	第三十六条　洗钱风险评估包括定期评估和不定期评估。法人金融机构应当根据本机构实际和国家/区域洗钱风险评估需要，合理确定定期开展全系统洗钱风险评估的时间、周期或频率。 不定期评估包括对单项业务（含产品、服务）或特定客户的评估，以及在内部控制制度有重大调整、反洗钱监管政策发生重大变化、拓展新的销售或展业渠道、开发新产品或对现有产品使用新技术、拓展新的业务领域、设立新的境外机构、开展重大收购和投资等情况下对全系统或特定领域开展评估。 为有效开展洗钱风险评估工作，法人金融机构应当建立并维护业务（含产品、服务）类型清单和客户种类清单。	《法人金融机构洗钱和恐怖融资风险管理指引（试行）》
6	第三十七条　法人金融机构应当根据洗钱风险评估结果，结合客户身份识别、客户身份资料和交易记录保存、交易监测、大额交易和可疑交易报告、名单监控、资产冻结等反洗钱义务制定风险控制措施，并融入相关业务操作流程，有效控制洗钱风险。	《法人金融机构洗钱和恐怖融资风险管理指引（试行）》
7	第五十一条　法人金融机构应当有效识别高风险业务（含产品、服务），并对其进行定期评估、动态调整。 对于高风险业务（含产品、服务），如建立账户代理行关系、提供资金或价值转移服务、办理电汇业务等，法人金融机构应按照相关法律法规的要求，开展进一步的强化尽职调查措施，并结合高风险业务（含产品、服务）典型风险特征及时发布风险提示。	《法人金融机构洗钱和恐怖融资风险管理指引（试行）》
8	（十七）……强化反洗钱义务机构自主管理风险的责任，反洗钱义务机构推出新产品、新业务前，须开展洗钱和恐怖融资风险自评估，并按照风险评估结果采取有效的风险防控措施。鼓励反洗钱义务机构利用大数据、云计算等新技术提升反洗钱和反恐怖融资工作有效性。	《国务院办公厅关于完善反洗钱、反恐怖融资、反逃税监管体制机制的意见》

续表

序号	具体要求	文件名称
9	第十八条　银行业金融机构应当建立健全和执行洗钱和恐怖融资风险自评估制度，对本机构的内外部洗钱和恐怖融资风险及相关风险控制措施有效性进行评估。 银行业金融机构开展新业务、应用新技术之前应当进行洗钱和恐怖融资风险评估。	《银行业金融机构反洗钱和反恐怖融资管理办法》
10	第三条　法人金融机构开展洗钱风险自评估应当遵循以下原则： （一）全面性原则。覆盖本机构所有经营地域、客户群体、产品业务（含服务）、交易或交付渠道；覆盖境内外所有与洗钱风险管理相关的分支机构及总部有关部门；充分考虑各方面风险因素，贯穿决策、执行和监督的全部管理环节。 （二）客观性原则。以客观公正的态度收集有关数据和资料，以充分完整的事实为依据，力求全面准确地揭示本机构面临的洗钱风险和管理漏洞。 （三）匹配性原则。洗钱风险自评估的性质与程度应当与法人金融机构自身经营的性质和规模相匹配，国家洗钱风险评估或中国人民银行认可的行业风险评估报告中认定为中等以下风险水平的行业机构，或经营规模较小、业务种类简单、客户数量较少的机构可适当简化评估流程与内容。 （四）灵活性原则。机构应根据经营管理、外部环境、监管法规、洗钱风险状况等因素的变化，及时调整自评估指标和方法。对于风险较高的领域，应当缩短自评估周期，提高自评估频率。	《法人金融机构洗钱和恐怖融资风险自评估指引》
11	第四条　法人金融机构应当在本指引的基础上制定具体的洗钱风险自评估制度……	《法人金融机构洗钱和恐怖融资风险自评估指引》
12	第五条　洗钱风险自评估目的是为机构洗钱风险管理工作提供必要基础和依据，法人金融机构应充分运用风险自评估结果，确保反洗钱资源配置、洗钱风险管理策略、政策和程序与评估所识别的风险相适应。	《法人金融机构洗钱和恐怖融资风险自评估指引》

续表

序号	具体要求	文件名称
13	第六条　法人金融机构洗钱风险自评估包括固有风险评估、控制措施有效性评估、剩余风险评估。固有风险评估反映在不考虑控制措施的情况下，法人金融机构被利用于洗钱和恐怖融资的可能性。控制措施有效性评估反映法人金融机构所采取的控制措施对管理和缓释固有风险的有效程度，进而对尚未得到有效管理和缓释的剩余风险进行评估。 法人金融机构应当建立与本机构经营规模与复杂程度相匹配的洗钱风险自评估指标和模型，确保有效识别风险管理漏洞，提高自评估结论的准确性和针对性。	《法人金融机构洗钱和恐怖融资风险自评估指引》
14	第七条　法人金融机构固有风险评估应当考虑以下方面： （一）地域环境； （二）客户群体； （三）产品业务（含服务）； （四）渠道（含交易或交付渠道）。 法人金融机构应当设计科学、合理的固有风险指标，确保充分考虑各类风险因素。	《法人金融机构洗钱和恐怖融资风险自评估指引》
15	第八条　法人金融机构在评估地域环境的固有风险时，应当全面考虑经营场所覆盖地域，分别评估境内各地区和境外各司法管辖区地域风险，境内地区划分原则上按经营地域范围内的下一级行政区划划分，如全国性机构按省划分，或按总部对分支机构管理结构划分。对于地理位置相近、经营情况类似的地域可合并评估。对各地域的固有风险评估可考虑以下因素： （一）当地洗钱、恐怖融资与（广义）上游犯罪形势，是否毗邻洗钱、恐怖融资或上游犯罪、恐怖主义活动活跃的境外国家和地区，或是否属于较高风险国家和地区（至少包括金融行动特别工作组呼吁采取行动的高风险国家、地区和应加强监控的国家、地区，也可参考国际组织有关避税天堂名单等，以下简称较高风险和地区）； （二）接受司法机关刑事查询、冻结、扣划和监察机关、公安机关查询、冻结、扣划（以下简称刑事查冻扣）中涉及该地区的客户数量、交易金额、资产规模等；	《法人金融机构洗钱和恐怖融资风险自评估指引》

续表

序号	具体要求	文件名称
15	（三）本机构上报的涉及当地的一般可疑交易和重点可疑交易报告数量及客户数量、交易金额； （四）本机构在当地网点数量、客户数量、客户资产规模、交易金额及市场占有率水平。	《法人金融机构洗钱和恐怖融资风险自评估指引》
16	第九条　法人金融机构在评估客户群体的固有风险时，应当全面考虑本机构服务客户群体范围和结构，分别评估各主要客户群体固有风险。客户群体划分可结合本机构对客户管理的分类，如个人客户、公司客户、机构客户等，有条件的机构可按照行业（职业）或主要办理业务、建立业务关系方式等角度进一步聚焦洗钱风险突出的群体。同时，也应对具有高风险特征的客户群体进行评估，如政治公众人物客户、非居民客户。对各客户群体的固有风险评估可考虑以下因素： （一）客户数量、资产规模、交易金额及相应占比； （二）客户涉有权机关刑事查冻扣、涉人民银行调查的数量与比例； （三）客户身份信息完整、丰富程度和对客户交易背景、目的了解程度； （四）识别客户身份不同方式的分布，如当面核实身份、或采取可靠的技术手段核实身份、通过第三方机构识别身份的比例； （五）客户风险等级划分的分布结构； （六）非自然人客户的股权或控制权结构，存在同一控制人风险的情况； （七）客户来自较高风险国家或地区的情况； （八）客户办理高风险业务（如现金、跨境、高额价值转移等）的种类和相应的规模； （九）客户涉可疑交易报告的数量及不同管控措施的比例； （十）客户属于高风险行业或职业的数量、比例； （十一）该类型客户是否属于洗钱或上游犯罪高风险群体； （十二）客户群体涉联合国定向金融制裁名单及其他人民银行要求关注的反洗钱和反恐怖融资监控名单，或其交易对手涉以上名单的比例。	《法人金融机构洗钱和恐怖融资风险自评估指引》

续表

序号	具体要求	文件名称
17	第十条　法人金融机构在评估产品业务的固有风险时，应当全面考虑本机构向客户提供的各类产品业务（或服务）。产品业务划分原则上应在本机构产品业务管理结构的基础上进一步细化，如私人银行业务、国际金融业务、个人银行卡、理财产品等。业务模式、性质相同且洗钱风险因素不存在重大差异的，可作为同一类产品业务进行评估。对各类产品业务的固有风险评估可考虑以下因素： （一）产品业务规模，如账户数量、管理资产总额，年度交易量等； （二）是否属于已知存在洗钱案例、洗钱类型手法的产品业务； （三）产品业务面向的主要客户群体，以及高风险客户数量和相应资产规模、交易金额和比例； （四）产品业务销售、办理渠道及相应渠道的风险程度，是否允许他人代办或难以识别是否本人办理； （五）产品业务记录跟踪资金来源、去向的程度，与现金的关联程度，现金交易金额和比例； （六）产品业务是否可向他人转移价值，包括资产（合约）所有权、受益权转移，以及转移的便利程度，是否有额度限制，是否可跨境转移； （七）产品业务是否可作为客户的资产（如储蓄存款、理财产品等），是否有额度限制，保值程度和流动性如何，是否可便利、快速转换为现金或活期存款； （八）产品业务是否可作为收付款工具（如结算账户），使用范围、额度、便利性如何，是否可跨境使用； （九）产品业务是否可作为其他业务的办理通道或身份认证手段，身份识别措施是否比原有通道和手段更为简化，是否有额度限制或使用范围限制； （十）产品业务是否应用可能影响客户尽职调查和资金交易追踪的新技术。	《法人金融机构洗钱和恐怖融资风险自评估指引》

续表

序号	具体要求	文件名称
18	第十一条 法人金融机构在评估渠道的固有风险时，应当全面考虑本机构自有或通过第三方与客户建立关系、提供服务的渠道。渠道可划分为机构自有实体经营场所、自有互联网渠道、自助设备与终端、第三方实体经营场所、第三方互联网渠道，银行业机构还应考虑代理行渠道。对各类渠道的固有风险评估可考虑以下因素： （一）渠道覆盖范围（线下网点数量与分布区域，线上可及地域范围）及相应地区（包括境外国家和地区）的风险程度； （二）通过该渠道建立业务关系的客户数量和风险水平分布； （三）通过该渠道办理业务的客户数量、交易笔数与金额，办理业务的主要类型和风险水平。	《法人金融机构洗钱和恐怖融资风险自评估指引》
19	第十二条 法人金融机构应在分别评估不同地域、不同客户群体、不同产品业务、不同渠道固有风险的基础上，汇总得出机构地域、客户、产品业务、渠道四个维度的固有风险评估结果，最终得出对机构整体固有风险的判断。各层次评估应当包括对主要风险点的分析和总体风险的评价，并给出相应的风险评级，以便进行地域、客户群体、产品业务、渠道之间的横向对比和不同年度评估结果的纵向对比。	《法人金融机构洗钱和恐怖融资风险自评估指引》
20	第十三条 法人金融机构在评估控制措施有效性时，既要从整体上评估机构反洗钱内部控制的基础与环境、洗钱风险管理机制有效性，也要按照固有风险评估环节的分类方法，分别对与各类地域、客户群体、产品业务、渠道相应的特殊控制措施进行评价。	《法人金融机构洗钱和恐怖融资风险自评估指引》
21	第十四条 对反洗钱内部控制基础与环境的评价可以考虑以下因素： （一）董事会与高级管理层对洗钱风险管理的重视程度，包括决策、监督跨部门反洗钱工作事项的情况； （二）反洗钱管理层级与架构，管理机制运转情况； （三）反洗钱管理部门的权限和资源，反洗钱工作主要负责人和工作团队的能力与经验； （四）机构信息系统建设和数据整合情况，特别是获取、整合客户和交易信息的能力，以及对信息安全的保护措施；	《法人金融机构洗钱和恐怖融资风险自评估指引》

续表

序号	具体要求	文件名称
21	（五）机构总部监督各部门、条线和各分支机构落实反洗钱政策的机制与力度，特别是是否将反洗钱纳入内部审计和检查工作范围、发现问题并提出整改意见； （六）对董事会、高级管理层、总部和分支机构业务条线人员的培训机制。	《法人金融机构洗钱和恐怖融资风险自评估指引》
22	第十五条　对法人金融机构整体洗钱风险管理机制有效性的评价，可以考虑以下因素： （一）高级管理层、反洗钱管理部门和主要业务部门、分支机构了解机构洗钱风险（包括地域、客户、产品业务、渠道）和经营范围内国家或地区洗钱威胁的情况； （二）机构洗钱风险管理政策制定情况，以及政策与所识别风险的匹配程度，如机构拓展业务范围，包括地域范围、业务范围、客户范围、渠道范围是否考虑相应的洗钱风险，并经过董事会、高级管理层或适当层级的审议决策； （三）机构反洗钱内控制度与监管要求的匹配程度，是否得到及时更新，各条线业务操作规程和系统中内嵌洗钱风险管理措施的情况； （四）集团层面洗钱风险管理的统一性及集团内信息共享情况（仅集团性机构、跨国机构适用）； （五）反洗钱管理部门与业务部门、客户管理部门、渠道部门和各分支机构沟通机制和信息交流情况； （六）客户尽职调查与客户风险等级划分和调整工作的覆盖面、及时性和质量，客户身份资料获取、保存和更新的完整性、准确性、及时性，客户风险等级划分指标的合理性（包括考虑地域、产品业务、渠道风险的情况），对风险较高客户采取强化尽职调查和其他管控措施的机制； （七）大额和可疑交易监测分析与上报机制、流程的合理性，监测分析系统功能与对信息的获取，监测分析指标和模型设计合理性、修订及时性，监测分析中考虑地域、客户、产品业务、渠道风险的情况； （八）交易记录保存完整性和查询、调阅便利性； （九）名单筛查工作机制健全性，覆盖业务与客户范围的全面性，以及系统预警和回溯性筛查功能。	《法人金融机构洗钱和恐怖融资风险自评估指引》

续表

序号	具体要求	文件名称
23	第十六条 对不同地域、客户群体、产品业务、渠道有特殊控制措施的，可以在评估时分别考虑以下因素： （一）针对地域风险 1. 当地分支机构反洗钱合规管理部门设置与人员配备； 2. 当地分支机构执行总部反洗钱政策情况，内审和检查发现问题及整改情况； 3. 所在国或地区反洗钱监管要求与我国是否存在重要差异，是否有未满足当地监管要求或我国监管要求的情形； 4. 当地分支机构接受反洗钱监管检查、走访情况和后续整改工作； 5. 对涉当地线上客户、业务的管控措施； 6. 是否因洗钱风险而控制客户、业务规模，减缓或减少经营网点、限制或停止线上服务等。 （二）针对客户风险 对该客户群在建立业务管理、持续监测和退出环节的特殊管理措施，包括强化身份识别，交易额度、频次与渠道限制，提高审批层级等。 （三）针对产品业务风险 1. 在建立业务关系和后续使用过程中识别、核验客户身份的手段措施，可获取的客户身份（包括代办人）信息，了解客户交易性质、目的的程度； 2. 产品业务交易信息保存的全面性和透明度，可否便捷查询使用； 3. 是否纳入可疑交易监测和名单监测范围，或有强化监测情形； 4. 是否针对特定情形采取限制客户范围或交易金额、频率、渠道等措施。 （四）针对渠道风险 1. 渠道识别与核验客户身份的手段措施及准确性； 2. 渠道获取、保存和查询客户与交易信息的能力； 3. 与第三方机构、代理行之间客户尽职调查和反洗钱相关工作职责划分与监督情况；	《法人金融机构洗钱和恐怖融资风险自评估指引》

续表

序号	具体要求	文件名称
23	4. 是否针对特定情形采取限制客户范围、产品业务种类、交易金额或频率等措施。 在评估过程中，可采取映射方式反映同一控制措施与不同固有风险之间的对应关系，实现对不同维度控制措施有效性和剩余风险的差别化评估。	《法人金融机构洗钱和恐怖融资风险自评估指引》
24	第十七条　法人金融机构应在综合考虑反洗钱内部控制基础与环境、洗钱风险管理机制有效性和特殊控制措施基础上，得出对不同地域、客户群体、产品业务、渠道的风险控制措施有效性评级，再汇总得出地域、客户、产品业务、渠道四个维度的风险控制措施有效性评价和评级，最终得出对机构整体控制措施有效性的判断。	《法人金融机构洗钱和恐怖融资风险自评估指引》
25	第十八条　法人金融机构应在整体固有风险评级基础上，考虑整体控制措施有效性，得出经反洗钱控制后的机构整体剩余风险评级。同时，对于地域、客户群体、产品业务、渠道维度及细分类别，也应在考虑固有风险与包括特殊控制措施在内的整体控制措施有效性的基础上，得出相应类别的剩余风险评级。	《法人金融机构洗钱和恐怖融资风险自评估指引》
26	第十九条　法人金融机构应当合理划分固有风险、控制措施有效性以及剩余风险的等级。风险等级原则上应分为五级或更高。机构规模较小、业务类型单一的机构可简化至不少于三级。规模越大、结构越复杂的机构，其设定的风险等级应当越详细。	《法人金融机构洗钱和恐怖融资风险自评估指引》
27	第二十条　法人金融机构可以通过固有风险与控制措施有效性二维矩阵方式（见下表，以固有风险和控制措施有效性均分为五级为例）对照计量机构整体及不同维度的剩余风险等级，或根据自身的实际情况确定依据固有风险和控制措施有效性情况计量剩余风险的方法……	《法人金融机构洗钱和恐怖融资风险自评估指引》
28	第二十一条　法人金融机构应当指定一名高级管理人员全面负责洗钱风险自评估工作，建立包括反洗钱牵头部门和业务部门、稽核与内审部门等在内的领导小组。领导小组应当组织协调自评估整体工作，指导相关业务条线、部门、分支机构按	《法人金融机构洗钱和恐怖融资风险自评估指引》

续表

序号	具体要求	文件名称
28	照评估方案承担本部门、本机构自评估职责，确保自评估的客观性与相对独立性。各条线、部门、分支机构应充分梳理和反映自身面临的洗钱风险和反洗钱工作存在的困难与脆弱性，提供自评估工作所必需的数据、信息和支持。 　　法人金融机构可聘请第三方专业机构协助进行评估方案、指标与方法的起草和内外部信息收集整理等辅助性工作，但评估过程中对各类固有风险、控制措施有效性及剩余风险的讨论、分析和判断应由领导小组、反洗钱牵头部门及各条线、部门、分支机构主导完成。不得将自评估工作完全委托或外包至第三方专业机构完成。	《法人金融机构洗钱和恐怖融资风险自评估指引》
29	第二十二条　法人金融机构开展全面洗钱风险自评估，一般包括准备阶段、实施阶段和报告阶段。	《法人金融机构洗钱和恐怖融资风险自评估指引》
30	第二十三条　法人金融机构应当结合本机构实际情况，充分做好自评估前的准备工作，包括成立评估工作组，配备相关评估人员和资源，制定评估工作方案，研究确定或更新评估指标和方法，认真梳理本机构经营地域、客户群体、产品业务、渠道种类，广泛收集自评估所需的各类信息等。 　　由于金融产品和业务种类繁多复杂，法人金融机构应当按照科学、合理的分类标准，认真梳理现有产品业务和渠道的种类。	《法人金融机构洗钱和恐怖融资风险自评估指引》
31	第二十四条　法人金融机构收集自评估所需的各类信息，应当充分考虑内外部各方面来源，例如： 　　（一）金融行动特别工作组（FATF）、亚太反洗钱组织（APG）、欧亚反洗钱与反恐融资组织（EAG）发布的呼吁采取行动的高风险国家和应加强监控的国家名单、洗钱类型分析报告和相关行业指引，以及巴塞尔银行监管委员会（BCBS）、国际证券监管委员会组织（IOSCO）、国际保险监督官协会（IAIS）等国际组织发布的洗钱风险研究成果； 　　（二）国家相关部门通报的上游犯罪形势、破获的洗钱案例、洗钱类型分析报告，以及机构境外经营所在国家或地区洗钱风险评估报告或其他洗钱威胁情况；	《法人金融机构洗钱和恐怖融资风险自评估指引》

续表

序号	具体要求	文件名称
31	（三）中国人民银行、银保监会、证监会、外汇局等金融管理部门发布的洗钱风险提示和业务风险提示，以及机构境外经营所在国家或地区监管部门风险提示、指引等； （四）本机构的客户群体规模信息、特征分析数据，各类金融产品业务和渠道的发展规模状况、结构分析数据，客户洗钱和恐怖融资风险等级划分以及产品业务洗钱风险评估结果等； （五）本机构反洗钱和相关业务制度、工作机制，信息系统建设、运行情况，内部审计情况，必要时查找和了解具体客户、业务、交易或反洗钱工作信息作为例证； （六）反洗钱系统记录的各类异常交易排查分析资料，可疑交易报告信息，内部管理或业务操作中发现的各类风险事件信息； （七）本机构依托开展客户尽职调查或有其他业务、客户合作的第三方机构在客户尽职调查、客户身份资料和交易记录保存方面的情况，以及双方信息传递权利义务划分与执行情况。	《法人金融机构洗钱和恐怖融资风险自评估指引》
32	第二十五条　法人金融机构实施风险评估应当选取科学合理的评估方法，通过恰当的书面问卷、现场座谈、抽样调查等形式，定性或定量开展评估。	《法人金融机构洗钱和恐怖融资风险自评估指引》
33	第二十六条　法人金融机构应当形成书面的自评估报告，经高级管理层审定后上报董事会或董事会下设的专业委员会审阅，并书面报告对法人机构具有管辖权的人民银行总行或分支机构。自评估报告应当记录自评估的方法、流程等情况，重点反映自评估发现的固有风险点、控制措施的薄弱环节和风险隐患，作出明确评估结论，指明应当予以重点关注的风险领域和拟采取的管控措施，提出有针对性的风险管理建议。同时，法人金融机构应当做好自评估的指标、方法和相关数据记录和保存。	《法人金融机构洗钱和恐怖融资风险自评估指引》
34	第二十七条　法人金融机构应当以自评估报告和结论为基础，制定或持续调整、完善经高级管理层批准的洗钱风险管理政策、控制措施和程序，并关注控制措施的执行情况。 针对自评估发现的高风险或较高风险情形，或原有控制措施有效性存在不足时，应当采取以下一项或多项强化风险管理措施：	《法人金融机构洗钱和恐怖融资风险自评估指引》

续表

序号	具体要求	文件名称
34	（一）根据洗钱风险自评估结论，确定反洗钱工作所需的资源配置和优先顺序，必要时调整经营策略，确保与风险管理相适应； （二）根据评估发现的控制措施薄弱环节，加强内控制度建设、工作流程优化，完善工作机制，严格内部检查和审计； （三）针对评估发现的高风险客户类型进行优先处理，采取从严的客户接纳政策或强化的尽职调查，提高对其信息更新的频率，或加强对其的交易监测和限制； （四）针对评估发现的高风险业务类型采取强化控制措施，在业务准入、交易频率、交易金额等方面设置限制； （五）调整和优化交易监测指标与名单监控，对评估发现的高风险业务活动，进行更频繁深入的审查； （六）针对评估发现的问题，进行风险提示； （七）强化信息系统功能建设，支持洗钱风险管理的需要； （八）其他能够有效控制风险的措施。 法人金融机构制定的改进措施不改变当次洗钱风险自评估结论，其执行效果应在后续评估中予以考虑。	《法人金融机构洗钱和恐怖融资风险自评估指引》
35	第二十八条　法人金融机构应当建立洗钱风险自评估成果共享机制，明确共享的内容、对象和方式，以及信息保密要求，确保相关条线、部门、分支机构知晓、理解与之相关的洗钱风险特征及程度，以推动洗钱风险管理措施在全系统的落地执行。	《法人金融机构洗钱和恐怖融资风险自评估指引》
36	第二十九条　法人金融机构应当动态、持续关注风险变化情况，及时更新完善本机构的自评估指标及方法，特别是在机构可疑交易监测分析结果或接受外部协查情况与评估结果出现明显偏差时，应及时分析原因并调整风险评估方法或改进可疑交易监测模型等措施。	《法人金融机构洗钱和恐怖融资风险自评估指引》
37	第三十条　法人金融机构应当定期开展本机构洗钱风险自评估，原则上自评估的周期应不超过36个月，机构固有风险或剩余风险处于较高及以上等级的，自评估周期应不超过24个月。 法人金融机构出现以下情形时应及时开展自评估工作：	《法人金融机构洗钱和恐怖融资风险自评估指引》

续表

序号	具体要求	文件名称
37	（一）经济金融和反洗钱法律制度、监管政策作出重大调整，使机构经营环境或应当履行的反洗钱义务发生重大变化； （二）公司实际控制人、受益所有人发生变化或公司治理结构发生重大调整； （三）经营发展策略有重大调整； （四）内外部风险状况发生显著变化，如出现重大洗钱风险事件； （五）其他认为有必要评估风险的情形。	《法人金融机构洗钱和恐怖融资风险自评估指引》
38	第三十一条　在两次自评估期间，法人金融机构应在拟作出以下调整或变化时，参照本指引第二章相关内容，对相应的地域、客户群体、产品业务、渠道或控制措施开展专项评估，并考虑其对机构整体风险的影响： （一）在新的境外国家或地区开设分支机构或附属机构； （二）面向新的客户群体提供产品业务或服务； （三）开发新的产品业务类型，或在产品业务（包括已有产品业务和新产品新业务）中应用可能对洗钱风险产生重大影响的新技术； （四）采用新的渠道类型与客户建立业务关系或提供服务； （五）对洗钱风险管理的流程、方式、内部控制制度或信息系统等作出重要变更。 专项评估应由负责管理相应变化因素的部门与反洗钱工作牵头部门共同开展，于调整或变化实现前完成评估，并根据结果完善或强化洗钱风险控制措施，确保剩余风险水平处于机构洗钱风险接纳或管理能力范围内。法人金融机构应对调整后可能的客户、业务、交易等情况作出合理估计，并在评估后持续监测以上调整或变化实际发生后的风险状况，在6至12个月的期间内根据最新的客户、业务、交易等情况更新专项评估结果。 法人金融机构对新产品、新业务和产品业务中应用新技术有更详细、更严格评估机制的，可直接将该评估结果引用或映射至对新产品业务类型的专项评估当中。	《法人金融机构洗钱和恐怖融资风险自评估指引》

续表

序号	具体要求	文件名称
39	第三十二条 法人金融机构应当积极加强自评估相关系统建设，建立并定期维护产品业务种类清单和客户类型清单，逐步实现通过系统准确提取自评估所需的各类数据信息，提高自评估工作效能。	《法人金融机构洗钱和恐怖融资风险自评估指引》
40	第三十三条 在法人金融机构洗钱风险自评估及相关工作符合本指引前述要求的情况下，对于评估发现的低风险情形，可以采取适当的简化措施。但发现涉嫌洗钱和恐怖融资活动时，不得采取简化措施。	《法人金融机构洗钱和恐怖融资风险自评估指引》

第七节 反洗钱系统管理需求

商业银行理财子公司应当建立反洗钱系统支持反洗钱义务的履行，并根据洗钱风险管理需要持续优化升级系统，此处列示了部分监管对反洗钱系统的相关要求，其他相关部分在前文的客户身份识别与资料保存、可疑交易管理等小节中均有相关资料梳理内容。（见表12.7）

表 12.7 反洗钱系统管理合规要点

序号	具体要求	文件名称
1	第十九条 信息科技部门负责反洗钱信息系统及相关系统的开发、日常维护及升级等工作，为洗钱风险管理提供必要的硬件设备和技术支持，根据相关数据安全和保密管理等监管要求，对客户、账户、交易信息及其他相关电子化信息进行保管和处理。	《法人金融机构洗钱和恐怖融资风险管理指引（试行）》
2	第五十三条 法人金融机构应当建立完善以客户为单位，覆盖所有业务（含产品、服务）和客户的反洗钱信息系统，及时、准确、完整采集和记录洗钱风险管理所需信息，对洗钱风险进行识别、评估、监测和报告，并根据洗钱风险管理需要持续优化升级系统。	《法人金融机构洗钱和恐怖融资风险管理指引（试行）》

续表

序号	具体要求	文件名称
3	第五十四条　反洗钱信息系统及相关系统应当包括但不限于以下主要功能，以支持洗钱风险管理的需要。 （一）支持洗钱风险评估，包括业务洗钱风险评估和客户洗钱风险分类管理； （二）支持客户身份识别、客户身份资料及交易记录等反洗钱信息的登记、保存、查询和使用； （三）支持反洗钱交易监测和分析； （四）支持大额交易和可疑交易报告； （五）支持名单实时监控和回溯性调查； （六）支持反洗钱监管和反洗钱调查。	《法人金融机构洗钱和恐怖融资风险管理指引（试行）》
4	第五十五条　在保密原则基础上，法人金融机构应当根据工作职责合理配置本机构各业务条线、各境内外分支机构和相关附属机构、各岗位的信息系统使用权限，确保各级人员有效获取洗钱风险管理所需信息，满足实际工作需要。	《法人金融机构洗钱和恐怖融资风险管理指引（试行）》
5	第五十六条　法人金融机构应当加强数据治理，建立健全数据质量控制机制，积累真实、准确、连续、完整的内外部数据，用于洗钱风险识别、评估、监测和报告。反洗钱数据的存储和使用应当符合数据安全标准、满足保密管理要求。 法人金融机构不得违反规定设置信息壁垒，阻止或影响其他法人金融机构正常获取开展反洗钱工作所必需的信息和数据。	《法人金融机构洗钱和恐怖融资风险管理指引（试行）》
6	第二十三条　银行业金融机构应当将可量化的反洗钱和反恐怖融资控制指标嵌入信息系统，使风险信息能够在业务部门和反洗钱和反恐怖融资管理部门之间有效传递、集中和共享，满足对洗钱和恐怖融资风险进行预警、信息提取、分析和报告等各项要求。	《银行业金融机构反洗钱和反恐怖融资管理办法》
7	第二十一条　金融机构应当建立健全大额交易和可疑交易监测系统，以客户为基本单位开展资金交易的监测分析，全面、完整、准确地采集各业务系统的客户身份信息和交易信息，保障大额交易和可疑交易监测分析的数据需求。	《金融机构大额交易和可疑交易报告管理办法》

· 315 ·

第八节 反洗钱报告要求

商业银行理财子公司应当按照中国人民银行的规定，指定专人向负责监管的中国人民银行或其分支机构报送反洗钱工作报告及其他信息资料。（见表12.8）

表12.8 反洗钱报告管理合规要点

序号	具体要求	文件名称
1	第十条 中国人民银行建立金融机构反洗钱定期报告制度。定期报告制度的具体内容和报告方式由中国人民银行统一规定、调整。 反洗钱报告机构应当按照中国人民银行的规定，指定专人向负责监管的中国人民银行或其分支机构报送反洗钱工作报告及其他信息资料，如实反映反洗钱工作情况。反洗钱报告机构应当对相关信息的真实性、完整性、及时性负责。	《金融机构反洗钱监督管理办法（试行）》
2	第十一条 反洗钱报告机构应撰写反洗钱年度报告，如期向中国人民银行或其分支机构报告以下内容： （一）反洗钱工作的整体情况及机构概况； （二）反洗钱工作机制建立情况； （三）反洗钱法定义务履行情况； （四）反洗钱工作配合与成效情况； （五）其他反洗钱工作情况、问题及建议。 金融机构有境外机构的，由其境内法人金融机构总部按年度向中国人民银行或其分支机构报告所属境外机构接受驻在国家（地区）反洗钱监管的情况。	《金融机构反洗钱监督管理办法（试行）》
3	第十二条 法人金融机构的反洗钱年度报告内容应当覆盖本机构总部和全部分支机构；非法人金融机构的反洗钱年度报告内容应当覆盖本级机构及其所辖分支机构。	《金融机构反洗钱监督管理办法（试行）》
4	第十三条 金融机构发生下列情况的，应当及时（发生后10个工作日内）向中国人民银行或其分支机构报告： （一）主要反洗钱内控制度修订；	《金融机构反洗钱监督管理办法（试行）》

续表

序号	具体要求	文件名称
4	（二）反洗钱工作机构和岗位人员调整、联系方式变更； （三）涉及本机构反洗钱工作的重大风险事项； （四）洗钱风险自评估报告或其他相关风险分析材料； （五）其他由中国人民银行明确要求立即报告的涉及反洗钱事项。	《金融机构反洗钱监督管理办法（试行）》
5	第十六条 中国人民银行及其分支机构应当以金融机构反洗钱监管档案为依托，结合现场检查、约见谈话等情况，参考日常监管中获得的其他信息，选择关键、显明、客观的评价指标，按年度对金融机构反洗钱工作的合规性与有效性进行考核评级。	《金融机构反洗钱监督管理办法（试行）》
6	第十七条 对金融机构反洗钱工作的年度考核评级，实行分级考核，综合评级。考核评级期间为每年1月1日至12月31日。 年度考核评级时，对每家金融机构监管档案中加减分事项按照指标权重计算分数，进行百分换算，得出每家机构的年度考核结果； 分银行、证券、保险、其他类排列名次，确定金融机构考评等级。中国人民银行根据监管需要，制定和调整考核指标内容和权重。中国人民银行分支机构可以根据当地情况对指标内容进行细化。	《金融机构反洗钱监督管理办法（试行）》
7	第十八条 中国人民银行及其分支机构可以根据考核评级结果对金融机构实施分类监管。 中国人民银行及其分支机构可以按年度向有关部门通报考核评级结果，并将考核评级结果计入反洗钱监管档案转入下年度管理。	《金融机构反洗钱监督管理办法（试行）》
8	第十九条 中国人民银行及其分支机构在考核评级中发现金融机构反洗钱工作存在突出问题的，应当及时发出《反洗钱监管意见书》（附1），进行风险提示，要求其采取必要的整改措施。 中国人民银行及其分支机构在考核评级中发现金融机构涉嫌违反反洗钱规定且情节严重的，应当及时开展现场检查。	《金融机构反洗钱监督管理办法（试行）》

续表

序号	具体要求	文件名称
9	第二十条 中国人民银行及其分支机构对法定监管事项存在疑问需要进一步确认的,可以通过电话或者书面质询的方式向金融机构进行确认和核实。	《金融机构反洗钱监督管理办法(试行)》
10	第二十一条 中国人民银行及其分支机构质询金融机构时,应当填制《反洗钱监管审批表》(附2),经部门负责人批准后,电话或者书面告知被质询的金融机构。采取书面质询方式的,应当填制《反洗钱监管通知书》(附3),送达被质询机构。金融机构应当自被告知或者收到《反洗钱监管通知书》之日起5个工作日内予以答复。	《金融机构反洗钱监督管理办法(试行)》
11	第二十三条 中国人民银行及其分支机构根据履行反洗钱职责的需要,可以约见金融机构董事、高级管理人员,针对重要问题进行警示谈话,或者要求其就金融机构履行反洗钱义务的重大事项作出说明。	《金融机构反洗钱监督管理办法(试行)》
12	第二十四条 中国人民银行及其分支机构约见金融机构董事、高级管理人员谈话前,应当填制《反洗钱监管审批表》及《反洗钱监管通知书》,经本行(部)行长(主任)或者主管副行长(副主任)批准。《反洗钱监管通知书》应当提前2个工作日送达被谈话机构,告知对方谈话内容、参加人员、时间地点等事项。	《金融机构反洗钱监督管理办法(试行)》
13	第二十五条 约见谈话应当由中国人民银行或其分支机构的分管领导或者反洗钱管理部门负责人主持,并至少有2名以上反洗钱监管人员参与。	《金融机构反洗钱监督管理办法(试行)》
14	第二十六条 谈话结束后,中国人民银行或其分支机构反洗钱工作人员应当填写《反洗钱监管记录》并经被约见人签字确认。	《金融机构反洗钱监督管理办法(试行)》
15	第四十二条 银行业金融机构股东应当确保资金来源合法,不得以犯罪所得资金等不符合法律、行政法规及监管规定的资金入股。银行业金融机构应当知悉股东入股资金来源,在发生股权变更或者变更注册资本时应当按照要求向银行业监督管理机构报批或者报告。	《银行业金融机构反洗钱和反恐怖融资管理办法》

续表

序号	具体要求	文件名称
16	第四十三条　银行业金融机构开展新业务需要经银行业监督管理机构批准的，应当提交新业务的洗钱和恐怖融资风险评估报告。银行业监督管理机构在进行业务准入时，应当对新业务的洗钱和恐怖融资风险评估情况进行审核。	《银行业金融机构反洗钱和反恐怖融资管理办法》
17	第四十四条　申请银行业金融机构董事、高级管理人员任职资格，拟任人应当具备以下条件：…… 银行业金融机构董事、高级管理人员任职资格申请材料中应当包括接受反洗钱和反恐怖融资培训情况报告及本人签字的履行反洗钱和反恐怖融资义务的承诺书。	《银行业金融机构反洗钱和反恐怖融资管理办法》
18	第三条　金融机构应当履行大额交易和可疑交易报告义务，向中国反洗钱监测分析中心报送大额交易和可疑交易报告，接受中国人民银行及其分支机构的监督、检查。	《金融机构大额交易和可疑交易报告管理办法》
19	第四条　金融机构应当通过其总部或者总部指定的一个机构，按本办法规定的路径和方式提交大额交易和可疑交易报告。	《金融机构大额交易和可疑交易报告管理办法》
20	第二十条　法人金融机构应当加强对境内外分支机构和相关附属机构的管理指导和监督，采取必要措施保证洗钱风险管理政策和程序在境内外分支机构和相关附属机构得到充分理解与有效执行，保持洗钱风险管理的一致性和有效性。 对于在境外设有分支机构或相关附属机构的法人金融机构，如果本指引的要求比所驻国家或地区的相关规定更为严格，但所驻国家或地区法律禁止或限制境外分支机构和相关附属机构实施本指引，法人金融机构应当采取适当的其他措施应对洗钱风险，并向中国人民银行报告。如果其他措施无法有效控制风险，法人金融机构应当考虑在适当情况下关闭境外分支机构或相关附属机构。	《法人金融机构洗钱和恐怖融资风险管理指引（试行）》
21	第二十八条　法人金融机构应当按照风险为本方法制定洗钱风险管理策略，在识别和评估洗钱风险的基础上，针对风险较低的情形，采取简化的风险控制措施；针对风险较高	《法人金融机构洗钱和恐怖融资风险管理指引（试行）》

· 319 ·

续表

序号	具体要求	文件名称
21	的情形,采取强化的风险控制措施;超出机构风险控制能力的,不得与客户建立业务关系或进行交易,已经建立业务关系的,应当中止交易并考虑提交可疑交易报告,必要时终止业务关系。	《法人金融机构洗钱和恐怖融资风险管理指引(试行)》
22	第四十七条 法人金融机构应当建立健全大额交易和可疑交易报告制度,按照规定及时、准确、完整向中国反洗钱监测分析中心或中国人民银行及其分支机构提交大额交易和可疑交易报告。…… 法人金融机构在报送可疑交易报告后,应当根据中国人民银行的相关规定采取相应的后续风险控制措施,包括对可疑交易所涉客户及交易开展持续监控、提升客户风险等级、限制客户交易、拒绝提供服务、终止业务关系、向相关金融监管部门报告、向相关侦查机关报案等。	《法人金融机构洗钱和恐怖融资风险管理指引(试行)》
23	第六条 金融机构、特定非金融机构采取冻结措施后,应当立即将资产数额、权属、位置、交易信息等情况以书面形式报告资产所在地县级公安机关和市、县国家安全机关,同时抄报资产所在地中国人民银行分支机构。地方公安机关和地方国家安全机关应当分别按照程序层报公安部和国家安全部。 金融机构、特定非金融机构采取冻结措施后,除中国人民银行及其分支机构、公安机关、国家安全机关另有要求外,应当及时告知客户,并说明采取冻结措施的依据和理由。	《涉及恐怖活动资产冻结管理办法》
24	第九条 金融机构、特定非金融机构有合理理由怀疑客户或者其交易对手、相关资产涉及恐怖活动组织及恐怖活动人员的,应当根据中国人民银行的规定报告可疑交易,并依法向公安机关、国家安全机关报告。	《涉及恐怖活动资产冻结管理办法》
25	第十条 金融机构、特定非金融机构不得擅自解除冻结措施。符合下列情形之一的,金融机构、特定非金融机构应当立即解除冻结措施,并按照本办法第六条的规定履行报告程序: (一)公安部公布的恐怖活动组织及恐怖活动人员名单有调整,不再需要采取冻结措施的; (二)公安部或者国家安全部发现金融机构、特定非金融机构采取冻结措施有错误并书面通知的;	《涉及恐怖活动资产冻结管理办法》

续表

序号	具体要求	文件名称
25	（三）公安机关或者国家安全机关依法调查、侦查恐怖活动，对有关资产的处理另有要求并书面通知的； （四）人民法院做出的生效裁决对有关资产的处理有明确要求的； （五）法律、行政法规规定的其他情形。	《涉及恐怖活动资产冻结管理办法》
26	第十六条　金融机构、特定非金融机构的境外分支机构和附属机构按照驻在国家（地区）法律规定和监管要求，对涉及恐怖活动的资产采取冻结措施的，应当将相关情况及时报告金融机构、特定非金融机构总部。 金融机构、特定非金融机构总部收到报告后，应当及时将相关情况报告总部所在地公安机关和国家安全机关，同时抄报总部所在地中国人民银行分支机构。地方公安机关和地方国家安全机关应当分别按照程序层报公安部和国家安全部。	《涉及恐怖活动资产冻结管理办法》

后 记

《关于规范金融机构资产管理业务的指导意见》实施以来，理财行业积极推进组织机构和业务转型。理财公司新发行的理财产品严格按照监管规定进行规范化运作，存量理财产品按照监管要求积极推进整改，截至2022年年底，净值化转型任务基本完成，2022年净值型理财产品的规模相较2020年翻了两番。理财行业作为面向最广大人民群众、支持实体经济发展的普惠型金融行业，其发展始终坚持以习近平新时代中国特色社会主义思想为指导，全面贯彻与践行中共二十大提出的金融工作的政治性、人民性。在看到行业诸多进步的同时，不应忽视其面临的重大考验：股市、债市的剧烈波动引发了产品净值多次大幅波动，部分产品出现破净。一直将理财产品作为存款替代品的投资者对理财行业整体产生信任危机。保护投资者权益，守住不发生系统性金融风险的底线，是理财行业法律体系的根本宗旨。

回归到本书的"三横三纵"法律体系来重新审视当前的理财行业法律体系，存在些许缺憾。在"三横"维度上：首先，民商法层面，当前理财行业基础法律体系[①]较为模糊，理财产品独立的法律地位不明确，理财产品的主体地位被虚化。其次，资管行业法层面，缺少一个统一的对资管业务及其投资者权益保护进行统合规制的资管行业法，便形成了理财行业的诸多制度和机制上的差异化劣势。最后，监管法层面，各项新规定虽从不同环节和维度对理财行业做出了部署，但仍然在一些有待细化和具体化的待完善之处。在"三纵"的维度上，理财产品的组织形态、交易组织方式、理财业务与其他行

---

① 《商业银行理财业务监督管理办法》仅明确理财业务以"商业银行接受投资者委托"为基，商业银行履行"代人理财职责"；《商业银行理财子公司管理办法》仅明确"银行理财子公司接受投资础者委托，按照与投资者事先约定的投资策略、风险承担和收益分配方式，对受托的投资者财产进行投资和管理的金融服务"。

业的互动规则等方面,《关于规范金融机构资产管理业务的指导意见》及理财行业的诸多监管文件虽有涉及,但体系性仍有不足,容易导致行业漏洞从而引发行业风险。比如在理财行业风险管控的监管机制设计上,未建立理财行业或理财公司重大风险的应急处理机制。如《商业银行理财子公司管理办法》虽然规定了"银行理财子公司以自有资金投资于本公司发行的理财产品,不得超过其自有资金的 20%,不得超过单只理财产品净资产的 10%,不得投资于分级理财产品的劣后级份额"。该交易机制设计虽然可作为特殊流动性或信用风险时的缓冲器,但由于投资比例限制过低,该自我缓冲机制成效不大。[1] 此外,作为个人投资者占比高达 99.23% 的理财行业,未建立行业整体的保障机制[2],一旦出现市场波动,投资者容易产生恐慌心理,易引发整个金融市场的不稳定性。

理财行业回归"受人之托、代人理财"的本源,需要全方位、多角度地完善法律体系,在实现法律规制功能的同时支持金融创新,持续推动理财行业法治化建设。

---

[1] 《保险资产管理公司管理规定》规定自有资金可投资于本公司发行的保险资产管理产品原则上不得超过单只产品净资产的 50%。
[2] 《证券投资者保护基金实施流动性支持管理规定》明确当证券公司发生的流动性风险可能在短期内对金融市场稳定产生重大影响,且证券公司具有持续经营及还本付息能力的情形下,证券公司可申请使用投保基金予以短期流动性支持。